엄마 아닌 여자들

엄마 아닌 여자들

Peggy O'Donnell Heffington

Without Children: The Long History of Not Being a Mother

역사에 늘 존재했던 자녀 없는 삶

페기 오도널 헤핑턴 지음 • 이나경 옮김

반비

내가 선택한 가족에게, 세상을 선사해줘서 고마워요.
내 작은 가족에게, 가정을 선사해줘서 고마워요.
말하지 않아도 누군지 알 거예요.

Without Children: The Long History of Not Being a Mother

이전의 자아에게 들려주는 조언

연설과 가르침, 예언은 태워버려라.
아침에 일어나면 스트레칭을 하라. 불평하지 말라.
남이 한다고 따라 시작하지 말고,
남이 한 말을 반복하지 말라.
만찬 파티에서 눈을 내리깔고 저 사람에게 아이가
저렇게 많지 않았더라면 하고 비웃지 말라.

변해야 한다. 얼굴이 붉어질 수밖에 없다.
한 손에는 수정 구슬을 들고
다른 손에는 복수를 들고 등장할 때면, 봄에
돌아오는 소박한 제비를 기억하라.
화려한 깃털만 있으면, 전혀 다른 새가 될 그를.

— 케이트 베어 Kate Baer,
   『어떤 여자 What Kind of Woman』에서

차례

자녀 가진 여성을 어머니라고 부른다. 반면 자녀 없는 여성을 비하하지 않고 일컫는 말은 '자녀 없는 여성'뿐이다. 그 사람이 가지지 못한 존재나 그 사람이 되지 못한 존재(즉, 어머니)를 들어 부르는 방법밖에 없다. 이런 말에서 단순한 의미 이상의 문제를 발견하는 사람도 있다. "'어머니가 아닌 사람not a mother'이라는 말로 나를 설명하고 싶지 않다. 타인의 긍정적 정체성을 부정함으로써 내 정체성을 세우고 싶지 않다." 실라 헤티Sheila Heti는 2018년 출간한 『모성Motherhood』에 이렇게 썼다. 그는 "어머니가 아니지 않은 사람not not a mother"이라는 말을 제안했다. 이 말을 어머니가 아닌 여성에게 하면 "'어머니가 아니지' 않은 사람"이라는 뜻으로 부정적 정체성을 거부하는 표현이 된다. 이 말을 어머니에게 하면 이중부정은 강한 긍정이 되므로 다시 어머니란 뜻이 된다. 헤티는 이것이 "우리가 함께 쓸 수 있는 용어"라고 했다.[1] 이론적으로는 재미있는 접근이지만 실제 글에서 쓰기에는 비실용적인 면이 있다.

자녀가 없는 상태를 설명하는 적당한 단어 없이 자녀가 없는 상태에 관해 많은 이야기를 해야 하는 이 책을 쓰는 일은 쉽지 않았다. 특정한 정치적·문화적 함의를 담은 표현은 가급적 지양했고, 당연히 석녀라는 말도 쓰지 않았다. 대신 그 사람이 살아온 삶에 따라 설명하려 했다. '아이가 없는' 여성 혹은 '아이를 갖지 않은' 여성, '어머니가 아닌' '난임을 경험한' 혹은 '아이를 갖지 않기로 선택한' 여성 등. 역사학자로서 배운 것 가운데, 언어를 괴롭히기 좋아하는 역사학 분야의 성향만큼은 버리려고 노력했다. 무자녀라는 한 단어로 설명 가능한 경우에는 그렇게 했다. 가장 흔하고 널리 사용하는 말이기 때문이다.

1970년대 초부터 '자발적 무자녀childfree'라는 대안적 용어가 등장해 인기를 얻었으며, 자녀 없는 삶을 선택한 이들이 적극적으로 채택해왔다. 이것이 '무자녀childless'가 암시하는 결핍의 의미를 제거해주는 긍정적인 신조어라고 여기는 이도 많았다. 그러나 '자발적 무자녀'의 등장은 이 책에서 논의하는 역사의 일부일 뿐이다. 지금 와서 이 말을 사용하는 것은 시대착오적이며 정확하지 못하다. '자발적'이라는 표현은 이 책에 등장하는 많은 여성의 경험과도 대치된다. 삶의 다양한 요인이 달랐다면 아이를 갖기로 선택했을 여성, 아이를 가지려고 했지만 가질 수 없었던 여성, 출산에 관한 선택에 제약이 너무 많아 애초에 선택권이 없다고 여긴 여성이 바로 그들이다.

사회학자 아델 E. 클라크^Adele E. Clarke는 "생물학적 자녀를 갖지 않는 것을 가리키는 적절한 어휘가 필요하다. 무자녀/자발적 무자녀란 표현은 이미 굴절, 오염되었다. '출산 찬성자, 출산 반대자, 비출산주의자'라는 구별을 넘어서고, 양극단을 뜻하는 '선택'을 사용하지 않으며, 친족을 만들고 보살피는 행위를 가리키는 정교한 어휘가 필요하다"고 했다.[2] 전적으로 동의하지만, 나에게도 적절한 단어는 없다. 자녀 없이 사는 삶에 적당한 용어가 없다는 사실—과거에도 드물지 않았으며 점차 익숙해지고 있는 이런 삶을 가리키는 말을 우리가 만들고 정의해야 한다는 점—도 이 책을 쓴 이유 중 하나다.

어느 목요일 오후, 웨스트포인트 사관학교의 한 오래된 건물 지하에 위치한 클라우제비츠 도서관에서 사학과의 임신 축하 파티가 열렸다. 벽에는 검정, 초록, 금색 장정의 두툼한 군사 전략과 역사 서적이 줄지어 꽂혀 있었고, 그 책을 읽을 때 앉는 불편한 가죽 의자가 가운데에 모여 있었다. 클라우제비츠 도서관은 사관학교 학생들이 조용히 공부하는 공간이자 교수진의 회의 및 행사 장소였다. 그날 오후 우리는 그곳을 임신 축하 파티 장소로 사용했다. "우리 과는 큰 성공을 거뒀습니다." 연단에 선 교수의 말은 대체로 농담이었지만 약간의 진심이 담겨 있었다. "학과의 성공을 어떻게 판단합니까? 세상을 위해 생산해내는 새로운 역사학자의 수로 하죠." 그가 가리킨 아이들은 금붕어 모양의 과자를 오물거리며 엄마 품에서 벗어나려고 꼼지락거렸다. 아이를 안은 채 실내를 가득 채운 엄마들은 동료의 아내들이었다.

2016년 7월 4일, 나는 웨스트포인트 사관학교에 도착했다. 허드슨강 서쪽 기슭에 버티고 선 화강암 요새 문을 열고 들어서기에 적당한 날이었다. 6주 전, 나는 파란색과 금색 천으로 장식된 벨벳 졸업 가운을 입고 캘리포니아 대학교 버클리 캠퍼스에서 박사학위를 받았다. 눈물을 글썽이며 술이 덜 깬 채로 비행기를 타고 오클랜드에서 보스턴까지 갔다. 소중한 친구들에게 강제로 빌린 큰 사이즈 가방 두 개에 소지품 전부를—무슨 영문인지 거기 들어 있었던 이케아 쓰레기통은 아직도 갖고 있다—담아서 가지고 갔다. 보스턴에 도착한 뒤 언니 집에서 바비큐를 즐기며 핫도그를 먹고, 인터넷에서 중고로 산 포드 이스케이프 차에 가방을 싣고 코네티컷을 대각선으로 가로질러 뉴욕 허드슨밸리의 우거진 숲과 뾰족한 화강암 봉우리로 향했다.

웨스트포인트 사관학교에서 역사를 가르치며 보낸 그해는 낯선 경험으로 가득했다. 내가 강의실에 들어가면 학생들은 일제히 일어서야 했다. 7년간 버켄스탁 가죽 샌들을 신고 강의했던 나는 학생들이 제대로 구두를 닦았는지 확인해야 했다. 가장 놀라운 점은, 회색 머리칼을 이제 막 발견한 당시 29세의 나를 학생들이 깍듯한 경칭으로 불러야 하는 규칙이었다. 그들이 말끝마다 붙이는 경칭 덕분에 나는 젊음에 작별을 고해야 했다. 동료 사학과 교수 중에는 육군 장교도 있었는데 그들은 모자와 경례에 관한 복잡한 의례를 지켰다. 그들은 우산도 쓸 수 없었다. 캘리포니아 대학교 버클리 캠퍼스에서 웨스트포인트 사관학교로 옮기며 겪은 초창기 일 덕분에 여러 가지 재미있는 이야깃거리가 생겼다.

　　　　육군 장교단인 어느 대위에게 "인구통계학적으로는 도시인이지만 문화적으로는 농촌인"이라는 말을 처음 들었을 때, 아직 신참이었던 나는 무슨 뜻인지 이해하지 못했다. 사학과의 몇 되지 않는 여교수진과 남교수의 부인들이 정기적으로 갖는 사교 모임 '숙녀 다과회'에 처음 참석하고 나서야 그 의미를 조금 이해하게 됐다. 차를 마시고 쿠키를 먹는 동안 여자들은 차례대로 남편 이름과 자녀 나이로 자신을 소개했다. 내 차례가 되었을 때, 이제 겨우 화분에 심은 식물을 키울 마음의 준비가 됐다고 나는 말했다. 사람들은 너그럽게 웃어줬지만, 우리가 얼마나 동떨어진 삶을 사는지 확실히 알 수 있었다.

　　　　글로만 보면 별 차이가 없어 보일 것이다. 그곳에 모인 사람들은 대졸 여성으로 대부분 백인이었고 중산층에 속하므로 내가 졸업한 대학교나 대학원 동창과 크게 다르지 않았다. 하지만 나와 내 주위의 동창들은 모성이란 나중에 생각할 문제로, 하고 싶은 일과 해야 할 일을 모두 마친 뒤에 도달할 수 있는 상태라고 여기며 30대에 들어섰다. 우리는 '폐업 세일'을 기다린다는 농담도 했다. 40세가 되기 전에 아이 하나를 겨우 낳는 것을 가리키는 말이었다. 당시 나는 내 또래 여자가 임신했다고 하면 어떤 표정을 지어야 할지 알 수 없었다. 그것이 인생을 뒤바꾸는 무시무시한 실수일까, 아니면 축하할 일일까? 그때 만난 30대 장교 부인들은 셋째를 임신 중이었다.

따뜻한 가을 저녁, 단것과 와인을 너무 많이 먹어 머리가 어지러운 상태로 그 차이를 생각하며 밖으로 나갔다. 작가 실라 헤티는 어머니들과 어머니가 아닌 여성들이 "내전 중"이라고 했다. 그는 "당신은 어느 편인가?" 하고 묻는다.[1] 그날 저녁 이후, 나는 어느 편인가보다는 애초에 어떻게 편 가르기가 되었는가에 더 관심을 두게 되었다. 아이를 갖는 것과 갖지 않는 것이 많은 여성의 정체성을 규정하게 된 과정이 궁금했다. 세월이 흐르며 두 부류의 여성은 점점 멀어지다가, 결국 생물학적으로 영원히 갈라서게 되는 것은 무슨 까닭일까.

엄마들이 모여서 아이의 기저귀를 갈거나 목

욕시키는 시간에 관하여 이야기를 나누는 동안 엄마 아닌 여자는 외톨이로 구석에 앉아 술을 진탕 마시는 모습은, 양쪽 모두 제대로 묘사한 것이 아니다. 하지만 이런 장면은 티브이와 영화, 책에 지나치게 자주 등장한다.[2] 넷플릭스 시리즈 〈하우스 오브 카드 House of Cards〉의 한 장면에서 대통령 후보의 부인과 현재 영부인이자 반대 정당 부통령 후보인 클레어 언더우드가 대화를 나눈다. "아이를 갖지 않은 것을 후회한 적 있나요?" 대통령 후보 부인이 묻자, 클레어는 그의 아들이 주스를 달라고 조르다가 달려 나간 뒤 이렇게 말한다. "아이 낳은 거 후회해요?" 질문으로 대답을 대신한 것이다.[3]

〈자녀 없는 사람들이 이해하지 못하는 다섯 가지〉라든가 〈나는 아이를 가진 뒤 친구를 잃지 않았다, 그저 잊고 살았다〉〈어머니와 자녀 없는 여성이 진정한 친구가 될 수 있는가?〉 등의 대중문화 관련 기사에서는 어머니와 어머니가 아닌 여성이 서로 대화조차 나눌 수 없다고 한다.[4] 나도 삶 속에서 내 또래 어머니들과 차츰 거리가 멀어지는 것을 느껴왔다, '숙녀 다과회' 모임에서 만났던 어머니들처럼. 하지만 그들만이 아니었다. 함께 학위를 받은 여자들, 함께 바에서 위스키를 들이켜던 여자들, 함께 마라톤을 하던 여자들이 말 그대로 하룻밤 사이에 진정한 책임감과 진정한 삶의 의미를 지닌 어른으로 탈바꿈했다. 나는 아이처럼 제때 끼니도

챙기지 못하고 식물을 죽이는 한편으로, 매일 아침 조깅 하고 깔끔한 거실을 유지하는 편안한 삶을 살았다.

곰곰이 생각해보니 이런 차이를 느끼는 것은 그것을 느껴야 한다고 배웠기 때문임을 깨닫게 됐다. 모성을 두고 벌어지는 내전은 여성 생식기관을 가진 이들의 당연한 권리라도 되는 듯 여자들에게 주어졌다. 여자란 "아이를 만드는 기계일 뿐"이라고, 나폴레옹 보나파르트Napoléon Bonaparte가 친구 가스파르 구르고Gaspard Gourgaud에게 거만하게 말했다.[5] 태어나면서 여성 성별을 얻는 이는 반드시 어머니가 되어야 한다는 기대는, 미국 백인 여성에게 가장 중요한 의무가 출산이며 그가 가질 수 있는 유일한 가족은 핵가족이라고 가르친 오랜 역사가 만든 것이다. 또한 미국의 여러 정치가, 사상가, 문화계 인사들은 자녀를 갖지 않은 여성이 일탈적이고 타락했으며, 여성적이지 못하고, 애국정신이 부족하고, 백인인 경우에는 인종을 배반하는 행위라고 비난함으로써 이러한 사고를 강화했다.

이런 노력은 18세기 말, 독립전쟁 시절로 거슬러 올라간다. 당시 애국자의 아내와 딸은 다음 세대 시민을 낳고 키움으로써 이제 막 탄생한 국가를 위해 희생하는 '공화국의 어머니'가 되어야 했다. 후손에게 미국의 미덕을 심어주고 미국의 도덕을 가르치는 것이 그들의 의무였다.[6] 1873년 미국 대법원은 이를 공식화했다. "여성의 가장 중요한 운명이자 의무는 아내이자 어머니로서 고귀하고 선한 의무를 다하는 것이다." 여성이 변호사가 되는 것을 금지하는 판결에 동의하는 의견서에 조지프 P. 브래들리Joseph P. Bradley 판사는 이렇게 적었다. "이것이 창조주가 정한 법이다."[7]

오늘날 대부분의 법에 대하여 양 정당의 의견이 갈리지만, 이 법은 양당 모두의 지지를 받았다. "여성이 가질 수 있는 가장 중요한 직업은 어머니가 되는 것입니다." 이방카 트럼프Ivanka Trump는 2016년 아버지의 대통령 선거운동 영상에서 이렇게 말했다.[8] 2015년 터스키기 대학교 졸업식 축사에서 미셸 오바마Michelle Obama 영부인은 브래들리의 법을 개인적으로 지지한다고 밝혔다. "최고의 어머니가 되는 것이 가장 중요한 직업이며, 앞으로도 언제나 그러할 것입니다."[9] 어쩌면 힐러리 클린턴Hillary Clinton은 쿠키 굽기와 전업주부 역할보다 인생에 더 중요한 게 있다고 말한 것에 대해 민주당원과 공화당원 모두에게 무덤에 들어가서도 사과해야 할지 모른다.[10]

『뉴욕 타임스New York Times』는 자녀를 갖지 않는 미국인들이 "삶을 긍정하지" 않는다거나 "근본적인 희망"을 거부한다고 비난하는 사설을 계속 게재해왔다.[11] 2021년 『뉴욕 타임스』 사설란에서 보수주의 선동가 로스 다우서트Ross Douthat는 설득하려는 시도조차 하지 않았다. 그는 당당하게 요구했다.[12] "아이를 더 낳아주세요." 2019년 3월 유타주 공화당 소속 마이크 리[Mike Lee] 상원의원은 의회당에서 "우리가 당면한 아주 많은 문제를 해결할 방법은 사랑에 빠져 결혼하고 아이를 갖는 것"이라고 연설했다.[13] 2021년 여름 공화당 소속 정치가 J. D. 밴스[J.D.Vance]는 민주당이 "아이를 갖지 않는 사람들에게 좌지우지된다"고 한탄했다. 그는 그런 사람들은 미래에 "개인적·간접적인 이해관계"가 없으며, 따라서 미래에 관한 결정을 맡겨서는 안 된다고 주장했다.[14]

　　　　"역사상 가장 진보적인 교황"으로 불리는 프란치스코 교황[Pope Francis]도 2015년 산마르코 광장에 모인 사람들에게 "아이를 갖지 않기로 한 선택은 이기적"이라고 말했다.[15] 남다른 삶의 목표를 위해 부모 되기를 포기한 프란치스코는 아이를 갖는 대신 반려동물을 키우는 젊은이들에 대한 실망을 여러 차례 드러냈다. 그는 이런 현상을 경악스러운 "문화적 타락"으로 봤다.[16] 폭스 뉴스[Fox News]의 터커 칼슨[Tucker Carlson] 앵커는 그 의견에 전적으로 동의했다. "아이를 가지면 휴가와 운동 시간이 줄어든다고요? 그것이 삶에서 진정 의미 있는 활동이 아니겠어요?" 또 방송에서 이렇게 질문했다. "아니, 이보다 더 이기적이고, 방탕하며, 어리석은 소릴 들어본 적 있습니까?"[17]

　　　　사실 그들이 진정으로 염려하는 것은 여성의

이기심과 방탕, 어리석음이다. 물론 남성도 평생 자녀를 갖지 않을 수 있고, 자녀를 갖는 여성이 줄어들면 아버지가 되는 남성도 줄어들기 마련이다. 하지만 일반적으로 자녀를 낳지 않는 남성의 정체성에는 그 결여를 결부시키지 않는다. "아이를 낳는 사람이라는 여성의 지위는 여성의 삶에서 가장 중요한 요인이 되었다." 에이드리언 리치Adrienne Rich가 1986년 출간한 『더 이상 어머니는 없다Of Woman Born: Motherhood as Experience and Institution』(김인성 옮김, 평민사, 2018)에서 한 말이다. 어머니가 아닌 여성과 달리 "'아버지가 아닌 남성'이라는 말은 존재하지 않는다".[18] 그렇다고 남성이 가족을 가지라는 압박이나 기대를 받지 않는다는 뜻은 아니다. 사회학자 앨리스 로시Alice Rossi는 남성의 성년 입문은 여성과 여성이 낳을 자녀를 부양하는 능력으로 정의된다고 했다.[19] 하지만 부양이 필요한 아이를 낳으라는 압박과 낳지 않는 데 대한 비난은 전적으로 여성의 몫이다.

오늘날 우리는 흑인, 원주민, 퀴어 페미니스트 덕분에 'mother'는 명사가 아니라 동사로 쓰이는 것이 최선임을 배웠다. 아이를 낳는 것은 정체성이 아니라 하는 일이라는 뜻이다. 사회과학자 스탠리 M. 제임스Stanlie M. James는 어머니의 역할과 그것을 할 수 있는 사람의 정의를 급진적으로 확장시켜 양부모도 어머니의 역할을 할 수 있고, 남성, 동성애자

커플, 성전환자, 논바이너리, 교사, 이웃, 친구도 그 역할을 할 수 있다고 보는 것이 우리 사회를 더 좋은 방향으로 변화시킬 열쇠라고 주장한다.[20] 제임스가 지적하듯이 어머니 역할은 아이를 낳는 자궁과도, 어머니 역할을 하는 사람이 자궁을 갖거나 여성 정체성을 갖는가의 여부와도 무관하다. 벨 훅스bell hooks는 이를 "혁신적 부모 역할"이라고 불러 용어에서 젠더를 연상시키지 않도록 했다.[21] 그러나 역사적으로는 젠더의 문제가 매우 중요했다. 사람들은 자궁과 자궁을 가진 사람들이 그것을 어떻게 쓰는지에 큰 관심을 가졌다. 사회는 '여성'과 '출생 시 여성으로 지정된 사람들'의 벤다이어그램을 하나의 원으로 봤고, 그 안의 모두가 어머니가 되어야 한다는 기대를 받았다. 그리고 그것은 그들의 장래희망이나 사랑하는 대상, 삶의 우선순위와는 무관했다.

역사적으로 남성에게 성적으로 끌리지 않거나, 전통적인 여성의 역할을 담당하고 싶지 않거나, 스스로를 여성과 동일시하지 않기 때문에 결혼과 출산을 선택하지 않을 수 있는 방법을 찾는 사람은 분명 존재했다. 여성의 부모 혹은 여성이 속한 공동체에서, 결혼하여 함께 자녀를 가지라고 지정해준 남성에게 성적으로나 다른 면에서 관심이 없기 때문에 그렇게 결정한 이도 있을 것이다. (낭만적 연애나 성적 매력이 이성애 결혼과 출산의 필수 조건이라는 생각은 비교적 최근에 생겨났다.)[22] 또는 학자, 비행사, 판사, 테니스 선수가 되고 싶은데, 아주 최근까지도 어머니가 되면서 동시에 직업을 갖는 게 불가능해 보였기 때문에 그런 선택을 한 사람도 있을 것이다. 이유가 무엇이든 모두 사회적 대가를 치렀을 것이다. 오늘날 자녀보다 커리어를 우선으로 삼은 여성, 인공수정 비용을 댈 수 없는 여성 동성애자, 자궁이 없는 성전환 여성 모두 우리의 젠더를 규정하는 출산을 할 수 없다. 우리가 무엇을 선호하고 어떤 정체성과 취향을 갖든지, 어떤 식으로든 사회적 대가를 지불해야 한다는 점에서 우리는 하나다.

　　　　밀레니얼 세대 여성은 생식이라는 생물학적 행위 수행에서 집단적 실패를 하고 있다. 미국의 무자녀 비율은 사상 최고치를 경신 중이다. 아니, 적어도 대공황(1920년 대 말부터 1930년대까지 지속된 전 세계적 경제 위기-옮긴이) 중에 가임 기간을 거친 불운한 세대 이후로는 현재 무자녀 비율이 가장 높다.[23] 미국 여성의 출산 자녀 수는 1인당 1.7명으로, 대체 출산율(현재 인구 규모를 장기적으로 유지하는 데 필요한 출산율 수준-옮긴이) 2.1명에 비해 현저히 낮다.[24] 입양 역시 줄어들었다. 미국의 연간 입양 수는 2007~2014년에 17퍼센트 이상 감소했고 그 후 계속 줄어들었다.[25] 전체적으로 살펴보면, 최고 고령자가 40대 초반에 이른 밀레니얼 세대 여성 중 절반 가까이 자녀가 없으며 점차 더 많은 수가 자녀를 가질 계획조차 세우지 않고 있다.[26] 2021년 퓨 리서치센터 설문 조사에서 자녀가 없는 18~49세 미국인에게 물었다. "미래를 생각하면 언젠가 자녀를 가질 가능성이 얼마나 됩니까?" 응답자의 44퍼센트가 "별로 가능성이 없다"거나 "전혀 가능성이 없다"고 대답했다. 이는 그런 응답이 37퍼센트였던 2018년 조사에 비해 7퍼센트 증가한 것이다.[27]

물론 미국에서만 출산율이 감소한 것은 아니다. 세계에서 출산율이 가장 낮은 곳은 동아시아다. 한국 여성의 평균 출산 수는 0.8명이고, 싱가포르의 경우 1.1명이다.[28] 남유럽 몇몇 국가의 출산율 역시 불안할 정도로 떨어지고 있다. 그리스, 이탈리아, 에스파냐의 평균은 여성 1인당 1.3명 정도다. 이 국가들은 적극적인 출산 장려 정책으로 이런 상황에 대응해왔다. 특히 출산율이 1.3명으로 떨어진 일본에서는 정부가 창의적인 정책을 내놓았는데 '가족 주간'을 정해 부모들은 오후 7시 이후에 근무할 수 없도록 했고, 파티를 열어 참석한 청년들이 사랑에 빠지고 섹스하고 결혼하도록(순서는 반드시 이를 따르지 않아도 무방하다) 장려했다. 지난 10년에 걸쳐 프랑스 정부는 출산 장려에 상당한 예산을 들여 육아휴직과 세금 감면, 그 밖에도 재정적으로 도움을 줄 수 있는 지원금과 가정 및 시설을 이용한 보육 지원, 그리고 육아하기 위해 직장을 쉬고자 하는 어머니에게 지급하는 수당을 늘렸다. 적어도

프랑스에서는 이런 정책에 효과가 있었다. 출산을 증가시키지는 못하더라도 감소를 늦추는 데 실효가 있다는 것이 증명되었다. 그러나 프랑스 출산율은 계속 감소하고 있다. 2018년 1.89명, 2010년 2.03명이던 것이 2020년 1.83명이 됐다. 다른 곳보다는 감소 속도가 느리지만 여전히 유럽에서는 가장 높은 수준을 유지하고 있다.[29]

　　　　피임을 제한하고 임신중지를 불법화하는 것 외에 미국의 출산 장려 정책은 그다지 적극적이지 않았다. 하지만 그렇다고 미국인이 자녀를 갖지 않는다는 사실을 우려하지 않은 것은 아니다. 매년 봄, 미국 보건복지부는 이전 해 태어난 아이의 전체 수와 어머니를 나이, 인종, 거주지로 분류한 보고서를 발표한다. 2015~2021년에 그 수는 매년 감소했다. 2022년 봄에 전해진 결과는 복합적이었다. 2021년에 태어난 아이 수는 2020년보다는 조금 많았지만, 2019년보다는 크게 줄어들었던 것이다. 연례행사처럼 쏟아져 나오는 기사와 연설, 소셜미디어 게시물 등은 여전히 미국 여성이 갖는 자녀 수가 줄고 있다고 다뤘다.[30] 가족이 작아지고 무자녀가 증가한다. 이런 기사나 게시물은 같은 질문을 던졌다. 이유가 무엇인가? 오늘날 젊은 여성은 어째서 포유류 신체의 매우 기본적인 기능을 쓰지 않는 것인가? 그들은 어째서 생물학적 요구를 무시하고, 인류를 유지하는 데 제 몫을 다하기를 거부하며, 부모에게서 손주 갖는 즐거움을 빼앗는 것인가? 어째서 그들은 그토록 많은 사람이 최우선으로 꼽는 삶의 의미를 가질 기회를 놓치거나 놓치기로 선택하는 것인가?

물론 여러 가지 이론이 존재한다. 현대 여성이 자녀를 갖지 않는 것에 대하여 가장 관대하지 못한 설명은 단지 힘든 게 싫어서라는 결론이다. 여성은(즉, 우리는) 자기밖에 모르고, 탐욕스러우며, 근시안적이고, 자신의 직업만 생각한다고 비난당한다. 여성이 사적 영역에서 벗어나 공장, 사무실, 병원, 이사회실에서 일하기 시작하면서 어머니가 되는 것보다 커리어와 성공을 우선시한다고 이론은 설명한다. 다시 말해 여성은 아이보다 다른 것—카페라테, 학위, 커리어, 휴가, 아보카도토스트—을 더 원하기 때문에 아이 갖지 않는 것을 선택한다는 것이다.

그보다 관대한 쪽에서는 페미니즘이나 커피 애호 취향보다 젊은 미국인이 실제로 당면한 냉혹한 경제적 현실에 초점을 맞춘다. 당연한 말이지만 자녀를 한 달간 보육 시설에 보내려면 아보카도토스트 여러 개 값이 든다. 2021년 『뉴욕 타임스』에서 실시한 설문 조사에서는 출산에 관한 결정이 직업과 돈 그리고 밀레니얼 세대가 급속도로 줄어드는 중산층에 미약하게나마 자리 잡기 위해 겪어야 하는 고충과 긴밀히 연결되어 있다고 결론 내렸다. 함께 실린 전국 출산 조

사에 따르면 2009년 이후 출산율이 급격히 감소했고, 이 현
상은 민주당 지지 지역과 공화당 지지 지역, 고소득 지역과
빈곤 지역, 도시와 농촌을 막론하고 전국적으로 나타났다.

나처럼 대침체(2008년부터 2010년대까지 지속
된 두 번째 전 세계적 경제 위기-옮긴이) 시기에 대학을 졸업하고
이제 막 시작한 미미한 커리어로 불안정한 일자리에서 버티
고 있는 사람들에게, 새로 태어날 인간을 먹여 살리기 전에
경제적·직업적 안정을 원하는 것은 단순히 선호의 문제가 아
니다. 많은 젊은 여성은 커리어를 우선하는 것이 생존의 필수
조건이라고 생각한다.[31] 우리는 재정 상태나 실행 계획이 당
장 불가능하더라도 '어떻게든 해결될' 것이므로 그냥 아이를
가지라는 조언을 오랫동안 들어왔다. 과거에는 그런 말을 들
으면 용기가 생겼을지 모르지만, 어떻게 해도 상황이 해결되
지 않는 결과를 직접 지켜본 세대에게 이 조언은 공허하게 들
린다. 2008년 9월 15일 아침, 리먼브러더스가 파산을 발표해
전 세계 경제를 죽음의 소용돌이로 밀어 넣었을 때 밀레니얼
세대는 12~27세였다. 코로나19 대유행으로 미국이 대공황
이후 최악의 실업 사태를 맞이한 2020년 봄, 그들은 24~39세
가 되었다.[32]

코로나19가 전국으로 확산되고 봉쇄로 집에
갇혀 지내는 동안, 미국과 전 세계에서는 피임 도구와 피임약

수요가 치솟아 공급량을 급속도로 따라잡았다.[33] 미국 여성 열 명 중 네 명이 코로나19로 인해 자녀 출산 시기 및 그 여부에 관한 계획을 바꾸거나 계획했던 자녀 수를 줄였다고 구트마허 연구소의 설문 조사에 응답했다.[34] 코로나19가 발생한 첫해, 임신중지 시술 병원은 예약이 끊이지 않았다. '필수적이지 않은' 의료 서비스라고 결정을 내린 주가 많아서 임신중지 시술을 받기 위해 인근 주의 병원을 찾는 이도 많았고, 위기 상황에서 '당장 자녀를 갖는 것이 최선의 선택이 아니'라고 판단하는 여성 역시 많았기 때문이다.[35]

코로나19는 전 세계적 위기였지만, 그것이 미치는 영향력은 경제적 안정과 사회적 입지에 따라 달랐다. 이 시기에 가장 큰 영향을 받은 흑인 여성과 저소득층 여성의 출산은 감소했다. 반면 재택근무를 하며 평소 외식과 휴가에 지출하던 돈을 저축할 수 있었던 고소득층 여성 가운데서는 이 기간이 임신하기에 적절하다고 판단하여 임신 비중이 적게나마 증가했다.[36] 즉, 코로나19 동안 전체 출산은 줄었지만 백인 중산층 이상에서는 증가한 것이다. 노스웨스턴 대학교 경제학과 하네스 슈반트Hannes Schwandt 교수는 "일부 집단의 출산이 늘어난 것은 대침체 시기 이후 처음일 가능성이 크다"고 했다.[37]

웨스트포인트 사관학교에서 만난 여성들의

자녀 양육에 대한 열정은 아이를 갖는 것이 사회적 기대와 보상을 받는 문화라는 점에서 문화적인 현상이지만, 오로지 그 이유 때문만은 아니다. 사회구조적 현상이기도 하다. 군인의 삶에는 큰 위험이 따르지만 안정적이다. 연봉이 높고 주택 보조금도 있으며 건강보험이 무료고, 보육비 보조도 받는다. 근무지 이동이 잦지만 여성을 중심으로 강한 공동체 관계망을 형성하며 물리적·감정적으로 지원한다. 희생이 요구되기는 해도 군인은 대가족을 가질 수 있는 조건을 잘 갖추고 있는 직업인 것이다. 어떤 의미에서 웨스트포인트 사관학교의 '숙녀 다과회'는 백인 중산층인 그들이 공동체로부터 경제적 여유와 심리적 안정, 현재와 미래에 대한 믿음을 찾을 수 있었던 과거로 돌아가는 여행이었다. 미국 여성이 아이를 갖지 않는 여러 가지 이유가 그곳에 모인 여성에게는 해당되지 않는다. 왜냐하면 그것은 외부에서 정한 정책과 법, 구조로 결정되기 때문이다.

✿

여성이 자녀를 갖지 않는 이유를 대부분 여성 개인이 내리는 개별적인 선택에만 초점을 맞춰 설명하려고 한다. 자녀를 갖고 싶지만 양육비가 부담된다고 여기는 여성이 있다. 너무 신중하게 배우자를 찾다가 기회를 놓친 여성도 있다. 성인이 되어 자신의 삶을 살고 있지만 자녀를 갖는다는 중대한 결심을 끝까지 미루고 싶은 여성도 있다. 자녀보다는 자신의 커리어를 중요시하거나 주택 장만과 노후 준비를 선택하는 여성도 있다. 현재의 정치적·환경적·경제적 위기를 간과하고 희망을 선택하고 싶지 않은 여성도 있다. 이런 여성들은 어머니가 되지 않기로 선택해서 어머니가 되지 않았다고 생각한다. 정말 아이를 원한다면 그들은 다른 선택을 했을 것이라고.

이런 식의 생각은 충분히 공감받을 수 있었다. 미국에서 선택은 자유와 동의어다. 로 대 웨이드Roe v. Wade 재판에서 발표한 보충 의견서에 보수파 대법원 판사 포터 스튜어트Potter Stewart는 "결혼과 가족 문제에 관한 개인의 선택에서 자유란"—여기에는 임신중지의 선택도 포함된다고 했다—미국 연방 수정 헌법 14조를 통해 보호받는 "자유 중 하나다"라고 적었다. '선택'이라는 말은 그 후로 진보적 여성운동의 구호가 되었으며, 개인의 자유를 주장하는 것에는 마음 쓰지 않았던 사회를 향해 외치는 임신중지 권리를 대변하는 동의어가 되었다.

선택이라는 개념이 제2차 여성운동을 "일으켰다"고 1970년대 저명한 페미니스트 수전 브라운밀러Susan

Brownmiller는 말했다. 임신중지를 할 **선택**. 커리어와 가족 사이의 **선택**. 자녀를 가지지 않을 **선택**. 그 선택은 구체적이고 확실한 것이기에, 여성이 선택하는 세상 혹은 그들이 자녀를 키워야 하는 세상에 불확실하고 감당하기 힘든 더 큰 변화를 일으켜야 할 이유가 사라진 것이다.[38] 여성운동의 요구를 선택의 문제로 치환시키면 미국의 국가적 이상인 개인주의와도 잘 부합되었다. 삶과 자유 그리고 행복으로 가는 여러 갈래의 길이 미국인 저마다의 앞에 열려 있고, 그들은 운동화를 신고 가장 마음에 드는 길을 선택해 걸어가면 되는 것이다. 하지만 오늘날 이 선택의 자유란 말은, 개인이 전적으로 의도해서 어머니가 되었거나 되지 않은 것처럼 보이도록 만들었다.

역사적으로도 어머니가 되지 않는 이유를 개인의 의도로 치부하는 건 자녀를 갖지 않는 것을 비정상 혹은 일탈로 보고자 하는 이에게 유리하게 작용했다. 그들은 어머니가 될 수 있었지만 되지 않은 여성은 경멸받아 마땅하다고 여겼다. 물론 난임이 이런 분류 방식을 혼란에 빠뜨릴 위험성을 갖고 있었다. 어머니가 되기를 원하고 모성을 바람직한 사회규범으로 받아들이지만, 그럴 수 없는 여성이 존재하기 때문이다.

이로 인해 미국의 저명한 정치가와 사상가들은 자신의 선택으로 자녀가 없는 여성과 난임 여성을 구분 지으려고 노력했다. 상황이 허락했다면 모성을 선택했을 여성과 어머니가 될 수 있었지만 되지 않은 여성은 엄연히 다르다는 것이다. "자녀라는 최상의 축복을 얻지 못한 선한 여성이 많습니다. 이들을 향해 우리는 존중과 동정심을 가져야 합니다." 1905년 시어도어 루스벨트Theodore Roosevelt는 안경을 쓰고 오늘날 사친회(교육의 효율성을 높이기 위해 가정과 학교가 서로 협력하여 만든 민간단체로 세계 각국에 널리 보급되었다-옮긴이)의 전신인 전국어머니협회에서 연설했다. 하지만 자신의 선택으로 어머니가 되지 않은 여성은 "사랑이 없는 존재"이며 사회에 "효모 없는 빵"처럼 무용하고, "현대인의 삶에 가장 불쾌하고 불완전한 면모"로 여겨졌다.[39] 다시 말해 문제는 단순히 여성이 어머니가 되지 않은 것만이 아니었다. 문제는 어머니가 되지 않기로 한 선택이었다.

1990년대 시험관 시술 등 난임 치료 기술이 도입되며 이런 구분이 불필요해졌다. 난임 치료는 대부분의 미국인이 재정적으로 감당하기 어려웠고 저마다 시험관 시술 성공률에 큰 차이가 있었지만, 난임 치료가 존재한다는 사실과 이를 중심으로 생겨난 수십억 달러 규모의 글로벌 산업만으로도 사람들은 난임이 치료된 것 같은 착각에 빠졌다. 우리는 여성이 임신을 예방하고, 시작하고, 종결할 선택권을 가지고 있다고 믿는 사회에 살고 있다. 그러나 그 어떤 선택도 도덕적으로 용납하지 않는다. 누구나 자녀가 없는 여성은 그런 삶을 스스로 선택했을 거라고 단정 짓기 때문이다.

경험적·논리적·사례적으로, 우리는 그것이 사실이 아님을 알고 있다. 1994년 흑인 여성 지도자, 학자, 운동가들이 '선택' 대신 '출산 정의'라는 표현을 쓰자고 제안한 이후로 유색인 페미니스트들은 '선택'이 부적절한 표현임을 지적해왔다.[40] '선택'이란 말은 선택의지를 의미하는데, 이를 허락받지 못한 미국 여성이 많이 존재했다. 노예 여성은 법적으로 자기 신체를 소유하지 못했는데, 물론 출산에 관한 결정 또한 마찬가지였다.

20세기 짐크로 Jim Crow 법이 실시되던 남부 여러 주에서는 흑인 출산을 제한하기 위해 국가에서 지원하는 산아제한센터를 세웠다.[41] 1960, 1970년대 남부 의사들이 흑인 여성에게 비자발적 불임화 시술을 남발한 나머지 흑인인권운동가 패니 루 헤이머 Fannie Lou Hamer는 이 시술을 "미시시피의 맹장 수술"이라고 부를 정도였다.[42] 1970년대 인디언 공공보건청은 원주민 여성 가운데 많게는 25퍼센트에 해당하는 이들에게 동의 없이 불임화 시술을 하여 비난받았다.[43] 이것은 옛날이야기가 아니다. 2020년 가을, 조지아주에 있는 영리 목적의 한 이민세관집행국 수용소에서는 상황을 이해할 만큼 영어를 알지 못하는 많은 이민자 여성에게 아무런

동의 없이, 강제로 불법화 시술을 실시했다는 내부 고발이 있었다.[44]

미시시피 출산자유장려기금의 로리 버트램 로버츠Laurie Bertram Roberts 전무는 "출산 정의"란 "아이를 갖거나 갖지 않고, 기본 욕구가 충족되는 안전하고 안정적인 환경에서 가정을 꾸릴 수 있는 인권"이라고 설명했다.[45] 임신중지나 출산 여부의 선택 자체보다는 그 선택이 이루어지는 조건과 태어나는 아이를 양육하는 조건이 더 중요하다는 것이다. "미국 여성은 왜 자녀를 갖지 않는가?"보다는 "여성은 출산 선택에 영향을 미치는 어떤 결정을 내려야 하며, 그 결정은 어떤 조건에서 내리고 있는가?"라고 묻는 것이 옳다. 혹은 더 간단하게 질문할 수도 있다. "여성이 대체 어떻게 선택할 수 있는가?" 강제 불임화 시술 같은 폭력을 경험하지 않은 경우라도, 여성들은 출산을 결정할 때 너무 많은 제약이 따르기 때문에 선택처럼 느껴지지 않는다.

그 증거가 되는 수치를 살펴보자. 지난 40년간 진행된 질병통제예방센터 연구에 따르면 자신을 '자발적 무자녀'라고 생각하는 여성은 극소수였다. 2017년에는 6퍼센트로, 1982년 4.9퍼센트에 비해 조금 증가한 정도다.[46] 또 다른 연구자에 따르면 5퍼센트 정도가 '비자발적 무자녀'라고 인정하는데, 이는 보통 자녀를 원하지만 난임이었던 경우다.[47] 그 밖의 자녀가 없는 대다수의 경우 어머니가 되지 않기로 한 상황은 서서히, 간접적으로, 출산과는 무관하지만 동시에 밀접한 관계가 있는 일련의 결정을 통해 찾아온다. 학위를 받기 위해 대학원에 가고, 더 나은 커리어를 쌓기 위해 직장을 바꾸고, 자신을 행복하게 해줄 배우자를 기다리고, 35세에 이르러 애정 없는 결혼 생활을 그만두기로 결심하고, 가족과 멀리 떨어진 곳에 직장을 얻는 바람에 육아에 도움받을 수 없게 되고, 다음 세대 생애에 닥쳐올 화재, 홍수, 폭풍 같은 기후 재앙을 심각하게 염려하는 것이 그 과정이다. 어떤 경우 육아휴직 없는 직장, 학자금 대출, 비싼 보육비, 21세기 미국에서 주택 마련, 은퇴의 꿈이 가능한가 하는 문제들이 선택을 대신하기도 한다. 임신촉진제나 인공수정, 시험관 시술을 시도한 뒤 비용이 너무 많이 들거나 육체적으로 힘들어 그만두기로 결정하고, 자녀를 갖지 않기로 한 것인지 가질 수 없었던 것인지 판단하기 모호한 경우도 있다.

　　　　우리는 '지속적 지연'으로 아이를 가지지 않게 된 경우다. 즉, 삶이 다른 방향으로 흘러갔거나 환경이 달랐다면 어머니가 되었을 수도 있다. 단지 생물학적 시계가 자정을 알렸거나 잠 못 이루며 아이를 돌보고자 하는 마음이 사라졌거나 출산을 고려하기도 전에 연로한 부모가 돌봄을 필요로 하는 상황에 놓이게 되었을 뿐이다.[48]

자녀가 없는 이유를 개인 혹은 집단 관점에서 설명하는 것은 복잡하다. 단순히 재정적인 문제나 삶을 즐기는 기쁨, 난임의 슬픔만으로는 설명할 수 없다. 이 모든 이유에 더해 또 다른 이유를 가진 사람도 있다. 사회자원의 부족으로 자녀 양육이 개인 각자의 과제가 되었다는 사실과 무엇보다 커리어와 소득이 우선시되는 사회적 분위기, 이미 환경 파괴를 일으키는 인구의 무게로 고달파하는 지구에서 자녀를 키우는 데 따르는 두려움과 그 파괴에 동참할 또 한 명의 사람을 만드는 것에 대한 죄책감 등이 그 이유다. 물론 자신의 모든 시간과 에너지, 애정을 자녀 양육에 써야 하는 삶을 살고 싶지 않은 사람도 있을 수 있다.

이 모든 이유가 새롭게 생겨난 것은 아니다. 과거에도 자녀를 간절히 원했거나 자녀를 갖는 것에 양가적인 감정을 가졌거나 자녀를 갖지 않음으로써 자유를 얻었거나 어떤 이유에서든 자녀를 갖지 않는 여성은 늘 존재했다. 오늘날처럼 효과 좋은 피임법이 존재하기 이전에도, 페미니스트들이 모성과 여성을 동일시하지 않아야 한다는 이론을 설파하기 이전에도, 자녀를 갖지 않는 여성은 있었다. 우리는 역사의 한순간, 이 지구상에서 허락된 짧은 시간 동안 자신이 설계해야 할 삶 속에 자녀를 양육할 공간이 있는지 헤아리면서 살고 있다. 즉, 역사적으로 자녀를 갖지 않는 여성은 과거에도 존재했다.

❁

　나는 이 책을 코로나19 봉쇄 초기에 집필하기
시작했다. 학교와 보육 시설이 문을 닫아 재택근무를 하는 부
모가 활기 넘치는 유아, 친구를 만날 수 없어 심심해하는 초
등학생, 불만에 찬 부루퉁한 표정의 10대와 함께 집에 갇혀
지낼 때 부모와 부모 아닌 이들의 간극은 그 어느 때보다 멀
어졌다. 특히 양육을 주로 담당하고 봉쇄 시기에 학교 책임까
지 떠맡은 어머니와 자녀 없는 여성의 삶은 너무 동떨어져 겨
우 유지하던 실낱같은 공감조차 끊어질 위기에 처했다.[49]
　대부분의 어머니는 자녀 없는 친구들이 취미
삼아 케이크를 굽고, 집에서 요가를 하고, 넷플릭스 시리즈를
몰아서 시청했다는 이야기를 접하면 이해할 수 없을뿐더러
짜증스럽기까지 할 것이다. 봉쇄 초기에 자녀 없는 여성들은
정당성을 입증받은 느낌이었을지도 모른다. "내가 이래서 아
이를 낳지 않은 것이다." 한 여성은 트위터에 이렇게 적었다.
"팬데믹으로 집에 갇혀 지내게 될까 봐 아이를 낳지 않은 것
은 아니지만, 그와 비슷한 생각이 들었다."[50]
　미국 모성의 위기는 물론 바이러스 탓이 아니

다. 코로나19로 인해 자녀 있는 여성과 자녀 없는 여성이 이미 알고 있었던 사실이 표면으로 드러났을 뿐이다. 누구나 어머니가 되리라는 기대를 받지만, 어머니가 된 후에는 어떤 지원도 거의 받지 못하리라는 사실. 소아과는 월요일부터 금요일 오전 9시부터 오후 5시까지 운영한다. 미국의 학교는 오후 2시나 3시에 끝난다. 21세기에 가장 인도적인 차원의 퇴근 시간보다 몇 시간이나 이른 시각이다. 보육 시설이나 유치원 비용이 한 사람의 전문직 급여와 비슷한 지역도 있다.

그리고 그 작은 인간들을 날마다, 하루에도 몇 번씩 먹여야 한다. 세탁물을 대신 개어야 하고, 점심 도시락을 싸고, 방과 후 프로그램과 여름 캠프에 등록하고, 숙제를 도와줘야 한다. 또한 그들이 아프면 병원에 데려가거나 소중한 유급휴가를 써서 집에서 병간호를 해야 한다. 우리 사회에서 자녀를 키우려면 시간과 돈, 에너지를 애초에 제 기능을 하지 못하도록 만들어진 무능한 시스템 구멍에 쏟아부어야 한다.

최근에 벌어진 이른바 '엄마 전쟁'에서 '올바른' 양육 방법을 두고 엄마와 그것에 맹렬히 반대하는 엄마가 맞서 싸웠다. 약물을 쓰지 않는 자연분만 대 경막외 마취, 모유 수유 대 분유 수유, 가정 보육 대 시설 보육, 함께 재우기 대 따로 재우기. 그 외에도 예방접종의 필요 유무와 10월 대형마트 주차장에서 아이에게 외투를 입혀야 하는가 등의 온갖 문제를 두고 접전이 벌어졌다.

하지만 이런 문제가 대체로 그들 각자가 제어할 수 있는 일이라는 것에 주목할 필요가 있다. '엄마 전쟁'은 그 밖의 숱한 문제들, 다시 말해 자녀 양육 보조금과 보건 비용, 출산휴가와 유급휴가의 부족, 그리고 자녀를 가진 여성 급여에 가해지는 불이익 등 정말 시급한 사안을 놓고 벌어진 것이 아니다. 미국의 어머니들이 사소한 일로 다투는 까닭은 중대한 문제에 대해서는 승산이 희박하기 때문이다. 어머니가 되어 사회가 요구하는 역할을 감당하면서도, 여전히 여성이 가진 힘은 약하다.

물론 더 이전에도 자녀를 갖지 않는 사람은 존재했다. 하지만 과거 어느 지역에서는 아이를 보살피는 사람이 반드시 그 아이를 자궁에서 키운 사람이 아닐 수도 있었다. 다음 세대를 키우는 책임과 보상, 위험 부담을 공동체가 공유하는 것이다. 그 공동체에는 생물학적 어머니는 물론 출산하지 않은 여성도 포함되어 있다. 오늘날은 그러한 공동체도 사라지고, 사회적·제도적 그리고 그 밖의 어떤 도움도 없는 상태에서 출산에 대한 결정과 그에 따라오는 책임과 위험 부담을 개인이 감당해야 하는 문제로 수렴되었다.

우리는 자녀 양육을 요구받지만 그 책임을 혼자 고립된 상태로—거칠게 말하자면—오로지 자기 은행 계좌

에만 의존해 감당하도록 종용받는다. 이를 묵인하면 결국 자녀 양육의 모든 면면을 혼자서 감당하게 된다. 그러지 않으면 자신의 자녀에게 부모로 인정받지 못하는 벌을 받게 될지도 모른다고 생각한다.

역사를 살펴보면 자녀 양육이 반드시 혼자서 감당해야 하는 책임으로 간주되지만은 않았다. 11세기 수녀부터 19세기 참정권운동가, 20세기 환경운동가와 흑인 및 원주민 페미니스트에 이르기까지 오랫동안 수많은 여성이 어머니를 지원하는 일과 자녀 없는 여성의 사회적 가치를 회복하는 일은 동전의 양면이라고 주장해왔다. 이제 그 목소리에 귀기울일 때다.

❀

자녀 없는 여성의 이야기에만 집중할 생각으로 이 책을 쓰기 시작했다. 그들의 이야기를 전하는 사람이 없었으니, 이제 그럴 시기가 되었다고 생각한다. 하지만 그들과 애정을 바탕으로 서로를 돕는 어머니들, 함께 사는 남성과 의학적 조언을 구하는 남성, 그들이 교류하는 모든 공동체를 제외하고 자녀가 없는 여성의 이야기를 하는 것이 얼마나 무의미한지 차츰 깨닫게 됐다. 지구상의 대부분 지역에서, 또한 미국의 그리 멀지 않은 과거에도 어머니와 어머니가 아닌 여성의 구별은 그렇게 첨예하지 않았다.

서아프리카에서 아메리카 정착지인 하우데노사우니('공동주택을 짓는 사람들'이라는 뜻을 가진 연맹으로 '이로쿼이'라고도 불린다-옮긴이)에 이르기까지, 모성은 단순히 생물학적 역할이라기보다는 사회적 역할로 인정될 수 있는 여지가 훨씬 더 많았다. 출산하지 않은 여성도 자녀를 사랑하고 돌보는 일에 온전히 참여할 수 있었다. 역사적으로 자녀 없는 여성은, 어머니와 남성이 그들을 위해 만든 사회구조와 정책에 포함되어 있었다. 역사학자 내털리 지먼 데이비스Natalie Zemon Davis가 지적했듯이, 농노에 대해서만 이야기하고 봉건군주를 언급하지 않으면서 독자가 중세 유럽의 경제체제, 봉건주의를 완벽히 이해하기를 바랄 수는 없다.[51] 데이비스가 말한 1976년은 여성사 연구가 본격적으로 태동하던 때였다. 과거부터 여성은 남성과 관계를 맺고 살았으므로 여성 연구는 남성과의 관계 속에서 이루어져야 한다는 것이 주장의 요지다.

여성을 사회적 맥락에서 떼어내어 그 자체로 역사적 현상으로 본다면 전체 그림을 이해할 수 없다. 이 책에서는 아무도 들어보지 못한 자녀 없는 여성의 이야기를 다룰 것이다. 자녀 없는 것 이외의 이유로 이름을 남긴 여성도 다룰 것이다. 어머니가 아닌 여성의 경험과 관련 있는 결정을 내리고, 일을 하고, 삶을 산 남성도 다룰 것이다. 그리고 생물학적 어머니, 사회적 어머니, 의붓어머니, 입양한 어머니, 임시 어머니, 파트타임 어머니 등 온갖 어머니를 다룰 것이다. 자녀 없는 여성을 그리려면 우리 모두의 모습을 넣어야 한다. 사회는 자녀 유무를 기준으로 사람들을 가르지만, 사실 우리는 그렇게 다르지 않다.

　　내가 아는 자녀 없는 여성 가운데 사회가 규정하는 대로 깔끔하게 구분되는 경우는 거의 없다. 자발적 혹은 비자발적, 즉 기쁜 마음으로 무자녀를 선택하거나 난임이어서 비참해하는 여성의 범주에 딱 들어맞는 사람은 거의 없다. 아이가 없는 상황은 크고 작은 슬픔과 함께 찾아온다. 손주가 없어 슬퍼하는 부모의 모습을 지켜보며 상황을 이렇게 만든 과거 자신의 선택을 후회할 것이다. 임신 테스트 결과를 확인하고 지금의 삶을 유지하기 위해 지푸라기 잡는 심정으로 임신중지 시술을 결정하여 눈물 흘리거나, 난임 치료 시술에 실패했을 때의 아픔이 삶을 지탱할 수 있게 해준 원동력이었다는 것을 깨달았을 때도 슬픔을 느낄 것이다. 대다수의 사람이 삶에 의미가 있다고 여기는 것을 갖지 못하거나 원하지 않는 데는 슬픔이 따르기 마련이다.[52] 셰릴 스트레이드Cheryl Strayed가 "우리를 태워주지 않은 유령선"이라고 부르는 삶, 즉 우리가 선택하지 않은 삶이 안갯속에서 어렴풋이 소리 없이 스쳐 지나가는 모습에 슬퍼하는 이도 많다.[53] 내가 아는 모든 이도, 자녀를 갖지 않는 삶을 원하고 결코 그 선택을 바꾸지 않으려는 이조차도 그 결정(그것을 결정이라고 부를 수 있다면 말이다)을 내리는 데 어느 정도 괴로워했다. 타인의 기대와 다른 삶을 사는 것에는 기쁨과 슬픔이 공존한다.

무자녀 비율의 증가를 여성운동의 승리로, 오랜 세월 미국 가정을 억압한 이성애 중심의 사고방식을 깨뜨리거나 적어도 삶의 방식을 변화시킨 증거라고 믿고 싶을 것이다. 자신이 원하는 삶을 스스로 선택하고 영위할 수 있는 능력을 갖춘 여성 세대의 자아 표현이라고. 하지만 그런 선택을 내리는 데는 경제적 고통과 지원 부족, 미래에 대한 두려움을 감당해야 하므로 승리라고 부르기 망설여진다. 미국의 부모들이 코로나19 봉쇄 동안 어려움을 겪었던 이유와 좋은 시절에 겪었던 어려움의 이유가 별반 다르지 않은 것처럼, 미국 여성이 자녀를 갖지 않은 이유도 별반 다르지 않다. 그렇게 생각하면 우울하다. 그렇기에 자녀의 유무와 상관없이 모든 여성의 연대를 소망하는 바이다.

사회운동가이자 작가인 제니 브라운Jenny Brown 은 미국의 출산 감소를 태업이나 파업으로 이해해야 한다고 주장했다. 자녀를 낳고 키우는 일을 하는 사람들이 노동조건이 열악해서 일하기를 거부한다는 것이다.[54] 전체적인 사회 동향을 보면, 이것이 출산 감소를 잘 설명하기도 한다. 하지만 '파업'이라고 하면 자율과 의도를 내포한다. 많은 여성이 출산 여부를 결정할 때 자율적이지도, 의도적이지도 않다고 느끼는데도 말이다.[55] 인류학자 미셸롤프 트루요Michel-Rolph Trouillot는 근로자가 일터에 나가지 않는 것만으로 파업을 정의할 수 없다고 했다. 같은 날 다수의 고용인이 출근하지 않는 것은 폭설이나 전염병의 유행, 단순한 우연일 수도 있다는 것이다. 그러려면 집단적인 이유가 있어야 하고, 출근하지 않는 집단적인 결정이 있어야 한다. "가장 간단히 말해, 파업은 근로자들이 파업하고 있다는 것을 인지할 때만 파업이 된다"는 것이 그의 설명이다.[56]

하지만 미국 여성은 파업 중이라는 사실조차 알지 못하는 것 같다. 우리는 집단적으로 연결된 것이 아니라, 산재된 저마다의 이유로 아이를 갖지 않는다. 애초에 아이 자체와는 무관해 보이는 이유 때문이다. 돈과 사회적 지원, 파트너, 유연하지 못한 근무 환경, 화재나 홍수 같은 자연재해, 생물학적 문제 또는 다른 삶을 원해서다. 이런 이유는 전혀 새롭지 않지만 항상 우리에게 새로 나타난 문제처럼 느껴진다.

우리는 여성의 권리 신장으로 커리어를 우선시하게 되었다는 말을 듣는다. 기후위기를 염려하는 환경주의자들의 피해망상이라는 취급을 받기도 한다. 너무 오래 버티다가 난임이 됐다고 한다. 1980, 1990, 2000년대 초에 태어나서 이기적인 존재가 됐다고 한다. 여성이 자녀를 갖지 않는 이유와 연결된 여러 가지 문제의 역사를 살피지 않으면, 자녀를 갖지 않는 것이 파업보다는 개인의 선택처럼 느껴진다. 공동의 경험이기보다는 현대사회의 스트레스를 극복하지 못한 개인의 실패로 보인다. 이것이 파업이라면, 우리는 연대조차 성취하지 못했다고 나의 현명한 친구는 말한다. 이 책은 바로 그 연대, 서로 그리고 역사와 맺는 연대를 제시하고자 한다.

우리는
언제나
선택해왔기 때문에

01

Peggy O'Donnell Heffington

Without Children: The Long History of Not Being a Mother

앤 로먼Ann Lohman 재판 마지막 날, 당시의 뉴욕주 대법원 방청석은 만석이었다. 늦게 온 사람들은 뒤에 가득 모여 있었다. 배심원단의 결정과 로먼에게 내려질 판결을 듣기 위해 뉴욕 전역에서 사람들이 법정을 찾아왔던 것이다. 수첩을 쥔 기자와 이번 사건에 흥미를 가진 시민들이 피고를 멀리서라도 보기 위해 방청석을 채웠다. 그를 "뉴욕 최악의 악녀" "인간의 탈을 쓴 괴물"이라고 비난하는 사람도 있었다.

　　일명 리스텔 부인Madame Restell으로 더 잘 알려진 로먼이 정오 무렵 남편과 경비원을 대동하고 입장했다. 평소에도 그랬듯이 그는 재판에서도 눈에 띄는 모습이었다. 리스텔 부인은 남성으로 가득한 법정에서 유일한 여성이었다. 긴 검은 머리칼을 덮은 흰색 보닛과 변호사 옆에 자리 잡고 앉을 때 발치까지 길게 늘어진 검은 새틴 드레스가 그 사실을 강조했다. 판사는 정숙하라고 명령한 뒤 고발 내용을 다시 밝혔다. 마리아 퍼디라는 여성에게 임신중지 시술을 해서 목숨을 잃게 한 죄였다. 한 참관인이 말했듯이, 그것은 "기독교 땅에서 저지른 가장 지독한 악행 중 하나"였다. 1841년 여름, 리스텔 부인은 살인죄로 재판받는 임신중지 시술자였다.[1]

뉴욕에서 가장 사악하다고 알려진 여성의 어릴 적 이름은 앤 트로Ann Trow로, 1812년 영국 페인스윅에서 태어났다. 그는 가난하게 자랐고 나이가 어느 정도 차자 집을 떠나 하녀로 일했다. 10대 시절 앤 트로는 헨리 서머스라는 재단사와 결혼했다. 그가 19세 때, 두 사람은 유럽 노동자 계층 이민자들과 함께 1830년대 뉴욕에 도착했다. 더 나은 삶의 기회를 찾기 위해서였다. 도착 직후 남편 헨리는 발진티푸스에 걸려 사망했고, 그는 낯선 땅에 어린 딸과 남겨졌다. 처음에는 재봉 일을 했다. 유럽 이민자 중에는 재봉 일을 하는 사람이 너무 많아 푼돈밖에 벌지 못했다. 어쩔 수 없이 그는 농촌에서 자라면서 이웃에게 배운 아기 받는 기술로 산파 일을 해서 수입을 보충했다.

수완이 좋았던 앤은 아기를 받는 일에서 출

산을 미연에 방지하는 쪽으로 사업을 확장했다. 약초를 혼합해 피임약과 임신중지 약을 만들어 수많은 여성에게 팔았던 것이다. 오늘날 임신중지 약의 두 가지 성분, 미페프리스톤과 미소프로스톨은 2000년에 식품의약국에서 허가했지만 그는 1830년대에 이미 그런 효능을 가진 약초를 여럿 알고 있었다. 맥각, 감홍, 알로에, 검정 헬레보레를 빻아 만든 알약으로 유산을 일으켰다. 앤과 몇몇 사람은 그 약을 '월경 조절약'이라고 미화해서 부르며 멈춘 월경이 곧 "회복"될 거라고 약속했다.[2]

1836년 앤은 찰스 로먼이라는 『뉴욕 헤럴드 New York Herald』 신문사 임원과 재혼했고, 찰스는 신문 광고란에 아내의 사업을 홍보하는 글을 열심히 실었다. 로먼 부부는 함께, 앤이 프랑스에서 산파 교육을 받았다고 거짓으로 이야기를 지어냈다. 분명 약 조제법을 어디선가 배웠을 테지만, 앤은 정식으로 의학 교육을 받은 적이 없었다. 그렇게 신비에 싸인 리스텔 부인이 탄생했다. 리스텔 부인이 된 앤 로먼은 뉴욕 전역에 지점을 둔 사무실을 통해 기혼 여성과 미혼 여성, 어머니와 어머니가 아닌 여성, 부유한 여성과 노동자 계층 여성에게 피임약과 임신중지 약을 팔아 커리어를 쌓았다.

리스텔 부인의 서비스는 종합적이었다. 약으로 임신을 중지시키기에 시기가 늦은 여성에게는 임신중지 시술자를 소개했고, 임신 사실을 밝히기에 곤란하지만 시술받고 싶지 않은 여성에게는 비밀리에 출산할 수 있도록 방을 대여하기도 했다. 또한 그는 추가 비용을 받고 입양 절차를 맡기도 했다.[3]

리스텔 부인의 재판이 사람들의 호기심을 불러일으킨 것은 충격적인 사건—임신중지는 젊은 여성이 성관계를 갖고도 뻔뻔하게 성행위와 모성을 분리시킨 결과였으므로—이기도 했지만, 상대적으로 신기한 일이었기 때문이다. 1820년대 이전에는 미국 어느 지역에서도 임신중지를 제한하는 법이 없었다. 미국 이주민들은 유럽에서 수백 년 전부터 이어진 법적·문화적 전례를 따르고 있었으므로, 그들은 적어도 임신부가 처음 태동을 느끼는 순간까지는 임신중지에 큰 문제를 느끼지 않았다.[4] 초음파검사를 통해 자궁에 자리 잡은 태아를 사람들에게 보여주기 전까지 이런 입장은 타당해 보였다. 태동 이전에 여성이 월경을 건너뛰고, 메스꺼움을 느끼고, 배가 점점 불러오는 것이 임신 증상 때문인지 아니면 리스텔 부인의 재판에 증인으로 나선 한 전문가가 말했듯이 "장내 가스" 때문인지 누가 알겠는가?[5]

1821년 코네티컷주에서 처음으로 임신중지를 불법화했고, 1880년이 되자 모든 주에서 중범죄가 되었다.[6] 1820~1830년대 초기 법은 태아 혹은 임신과는 거의 무관했다. 임신부가 죽음에 이를 수 있는 위험한 약물을 복용하는 것을 방지하기 위한 독극물 통제 조치가 전부였다. 1840~1850년대 임신중지 반대 법안은 전문 교육을 받은 의사들이 추진했으며, 1850년대 말에 이르러서는 새로 결성된 미국 의학협회도 가담했다. 이는 그들이 전문가로서 보건 문제를 관할하고 산파나 대체 요법 치료사 등의 경쟁자를 시장에서 내몰기 위한 노력의 일환이었다.[7]

리스텔 부인 같은 무면허 시술자에게 속아 치명적인 독을 사는 여성에 대한 염려나 의료 시장을 통제하려는 욕망 등의 동기를 내포한 임신중지를 불법화하려는 노력은 당시 이 시술에 대한 요구가 엄청나게 증가한 시기였다는 것을 보여준다. 1800~1830년대까지 미국에서 임신중지는 상대적으로 흔치 않은 일이었다고 역사가들은 추정했다. 25~30건의 임신 중 한 건 정도가 시술을 통해 중지됐다. 1860년에 이르러서는 5~6건 중 한 건 정도였을 거라고 예상했다.[8] "여동생들에게 임신 이전으로 '되돌리는' 방법을 알려준 것으로 악명 높은 기혼 여성 셋을 알고 있다. 그들은 모두 점잖은 사람들이다." 일리노이주의 작은 농장 마을 앳킨슨에 살았던 의사 W. M. 스미스[W.M.Smith]가 1874년 의학 저널에 보고한 내용이다. "이 근처에 있는 나이 많은 의사는 어찌나 협조적인지 손잡이가 달린 긴 철사를 만들어 환자 한 사람에게 제공했고, 그 사람은 그것을 자신에게 사용한 뒤 이웃에게 넘겨주어 태아를 없애는 데 성공했다. 하지만 이웃뿐만 아니라 자신도 사망할 뻔했다."[9] 1898년 미시간주 불법 임신중지 시술에 관한 특별위원회는 해당 주에서 임신의 3분의 1이 시술로 중지된다고 결론을 내리며 두려움을 표했다.[10]

현대의 임신중지 반대 논의가 태아에 중점을 두고 이루어진다면, 초기 임신중지 반대운동은 여성의 성행위에 더 관심을 가졌다. 임신중지 시술은 여성이 성행위를 하고도 대가를 치르지 않을 수 있게 한다는 주장이었다. 임신의 위험이 없다면 여성이 혼전 성행위를 하고, 남편을 속이고 외도를 저지르거나 밤에 몰래 성매매를 하는 것을 무엇으로 막을 것인가? 전국의 모든 신문은 임신중지를 부도덕한 여성이 찾는, 그들의 죄를 감추는 것을 도와주는 의사들이 행하는 "위험하고 비윤리적인 행위"라고 보도했다.[11] 1841년 여름날 법정에 몰려든 뉴욕 사람들은 리스텔 부인의 기소명, 즉 태동 후 임신중지 시술이 그의 가장 극악무도한 범죄가 아님을 잘 알고 있었다. 리스텔 부인은 "들키지 않고 수없이 많은 외도를 저지를 수 있음을 배우자에게 보여준" 죄를 지었다고, 조지 워싱턴 딕슨George Washington Dixon 기자는 재판 관련 기사에 적었다.[12]

법정에서 리스텔 부인의 변호사들은 뉴욕주가 기소한 내용에 대해 그의 혐의를 변호했다. 그러나 법정 밖에서는 리스텔 부인이 자신이 제공한 서비스를 변호하는 홍보를 시작했다. 그는 광고를 통해 자신의 약이 안전하지 않다고 증명할 수 있는 사람이 있다면 당시로는 거액인 100달러를 보상하겠다고 알렸다. 재판이 진행되는 동안에도 그 광고는 『뉴욕 헤럴드』에 계속 등장했다. "여성 건강을 좌우하는 기능의 불규칙 혹은 저하와 관련한 모든 문제의 치료"에 그를 찾으라는 것이었다. 리스텔 부인의 광고 중 하나는 "우리가 겪는 나쁜 일을 예방하는 것이 현명하고 도덕적이지 않은가?"라고 질문을 던졌다. 가령 한 가정의 재정 상태에 큰 부담을 지울 아이를 한 명 더 보태거나 어머니의 생명을 위협할 수도 있는 출산을 겪는 일 말이다. 광고는 이렇게 끝났다. "우리가 제어할 수 있는 간단하고 건강한 수단을 이용하는 것, 리스텔 부인이 추천하는 방법이 바로 그것이다."[13]

　　　　1841년 리스텔 부인의 재판 배심원은 물론 전원 남성이었다. 뉴욕주에서 여성이 배심원이 될 권리는 1937년이 되어서야 얻을 수 있었다. 그들은 단 10분 만에 결론을 내렸다. "임신중지를 일으키고 마리아 퍼디를 죽게 한 3번, 4번의 죄목으로 유죄!"라고 선고했다.[14] 로먼 부부와 변호사들은 항소했고 1844년 2월 평결은 뒤집혔다. 리스텔 부인이 유죄라는 유일한 증거는 퍼디가 태아의 움직임을 느낀 뒤 임신중지 시술을 받았다고 사망 당시 주장한 것뿐인데, 뉴욕주 법은 사망 직전의 고백을 법정에서 증거로 이용하는 것을 금지하고 있었다. 또한 퍼디가 임신중지 시술을 받은 지 1년도 더 지나서 결핵에 걸려 사망했다는 사실도 리스텔 부인에게 유리하게 작용했다.

이 평결로 한층 대담해진 리스텔 부인은 다시 일을 시작했다. 로먼 부부는 사업을 확장해 더 큰 사무소로 이전하고 뉴욕 전역에 지점을 열었다. 그러나 1845년 뉴욕주는 임신 단계와 무관하게 임신중지 시술을 중범죄로 규정하여 태동 전후에 따른 법적 구분을 없앴다. 그런 상황에서도 리스텔 부인의 고객은 점점 더 늘어났고 사업은 그 후 30년간 지속되었지만 대부분 어둠 속에서 비밀리에 이루어졌다.[15]

이 책을 쓰기 시작했을 때, 자녀를 갖지 않은 이들의 '긴 역사'를 어떻게 이야기할 수 있느냐고 묻는 사람이 여럿 있었다. 그들이 정확하게 지적했듯이 호르몬 피임법은 1950년대에 발명되었기 때문이다. 미국에서 모든 종류의 피임이 기혼 여성에게 합법화된 것은 1965년 이후였고, 모든 여성이 이용할 수 있게 된 것은 겨우 1972년 이후였다. 로 대 웨이드 판결이 최근 번복되면서 미국인 중에서 합법적이고 안전한 임신중지 권리를 가진 세대는 2.5세대에 그치게 됐다.

그렇다면 나는 난임과 수녀, 독신 여성의 역사를 쓰려는 것이었을까? 다행히 그렇지 않다. 자녀를 갖지 않는 이들의 역사는 개인의 선택이라 여기는 현대 시각보다 훨씬 더 길다. 어머니가 되지 않는 상태에 대한 현재의 담론은 젊은 여성을 역사에서 일탈한 존재로 보는 경향이 있다. 임신과 출산을 선택할 수 있음에 따라 해방된 혹은 저주받은 그들은 모성 회피라는 낯설고 이해할 수 없는 결정을 내리고 있으며, 그것에 대한 해명이 필요하다는 시각이다.

하지만 우리는 자녀 없는 여성이 역사에 이미 존재했다는 것을 알고 있다. 영국의 헨리 8세와 앤 불린의 딸인 엘리자베스 1세 여왕에게 아이가 없었던 것은 너무나 유명해 '처녀 여왕'이라는 별명이 붙었을 정도다. 아버지가 아들 후계자를 낳으려고 아내들을 화형에 처했지만 결국 실패하자 엘리자베스가 왕위에 올라 50년 가까이 통치했다. 프랑스의 앙리 4세가 유럽의 3대 의문 가운데 하나는 "엘리자베스 여왕이 처녀인가 아닌가"라고 농담했을 정도로 그의 처녀성은 화젯거리였다. 하지만 확실한 것은 그에게는 아버지가 그토록 갈구했던 후계자가 한 명도 없었다는 사실이다.[16]

19~20세기 초 영문학 고전의 저자를 열거하면 자녀 없는 여성들의 인명록이 된다. 제인 오스틴, 조지 엘리엇, 브론테 세 자매, 루이자 메이 올컷, 에밀리 디킨슨, 이디스 워튼, 버지니아 울프, 거트루드 스타인. 해리엇 터브먼은 1874년 52세의 나이로 거티라는 여자아이를 입양했다. 두 번

의 결혼에서 자녀가 태어나지 않은 후였으며, 남북전쟁에서 북군이 승리할 수 있도록 군사 정치 전략에 대해 조언하는 일을 마친 뒤였다.[17] 수전 B. 앤서니, 로자 파크스, 줄리아 차일드. 이 중에는 남성과의 성행위 자체를 피했거나 임신할 수 없었던 이가 있었는지도 모른다. 하지만 그들의 가임 기간 대부분은 현대의 피임약이 등장하기 전이었으므로 이것만으로는 설명이 충분하지 않다. 그들은 자신이 이용할 수 있는 방법을 써서 임신을 적극적으로 피했을 수도 있다.

중세로 거슬러 올라가 유럽에서 쓰인 의학 논문에는 수십 가지 약초를 이용한 피임약과 임신중지 약이 등장한다. 그중 많은 것이 어느 정도 효과가 있었을 것이라고 현대 과학에 의해 밝혀졌다. 역사학자들이 중세와 근대 초기 유럽 부부의 출산 패턴을 분석한 결과, 오래전부터 여성과 남성이 자녀를 가질지 가지지 말지를 선택해왔다고 확신했다. 가령 북유럽에서는 근대 초기 기혼 여성의 첫 출산 평균 연령이 27세였고, 뭔가 의심스러울 정도로 자녀 간의 터울이 컸으며, 막내는 여성의 가임 기간이 끝나기 훨씬 전에 태어난 경우가 많았다. 순진한 역사학자들은 근대 초기 유럽인들이 20대 후반에 성행위를 시작해 띄엄띄엄 관계를 한 뒤 30대 중반에 그마저도 그만두었을 거라고 결론 내렸다.

지난 500년 동안 북서 유럽 여성의 20퍼센트

정도가 평생 자녀 없이 살았다.[18] 자녀를 갖지 않는 것이 유황으로 고무를 가열해 만든 최초의 현대식 콘돔이 탄생하거나 이제는 흔히 '그 약'이라고 부르기만 해도 알 수 있는 약물이 식품의약국에서 승인받으며 시작된 것이 아니다. 임신중지 시술을 정부가 아닌 여성과 담당 의사가 결정하도록 한 미국 대법원의 7 대 2 결정으로 시작된 것이 아니다. 그리고 다시 그 결정을 여성 대신 정부가 내리도록 한 6 대 3 결정으로 끝난 것도 아니다. 어머니가 되지 않기로 한 이유는 언제나 존재했고, 그 방법 역시 언제나 존재했다. 여성이 자녀를 가진 세월만큼 오랫동안 여성이 자녀를 갖지 않았음을 암시하는 역사적 증거가 있다.

약 4천 년 전, 기원전 1900년 이집트에서 만든 파피루스에는 악어 똥과 수화한 탄산나트륨을 섞어 만든 정자 죽이는 살정제 제조법이 적혀 있다. 기원전 1500년경에 만든 또 다른 파피루스에는 현대 과학에서 살정 효과가 있다고 밝혀진 아까시나무 수액으로 만든 둥근 물체로 자궁경관을 막는 방법을 제시했다. 서기 79년 베수비오 화산 폭발 직전이었던 77년 혹은 78년, 플리니우스는 이렇게 기록했다. "'그것'을 성교 전 남성 성기 전체에 문지르면 임신을 예방한다는 설이 있다." 여기서 '그것'은 으깬 노간주나무 열매를 가리킨다. 전투 중 로마 군인은 고기와 젖을 얻기 위해 끌고 간

염소의 창자와 방광을 이용해 임시 콘돔을 만들었다고 한다. 고대 로마에서 널리 사용했던 피임법은 더 간단하지만, 실행하는 것을 상상하기란 어렵다. 성교 전 질에 레몬 절반을 넣는 것이었다.

유대교 종교법의 주요 지침이 된 고대 문헌 『탈무드』는 여성이 자녀 한 명에게 최소 24개월에서 4년까지 모유를 먹일 것을 권장해 분유가 없던 시절 아이의 영양 상태를 보장하고 동시에 어머니의 임신을 억제하는 두 가지 효과를 노렸다. 모유 수유는 피임을 보장하지는 않지만(고등학생 때 성교육 담당 교사는 2년 동안 아이 셋을 출산한 뒤 이 사실을 매우 강조했다) 배란을 일으키는 호르몬 분비를 억제할 수는 있다. 또한 『탈무드』는 특정 여성의 경우 흡수성이 좋은 모슬린이나 면직물로 자궁 경부 전면에 삽입하는 모크라는 장치를 만들어 사용해서 피임하는 것을 허용했다.[19]

초기 사상가들은 피임과 임신중지의 차이를 별로 느끼지 못했다. 전자가 후자보다 쉽고 안전하다는 것 정도였다. 로마의 트라야누스와 하드리아누스 황제 통치 시기, 산부인과 권위자였던 소라누스는 "배아를 파괴하는 것보다는 임신하지 않는 것이 이익"이라고 조언했다. 하지만 여성이 주의했는데도 임신한 경우 "복부를 비우고 씻어내는" 설사제와 "월경을 일으키는 효능을 가진" 이뇨제 목록을 정리했다.[20]

의학의 아버지, 그리스의 히포크라테스는 약초를 이용한 임신중지에 반대한 것으로 유명하다. "나는 여성에게 임신중지를 일으키는 치료제를 주지 않을 것이다." 그리스어로 쓰인 히포크라테스 선서 내용이다. 하지만 히포크라테스는 물리적인 임신중지는 문제 삼지 않았다. 논문『생명의 씨앗과 아이의 본질에 관하여On the Generating Seed and the Nature of the Child』에서 그는 여성이 유산할 때까지 고강도 운동을 하는 것을 추천했다.[21]

유럽 의학서에 등장하는 피임 및 임신중지 법은 '퀸 앤의 레이스'라 불리는 야생당근의 씨앗을 으깬 것 등 그 효과가 의심스러운 것부터 매우 좋은 것까지 다양하다. 야생당근은 미국 애팔래치아산맥 지역에서 피임약 또는 사후피임약으로 매일 규칙적으로 사용되었다는 보고가 있으며, 최근 연구에서 강력한 피임 효과가 입증됐다. 인도반도에서 시작한 아유르베다 의학에서는 임신을 중지하는 효과가 있다는 28가지 식물을 사용했다. 중앙아시아 스텝 지역에서는 원하지 않는 임신을 중지하기 위해 특정 회향을 널리 사용했다. 멕시코 원주민들은 수백 년간 임신을 중지하기 위해 운향을 사용해왔다. 북극 원주민 중에는 피임에 나무껍질 이끼를 이용하는 이도 있었다. 브라질 아마존의 데니족은 그곳에서 나는 식물에 대한 효능을 확신했는데, 한 번만 복용해도 남성을 최고 6개월까지 아이가 생기지 않도록 할 수 있음이 최근 연

구를 통해 밝혀졌다.[22]

　　18세기 후반에 이르자 약초를 이용한 피임약과 임신중지 약은 유럽과 신생 미국 여성 사이에도 퍼졌다. 독일의 의학 논문은 임신을 중지하기 위한 약초 이용법 수십 가지를 제시했다.[23] 유럽인들은 성적 쾌감이 절정에 다다르기 전 성교를 중단하는 것을 유난히 선호했는데, 이것에 대한 다양한 우회적 표현이 여러 유럽 언어로 쓰여진 기록이 근대 초기까지 거슬러 올라가 존재했다. 성경 속의 전례(창세기에서 오난은 죽은 형의 아내가 임신하지 않도록 "정액을 땅에 뿌렸다")에 힘입어, 유럽인은 "헛간에서 타작하고 밖에서 까부리"고 "방앗간 문 앞에서 수레를 비우"거나 "땅을 일군 뒤 씨앗은 돌 위에 버렸다". 볼테르는 "물을 적시지 않고 잔디에 물 주기"라고 표현했다. 프랑스인은 "이탈리아의 방법"을 썼고, 네덜란드와 플랑드르 사람은 "프랑스의 방법"을 썼으며 독일인은 "교외에서 일을 봤다".[24]

　　무엇을 동원했든지 그것은 효과가 있었다. 18세기 말부터 20세기 초까지 유럽 북반구 전역, 프랑스, 영국, 일본, 미국까지 출산율은 급격히 감소했다. 학자들이 '인구학적 천이'라고 부를 만큼 극적이었다. 나폴레옹전쟁 이후 영국과 프랑스 출산율은 30퍼센트나 감소했고,[25] 19세기 말 영국의 출산율은 절반으로 줄었다.[26] 19세기 초 미국 여성의 평균 자

녀 수는 일곱 명이었고, 20세기 초 흑인 여성의 평균 자녀 수
는 다섯 명, 남부 농촌 백인 여성의 평균 자녀 수는 여섯 명이
었다. 북부 백인 여성의 경우는 3.56명이었다.[27]

　　　　　미국에서 출산율이 줄어들면서 자녀 없는 미
국 여성 비율이 증가했다. 1835년생 백인 기혼 여성 중 7퍼센
트 조금 넘는 비율이 자녀를 갖지 않았다. 1870년생 동일 집
단에서는 16퍼센트 가까운 비율이 자녀를 갖지 않았다. 가임
기간 대부분을 노예제도하에서 보내며 출산에 대한 결정권
을 갖지 못한 1835년생 흑인 여성은 3퍼센트만이 자녀를 갖
지 않았다. 해방 이후인 1870년생 흑인 여성의 경우는 13퍼센
트가 자녀를 갖지 않았다.[28] 노예 상태였던 많은 여성에게 "자
유란 출산을 거부할 수 있는 능력을 의미했다"고 법사학자 페
기 쿠퍼 데이비스Peggy Cooper Davis는 설명했다.[29]

　　　　　이러한 출산율 저하 현상은 19세기 도덕 개
혁론자들의 주목을 받았고, 그들은 이를 자유라기보다는 재
앙으로 봤다. 남북전쟁 후 역사가들이 제2차 산업혁명이라고
부르는 시대가 시작되면서 조립 라인 생산방식과 자동차, 전
기, 전화 등 소비자 기술에 의한 사회 변화가 일어났다. 미래
라는 밝은 불꽃을 향해 날아드는 나방처럼 미혼 남녀가 도
시로 몰려들어 임금과 그로 인한 경제적 자유와 사회적 이동
성을 추구했고, 특히 젊은 여성의 경우 고향에서는 경험하지

못했던 도시의 생활 방식을 원했다. 공식적으로는 노예제도에서 벗어났으나 재건 시대 이후 남부에서 성행한 인종차별과 불평등한 정책에서 자유롭지 못했던 흑인 남녀는 더 자유로운 삶을 찾아 북부 도시로 떠났지만 원하는 바를 이루지는 못했다.[30] 1870년 미국은 농업 국가였으나 1920년에 이르자 인구 절반 이상이 도시에 거주했다. 그 반세기 동안 수백만 명의 사람이 농촌의 맑은 공기와 말이 끄는 쟁기를 뒤로하고 도시의 스모그와 공장을 찾아 떠났다.[31]

　　　　여성의 경우, 농촌에서 도시로의 이주는 결혼과 출산, 가사로 이어지는 정해진 삶에서 벗어나 불확실한 삶으로 변화함을 의미했다. 1869년 밸런타인데이에 『뉴욕 타임스』에서 발표한 인구 연구 조사에서는 미국 동해안을 따라 위치한 주에 거주하는 여성 수가 남성보다 25만 명 많았으며, 그로 인해 다수의 여성이 결혼하지 않을 것이라고 예상했다.[32] 여성참정권운동가가 된 소설가 릴리 데버루 블레이크 Lillie Devereux Blake는 1883년 국회에서 "결혼은 더 이상 여성의 커리어가 아니며 생계 수단도 아니다"라고 발언했다.[33] 젊은 미혼 여성들은 이전 삶의 방식과는 달리 혼자 힘으로 살아가야 했으며, 그중 일부는 당장 결혼할 계획이 없는 상대와 성행위를 시도했다. 미국의 정치 및 종교계 저명 인사들에게 피임과 임신중지는 어두운 미래를 여는 일처럼 여겨졌다. "임신

예방은 엄청난 타락을 일으킬 겁니다." 앤서니 콤스톡Anthony Comstock이라는 남자가 『하퍼스 위클리Harper's Weekly』 기자에게 말했다. 신은 가벼운 성행위를 막기 위해 "임신이라는 자연적인 장벽을 만든 것입니다. 정욕에 따라 살며 그 두려움을 버리면 전쟁보다 더한 재난이 닥칠 겁니다. 성스러운 것을 더럽히고 여성의 건강을 해치며 유럽의 역병과 질병보다 더 심각한 저주를 퍼뜨릴 겁니다".[34]

나비넥타이까지 잘 차려입고 말발굽 모양으로 콧수염을 기른 앤서니 콤스톡은 19세기 미국에서 가장 급진적인 사회 개혁주의자 중 한 명이었다. 그의 열의는 자신의 지난날을 참회하는 것에서 비롯했다. 1850년대 후반과 1860년대 초반 10대 소년이었던 콤스톡은 자위에 중독되어 기도와 찬송을 멀리했다고 일기에 적었음을 고백했다.[35] 남북전쟁이 일어나 북군에 입대한 그는 동료 군인들의 외설과 음란한 행위에 충격받았고, 그제야 중독에서 벗어날 수 있었다. 흡연, 음주, 카드 게임도 마찬가지였다. 종전 후 그는 미국인을 숱한 죄악에서 구하려는 결심으로 뉴욕시로 향했다. 1872년 매춘, 포르노그래피, 도박, 담배, 술, 무신론, 혼전 관계와 혼외 관계 등을 철폐하고자 뉴욕죄악근절협회를 설립했다. 특히 그는 피임과 임신중지를 가장 죄질이 나쁘다고 여겼다. 성행위와 출산을 분리하는 순간 사회 전체가 붕괴된다고 생각했기 때문이다.

콤스톡은 시기를 잘 선택했다. 남북전쟁 이후 몇십 년간 칼뱅파와 모르몬교회가 주도한 금주운동이 대세가 됐다. 복음주의 개신교가 확산되고 인간이 완벽해질 수 있다는 믿음을 전파하면서 인간은 저열한 본성과 싸워야 한다고 촉구했다. 죄악이 중요한 화제로 부상하며 콤스톡이 설립한 협회는 미국 부유층과 권력층에게 폭넓은 지지를 얻어 국가 정책까지 영향을 미치기 시작했다.[36] 1873년 2월 외설 서적과 부도덕한 내용을 담은 기사의 거래 및 유통 금지법이 국회에 등장했다. 줄여서 콤스톡 법이라고 알려진 이 법은 "외설적이거나 음란하거나 야한" "부도덕한" 혹은 "점잖지 못한" 출간물을 우편으로 보내는 것을 금지하도록 제안했다. 이 문건의 범주에는 아동 포르노그래피부터 피임법, 의대생이 쓰는 해부학 교과서까지 전부 포함되어서 대학에서는 책에서 그림을 오려내는 방법을 쓰기도 했다. 또한 이 법은 콘돔부터 임신을 중지하기 위한 가루와 물약까지 "피임 혹은 임신중지를 위해 고안된 모든 물건"의 우편배달도 금지했다.[37] 상원은 콤스톡 법안을 10분간 고민한 뒤 가결했다.[38] 하원에 도착했을 때, 뉴욕주의 클린턴 메리엄Clinton Merriam 하원의원은 이 법안이 매우 중요하니 기본 원칙을 적용할 것 없이 토론하지도 않고 바로 투표할 것을 제안했다. 인디애나주 민주당 소속 마이클 커Michael Kerr 의원이 이에 반대하며 "너무 성급히" 법안을 통과시키면 표현의 권리를 보장하는 수정 헌법 1조를 위반할 수 있다고 경고했다. 하지만 메리엄의 주장대로 콤스톡 법은 통과됐다.[39]

3월 3일, 율리시스 S. 그랜트Ulysses S. Grant 대통령은 연방 당국에서 "젊고 경험 없는 이들의 정신에 음란과 성욕을 일으킬 수 있는" 모든 것을 검열할 수 있도록 하는 법률 제정을 인준했다.[40] 이 법에 의해 약 6만 킬로그램의 서적과 8만 7천 킬로그램의 '외설적인 그림 및 사진'이 압수, 파기되었다.[41] 1880년에 우체국 검열관이 압수한 부도덕한 용도의 '고무 제품'은 6만 4094개에 이르렀다.[42] 죄악으로 뒤덮인 세상에 맞서 콤스톡 법은 정도에 차이를 두지 않았다. 피임 도구에서 아동 포르노그래피까지 전부 똑같이 처벌했다. "어느 것 하나라도 허용하면, 불결한 것이 쏟아져 들어와 청년들을 타락시킬 것"이라고 그는 말했다.[43]

법이 제정되자 1878년 앤서니 콤스톡은 뉴욕시 52번가에 위치한 리스텔 부인 사무소를 찾아가 실의에 빠진 남편인 척했다. 이미 자녀가 많은 그의 아내가 또 임신했는데, 그들 모두를 부양할 수 없을까 봐 두렵다고 연기했다. 덫에 걸린 리스텔 부인은 임신을 중지시키는 약 한 상자를 그에게 팔았다. 이튿날 콤스톡은 경찰관과 함께 다시 그곳을 찾았고, 리스텔 부인은 구속됐다. 이번 기소 내용은 더욱 심각했다. 리스텔 부인은 뉴욕시 법뿐만 아니라 콤스톡 연방법도 위반했던 것이다. 리스텔 부인은 중대한 처벌을 받게 되리란 것을 알고 있었다. 인류 문명이 위기에 처했다고 판단한 콤스톡과 그 법의 힘은 막강했다. 콤스톡 법에 의해 노인도 장기간의 금고형과 중노동형을 선고받았다. 재판 당일 아침, 66세의 리스텔 부인은 스스로 목을 칼로 그어 경동맥과 경정맥을 모두 절단했다. "뉴욕에서 가장 사악한 여성" 외에도 콤스톡 법을 위반해 자살로 생을 마감한 이는 십수 명에 달했다.[44]

이 법은 1915년 사망한 콤스톡보다 오래 유지됐다. 마거릿 생어Margaret Sanger 등의 산아제한운동가나 제1차 세계대전 당시 300만 명의 배치 병력 중 41만 5천 건의 성병 감염을 기록한 뒤 콘돔의 전략적 가치를 확신한 미군이 이 법의 폐지 혹은 수정을 강력하게 요청했지만 소용없었다.[45] 콤스톡 법에서는 콘돔과 아동 포르노그래피를 따로 분류하여 취급하지 않았기 때문에 법 폐지는 사실상 불가능했다. 아무리 군대 요청이라 하더라도 누구도 "음란하고" "외설적이며" "부도덕한" 물건의 편을 들려 하지 않았다. 수십 년간 국회에서 나서는 이가 한 명도 없었다.[46]

물론 법으로 금지한다고 해서 완전히 사라지는 것은 아니다. 단지 음지로, 암시장으로, 식품의약국 서류에 등록되지 않은 비공식적인 기록으로 옮겨갈 뿐이다. 1957년 시카고에 본사를 둔 제약회사 J. D. 설J. D. Searle이 합성 프로게스테론과 에스트로겐을 혼합한 약 승인을 신청했을 때, 피임을 목적으로 개발·연구한 것임에도 피임약이라고 부를 수 없었다. 자궁 내 과다 출혈이나 생리 불순을 치료하는 약이라고 식품의약국에 보고했다. 이 약의 진짜 효능을 알린 것은 식품의약국이었다. 모든 약병에 경고문을 붙이라고 제약회사에 주의를 준 것이다. "이 약은 배란을 억제합니다." 제약회사의 임상 연구 책임자가 기억하듯이 이것은 "무료 광고" 같은 효과를 가져왔다. 1965년 650만 미국 여성이 경고문에 적힌 효과를 얻기 위해서 이 약을 복용했다.[47]

콤스톡 법은 재정 100주년을 조금 앞둔 1972년까지 건재했다. 아이젠슈타트 대 베어드 재판에서 6 대 1 결정으로 미국 대법원은 모든 미국인에게 피임할 권리를 허용했다. "프라이버시에 자유의 의미가 있다면 결혼 여부에 상관없이 개인이 자녀를 가지거나 갖게 하는 문제에 관한 결정처럼 한 사람에게 근본적인 영향을 미치는 문제에 대한 정부의 개입에서 자유로워지는 것"이라고 윌리엄 J. 브레넌William J. Brennan 판사가 기록했다.[48] 브레넌 판사가 쓴 "가지거나 갖게 하는"이라는 표현은 예언이었음이 밝혀진다. 그것은 이듬해 여성의 임신중지를 금지하는 텍사스 법이 헌법에 명시된 프라이버시 권리를 침해한다는 판단에 기초가 됐다.

오늘날 미국 법학도들은 임신중지 권리를 확립한 미국 대법원의 결정, 로 대 웨이드 사건이 그다지 엄청난 법적 혁명은 아니라고 배운다. 로 대 웨이드 사건의 법적 추론이 이전의 산아제한 재판 두 건을 기초로 했기 때문이다. 1965년 결혼한 부부가 피임할 수 있는 법적 권리를 허락한 그리스월드 대 코네티컷 재판과 1972년 아이젠슈타트 대 베어드 재판이 그것이다. 세 건의 재판은 개인 침실과 병원 진료 기록, 거실 약장까지 개입하려는 정부의 감시를 막아주는 벽의 벽돌 역할을 해냈다. 이 사건들 그리고 더 넓게는 피임과 임신중지의 적법성과 사회적 효용성은 물론 중요하다. 임신중지 시술을 병원에서 의사가 할 수 있도록 합법화된 이후 염증으로 인한 사망 수가 89퍼센트 감소했다.[49] 2011년 건강보험 개혁법으로 피보험자들이 피임 비용 전액을 보장받게 된 후, 특히 저소득층 여성 사이에서 피임 이용이 증가했다.[50] 또한 연구자들은 건강보험 개혁법으로 인한 의무적인 피임 실시로 10대 임신율이 2018년 최저를 기록했으며, 2019년에는 그 기록을 깼다.[51] 로 대 웨이드 판례 영향력이 없었다면 이미 높은 미국의 임신부 사망률이 증가했을 수 있다고 전문가들은 우려를 표명했다. 가령 자궁 외 임신이나 유산 후에도 자궁 내 태아 조직이 남아 있으면, 의사들이 각 주의 임신중지 관련법

을 위반하게 될까 봐 환자를 살리기 위한 시술조차 망설이거나 거부했기 때문이다.[52]

하지만 적법성과 이용 편의성만이 문제는 아니다. 로 대 웨이드 재판이 임신중지의 개념을 만들어낸 것이 아니듯이, 홉스 대 잭슨 여성건강기구 재판이 그것을 사라지게 하지도 않을 것이다. 콤스톡과 19세기 도덕 개혁론자들이 놓친 것, 버웰 대 하비라비 재판(피임에 대한 보험 적용을 제한하고자 한 대법원 재판)의 항소인들이 놓친 것, 임신중지를 범죄화하려는 주 입법기관에서 놓치고 있는 것, 심지어 피임과 임신중지 권리 옹호론자들조차 놓치기 쉬운 기술과 그것을 이용하는 것만이 무자녀 혹은 출산 패턴을 좌우하는 유일한 요인이 아니라는 사실이다. 그것은 많은 요인 중 하나일 뿐이다. 오히려 그 기술을 찾는 사람들이 자녀를 갖거나 갖지 않으려는 이유가 가장 중요하다. 역사의 가르침이 하나 있다면, 자녀를 원하지 않거나 돌볼 수 없는 여성은 자녀를 갖지 않을 방법을 찾는다는 것이다. 법을 위반하거나 자기 생명에 큰 위험이 올지라도.

19세기 미국 여성은 적법한 출산 선택권도 가지지 못했고, 현대의 피임 기술 없이도 출산을 제한해야 했다. 사회학자 S. 필립 모건S. Philip Morgan이 말했듯이, 미국 여성은 점점 더 "자녀 출산을 미루고자 했으며 그럴 수 있었다".

오늘날 여성과 마찬가지로 자녀 출산을 미루게 되면서 "출산 가능성은 점점 줄어들었다".[53] 출산을 오래 미룰수록 다양한 경험이 축적되었다. 성교를 피하는 경험, 성교하되 임신을 피하는 경험, 자녀가 없으므로 가능해진 전문적·정치적·경제적·사회적 기회의 경험이 늘어났다. 19세기 여성이 자녀를 가지지 않은 이유는 현재와 그렇게 다르지 않았다. 물론 그들에게는 현재의 피임 기술이 없었다. 대부분의 여성이 자녀 없는 삶을 살기 위해서는 금욕과 체외 사정, 피임 효능이 있는 약초, 기도와 행운이 필요했을 것이다. 하지만 그것 말고는 그들 역시 다르지 않았다. 우리처럼 그들도 선택을 미루고, 힘든 결정을 내린 것이다. 우리처럼 그들도 주어진 방법 안에서 최선의 결정을 내렸던 것이다.

앤서니 콤스톡은 미국에서 수천 개의 콘돔과 리스텔 부인 같은 사람들을 제거할 수 있어서 크게 만족해했다. 그 과정에서 피고가 극단적 선택을 했어도 개의치 않았다. 그는 새로운 기술이 여성이 성교는 하되 출산을 피하게 해준다고 여겼다. 오늘날 임신중지와 피임 이용을 반대하는 이들도 똑같이 생각한다. 최초의 피임약에 들어간 합성황체호르몬제든, 자궁 내 피임 기구로 쓰이는 구리철사든, 미페프리스톤과 미소프로스톨 같은 약품이든, 현대 의학의 임신중지 시술이든, 그 기술이 자연을 거스른다는 것이다. 여기서 자연 상태란 성교가 출산으로 이어지고 임신이 늘 아이의 탄생으로 이어지는 것이다. 문제는 우리가 아는 한 역사적으로 '자연 상태'의 성교와 출산 이론은 항상 틀렸다는 것이다. 산아제한 기술과 합법적인 임신중지 시술로 인해 우리는 1874년 의사에게 받은 철사로 '태아를 없애고 자신도 거의 죽을 뻔한' 절망에 빠진 일리노이의 여성처럼 최악의 결과를 불러오는 상황을 피할 수 있게 됐다. 1930년 공식적인 사망 원인이 '임신중지'로 기록된 2700명의 미국 여성처럼 말이다.[54]

그러나 찰스 굿이어가 1844년 가황 처리된 고무를 발명해 콘돔 생산이 가능해지기 전부터 출산율은 떨어지고 무자녀는 증가했다. G. D. 설 제약회사가 피임약 특허를 받기 한참 전, 로 대 웨이드 재판으로 임신중지의 권리를 획득하기 한참 전의 일이다. 산아제한 기술로 피임이 쉬워지고 20세기 여성운동으로 그것을 설명하기 전, 여성이 자녀를 언제, 어떤 상황에서 가질지, 심지어 가지지 않을지 여부를 매우 신중히 선택하기 전의 일이다. 현재 피임 기술의 적법성과 편의성 그리고 합법적인 임신중지 권리는 분명 산아제한을 쉽고 안전하게 만들었다. 하지만 그것 때문에 여성이 산아제한을 원하게 된 것은 아니다.

02

우리는 늘
혼자일 것이기에

Peggy O'Donnell Heffington

Without Children: The Long History of Not Being a Mother

엘라 베이커Ella Baker는 1903년 버지니아주 노퍽의 흑인 가정에서 태어나 1910년 인종 폭동이 일어난 뒤 그곳을 탈출했다. 7세 때 베이커는 어머니의 고향인 노스캐롤라이나주 리틀턴으로 이주했다. 베이커의 가족은 그곳에서 상당 규모의 농장을 소유했다. 리틀턴은 노스캐롤라이나주 제2 하원의원 선거구였다. 그곳은 투표 인구의 과반수가 흑인으로 이루어진 매우 드문 경우라서 남부 민주당원에게 '검은 2선거구Black Second'로 불렸다. 리틀턴의 중산층이 모여 사는 이스트엔드에서 베이커 집안 자녀들은 대다수 남부 흑인과 달리 극심한 가난과 인종차별을 겪지 않고 자랐다.[1] 이층 주택의 거실에서 엘라의 어머니 애나는 책을 읽었고, 엘라와 동생은 피아노를 쳤으며, 식탁은 고급 은식기로 차려졌다. 애나 베이커는 젊은 시절, 당시 교육받은 흑인 여성이 가질 수 있었던 유일한 직업인 교사로 일했다. 하지만 그는 결혼 후 일을 그만둬야 했다. 남편이 원했기 때문이다.[2] 블레이크 베이커는 노퍽과 워싱턴 디시 사이를 왕복하는 증기선의 웨이터로 일하며 비교적 높은 보수를 받았다. 당시 대다수 남성이 그랬듯이 블레이크는 아내가 바깥일을 하지 않기를 바랐다. 자신의 소득으로 한 가족을 부양하는 것이 중산층의 증거라고 여겼기 때문이다.[3]

중산층이라는 위상에도 불구하고, 베이커가 기억하는 어린 시절은 '가족 사회주의'의 모습이었다. 흑인 공동체는 계급 격차로 분열되지 않았고, 집과 먹을 것, 농기구처럼 부를 가진 자가 가지지 못한 자와 나누며 하나가 되었다. 마을에 "밀 타작에 쓰는 타작기는 하나뿐이었다. 그래서 할아버지 집에 타작기가 있으면 밀 타작이 필요한 사람은 모두 그곳에 모였고, 그다음엔 돌려가며 사용했다". 베이커 가족은 리틀턴의 가난한 가정에 기부하기 위해 가족 농장을 담보로 두 차례 대출을 받기도 했다.[4] 그리고 텃밭에서 키운 콩이 남으면 "이웃에게 나눠 주곤 했다". 그는 이렇게 회고했다. "전혀 어려울 것이 없었다. 식량을 많이 재배하는 곳에서 자랐으므로 음식을 이웃과 나눠야 한다고 일부러 교육받은 적이 없었다. 배고픈 경험이 없으니까 다른 사람과 나눠 먹을 수 있었다. 그렇게 삶을 함께 나누는 법을 배웠다."[5]

그들은 자녀도 함께 나눴다. 리틀턴에는 비공식 입양이 흔했고, 낳은 부모가 키울 부모에게 아이를 넘겨도 아무도 비난하지 않았다.[6] 베이커는 10세 때부터 엄마 잃은 이웃 아이들을 돌보는 일에 자주 동원됐다. "어머니는 '파월 씨에게 옷가지를 가져다주고 누구누구는 목욕시켜야 한다'고 말씀하시곤 했다." 또한 이렇게 덧붙였다. "아이들은 멋대로 뛰어다녔고 우리는 아이들을 잡아다가 목욕통에 넣고 씻긴 뒤 옷을 갈아입히고 더러운 옷을 집에 가져와 빨았다. 그런 일은 일상이었다." 베이커의 여자 친척에게는 열세 명의 친자녀가 있었는데, 산파로 일하며 얻은 아들 하나를 포함해 셋을 더 키웠다. 그가 받은 아이 중에 온몸에 상처 있는 아이가 태어났다. "아무도 아이를 원하지 않자 그분은 그 아이를 데려다 키웠다. 아이는 자녀 중 가장 훌륭하게 자랐다." 비공식적으로 입양한 아이 셋은 전부 "가족의 일원"이었다고 그는 기록했다.[7]

베이커가 자란 가정, 즉 도움이 필요한 상대를 위해 언제든지 열려 있는 공동체 경험은 베이커의 정치적 입장과 활동을 정의하는 데 중요한 의미를 갖는다. 흑인인권운동가로서 베이커는 리틀턴을 흑인 공동체 모델로, 모든 일원을 가족처럼 여기는 공동체 모델로 만들고자 했다. 하지만 혈연을 초월하는 가족, 가족 같은 공동체 비전에 대해 매우 다른 정치적 견해를 갖는 이도 있었다. 그 비전이 미국의 가치관을 회복하는 것이 아니라 위협한다고 보았기 때문이다.

❀

1992년 5월 조지 H. W. 부시George H. W. Bush 대통령과 댄 퀘일Dan Quayle 부통령의 맥 빠진 재선 운동은 퀘일이 이른바 '가족의 가치'에 대해 역설한 사흘간의 연설로 잠시 활력을 얻었다. 요점은 미국이 가족의 가치를 잃어간다는 내용이었다. 그 후 한동안 전국 언론에 '가족의 가치'라는 헤드라인을 단 수백 편의 기사가 실렸으며, 가족이란 무엇이며 가족에 대해 어떤 가치관을 가져야 하는지에 관해 전국적인 토론을 촉발시켰다.[8] 논란의 후보인 부시와 퀘일 그리고 상대 진영인 빌 클린턴Bill Clinton과 앨 고어Al Gore는 자신이 그 답을 가지고 있음을 알리고자 각자의 가족에 관한 자세한 정보를 공개했다. 미국 대중은 이 정치가들의 가정에 대해 속속들이 알게 됐다. 그들은 퀘일 부부가 만약 10대 딸이 임신한다면 임신중지가 적절한 것인가에 대해 서로 의견을 달리한다는 것을 알게 되었다(댄 퀘일은 임신중지를 고려할 수 있다고 했으나 그의 아내 매릴린은 그렇지 않다고 했다).[9] 또한 부시 부부가 세 살된 딸을 백혈병으로 잃은 사건을 다시 한번 애도했고, 고어 부부가 1989년 오리올스 경기가 끝난 뒤 일어난 사고에서 여섯 살 난 아들을 잃을 뻔했던 고통에 공감했다. 그들은 편안하고 우아한 미국 할머니 역할을 맡은 바버라 부시에게 환호했고, 남편이 선거운동을 하기 전 성공적인 변호사였던 힐러리 클린턴이 좋은 아내이자 어머니인지, 커리어를 가진 여성이 영부인 역할을 하기에 적절한지에 대해서도 의문을 가졌다.[10]

결론적으로 그 토론은 불필요했다. '가족의 가치'라는 연단을 차지하러 나선 정치가와 유권자들이 가진 답은 명확했다. 가족이란 결혼한 아버지와 어머니가 생물학적 자녀와 함께 사는 것이다. 그런 가족이 "유대-기독교 가치"뿐만 아니라 미국의 가치에도 부합한다고 퀘일은 말했다. 또한 불행히도 많은 미국인이—그는 할리우드 배우에서 티브이 시청자, 전문직 여성, 싱글맘, 흑인, 진보주의자, 민주당원, 문화 엘리트까지 모두를 들먹였다—"한 지붕 아래 살기로 한 사람들의 무작위적인 조합을 가족이라고 여기는 것 같다"고 샌프란시스코에 모인 공화당 지지자에게 연설했다.[11] 미국 역사 중 긴 시간 동안 "한 지붕 아래 살기로 한 사람들의 무작위인 조합"이 가족의 훌륭한 정의처럼 여겨졌다는 것을 퀘일이 알았다면 경악했을지도 모른다. 역사학자 헬레나 월Helena Wall

은 17~18세기 아메리카 정착민들은 "가족을 거의 전적으로 공동체의 맥락 속에서 파악했다"고 말했다. 그들에게 자녀 양육은 공동의 일이었다.[12] 자녀는 가정에서 가정으로 옮겨 다니며 자랐고, 자녀가 없는 친척에게 맡겨졌으며, 먹이고 보살피고 교육을 제공할 부유한 가정에 보내지기도 했다. 유럽인의 배에 태워져 혈연과 공동체로부터 떨어져 나온 이후로, 미국 흑인은 노예든 자유인이든 혈연보다는 심정적·물리적 거리의 가까움을 바탕으로 가족과 친족망을 재건해야만 생존할 수 있었다.[13] 여러 원주민 사회는 전통적으로 "여성이 큰 권위를 가지는 강한 친족 관계 속에서 유지되었다"고 캐나다 크리-메티스 부족 학자인 킴 앤더슨Kim Anderson은 설명한다. "원주민 여성과 그 자녀는 방계 친족망 속에서 살아가고 일했다."[14]

미국의 가족이 혼자가 된 사연은 길다. 18세기 후반 서유럽의 결혼 방식이 변화하기 시작하면서 부부가 대가족에 합류하지 않고 따로 사는 경우가 늘어났다. 이로 인해 사람들은 출산을 조절하기 시작했다. 자녀 수를 줄였고, 터울을 늘렸으며, 자연이 허락한 시간보다 훨씬 일찍 출산을 중단했다. 훗날 핵가족이라고 부르는 가족 체계의 움직임은 19세기 초부터 일어났다. 19세기에 미국의 출산율은 극단적으로 감소했다. 제2차 세계대전이 일어나고 전쟁 중에 많은 여성이 직업을 버리고 결혼하여 공동체의 결속력이 상대적으로 약한 교외 지역으로 옮겨가 자녀를 가지면서 핵가족화는 가속되었다. 종전 20년 후 미국 여성의 출산율이 기록적으로 증가했지만, 고립된 교외 가정에서 태어나 자란 딸들이 자녀를 가질 시기가 되었을 때 자녀를 갖지 않은 이가 많았고, 그들의 어머니와 출산율이 대등한 경우는 거의 없었다. 1971년 미국 출산율은 대체 출산율 이하로 떨어졌고 이후로 계속 감소 추세였다.

미국의 가족이 고립되면서 출산율이 감소했다는 주장에는 타당성이 있다. 역사 자료에 따르면 사회의 지원만이 부모를 돕는 것은 아니다. 때로는 주위 사람들이 부모가 되도록 돕기도 한다. 최근 진화생물학자들은 오대호부터 대서양까지 북동쪽으로 3060킬로미터에 달하는 세인트로런스강을 따라 위치한 149개 교구의 17~18세기 출생 기록을 조사했다. 현재 이 강은 온타리오주와 뉴욕주 사이의 경계를 이루지만, 당시에는 프랑스 식민지로 강 계곡에 정착지가 군데군데 있었다. 프랑스 가톨릭 사제들은 1608년 첫 정착민들이 도착하자마자 그들의 출산, 결혼, 사망에 대해 기록하기 시작했고, 그 후 200년간 기록을 계속했다. 이 기간 동안 출산율은 계속 증가했다. 여성은 평균 10.2명의 자녀를 낳았고 할머니는 50명 이상의 손주를 가졌다. 이 표본에 따르면 손주의 수는 한 명부터 195명까지 다양하게 나타났다.

연구자들은 이런 차이가 여성의 거주지가 어머니와 얼마나 떨어져 있는지, 즉 친정 가족과 공동체와의 물리적 거리에 따라 결정된다는 사실에 크게 놀랐다. 가령 어머니와 320킬로미터 떨어진 곳에 사는 여성은 어머니와 같은 교구에 사는 여성보다 자녀 수가 1.75명 적었다. "결국 퀘벡에 사는 사람의 어머니가 클리브랜드에 살면 큰 도움을 받을 수 없게 마련"이라고 인류학자 크리스틴 호크스Kristen Hawkes는 설명한다. 어머니 가까이 사는 여성은 일찍 자녀를 갖기 시작했으며 더 많이 낳을 수 있었다. 어머니와 가족, 공동체의 지원은 아이들이 잘 자랄 수 있는 환경에 도움을 준다는 의미기도 하다. 할머니가 사망했거나 멀리 사는 경우에 비해 할머니의 '보호를 받은' 아이가 15세까지 생존할 가능성이 크게 높았다.[15]

19세기 유럽에서는 성년이 된 자녀가 부모와 떨어져 사는 추세에 대해 경각심을 가지기 시작했다. 1850년대 프랑스 사회학자 프레데리크 르 플레Frederic Le Play는 현대 가족은 자녀가 성년이 되는 순간 파편화한다고 말한다. 그들은 가정에서 나가 자기 가족을 꾸린다. 부모와 형제자매와 멀리 떨어진 곳에서 가정을 이루는 경우도 있다. 그 결과 생기는 가족은 본래의 집에서 멀고 재정적으로 불안해 부모나 더 큰 공동체를 돌볼 수 있는 준비가 되어 있지 않다. 더욱 우려되는 것은 모든 관심을 가족 내부에만 집중해 애초에 그런 돌봄을 제공할 책임감을 거의 느끼지 않는다는 것이다. 르 플레는 이런 새로운 모델을 "불안정한 가족"이라고 불렀다.[16]

1910년대 폴란드 태생의 인류학자 브로니슬라브 말리노프스키Bronislaw Malinowski는 보다 친숙한 핵가족이라는 이름을 부여했다. 핵이 세포의 중심을 이루듯이 핵가족에는 가족의 중심인 어머니와 아버지, 생물학적 자녀만 포함된다.[17] 핵가족 단위는 과거에도 오랫동안 존재했다. 언제든지 찾아갈 수 있는 이웃과 조부모, 시누이와 처형처제, 자녀 없는 여자 친척, 친구로 구성된 밀접한 관계망 속에 핵가족 단위가 포함되어 있었다. 이런 관계망은 단순히 좋은 것이 아니라 꼭 필요했다. 특히 그 관계망에 포함된 가족이 자녀를 갖기 위해서는 꼭 필요했다. 이런 관계망이 무너진 것은 미국의 가족이 공동체로부터 멀어지고 자기 가족에게 집중했기 때문이다. 그들은 더욱 실질적인 이유에서 갈라지기도 했다. 사람들이 서부로, 북부로, 도시로, 더 나은 삶을 시작할 수 있다고 생각하는 먼 곳으로 이주했기 때문이다. 비유적으로 말하면 더 많은 여성이 퀘벡으로, 시카고의 월세 아파트로, 대평원 지역의 농장과 광산 도시로, 이후에 생겨난 교외 소도시와 신도시로 떠난 반면, 그들의 어머니와 어머니가 상징하는 지원은 클리브랜드에 남아 있었던 것이다. 가족이 공동체의 지원으로부터 고립된 결과, 전체적으로 무자녀 비율이 높아지고 출산율은 떨어졌다. 퀘일이 이른바 이상적인 가족의 정의를 강조하면서, 그런 가족을 이룰 가능성이 오히려 낮아진 것은 아이러니하게도 당연한 귀결이었다.

✻

1745년 8세의 존이 보스턴 비컨힐 지역의 한 부유한 상인 집 앞에 도착했다. 조지아 양식의 이층 주택은 그 언덕의 남쪽 비탈에 있는 보스턴 코먼을 마주하고서 넓은 정원과 과수원으로 둘러싸여 있었다. 목초지에서 풀을 뜯는 소들이 정원 조경을 짓밟지 못하게 하려는 듯 주위에는 울타리가 쳐져 있었다. 소지품이 든 가방을 들고 우아한 계단에 선 존은 분명 놀랐을 것이다. 그 아이는 훨씬 더 소박한 집에서 생활했기 때문이다. 그는 당시 농촌이었던 매사추세츠주 브레인트리에서 목사였던 아버지 슬하에서 자랐다. 아버지가 42세 때 갑자기 사망하자 존의 평화롭던 어린 시절이 뒤바뀌었다. 교회가 제공한 목사관에서 살던 존과 어머니 메리는 새로 들어올 목사 가족을 위해 서둘러 짐을 싸야 했다. 슬픔에 잠겨 어쩔 줄 모르던 메리는 존을 숙부인 그 상인과 살도록 보스턴으로 보냈다.[18]

상인과 그의 아내, 토머스와 리디아는 영국 통

치에 대한 불만을 품고 궁극적으로 미국 혁명을 촉발한 보스턴 엘리트 집단의 일원이었다. 부유하고 성공한 그들은 굉장히 좋은 집에서 살았다. 또한 13년간 행복한 결혼 생활을 했음에도 자녀가 없었다. 토머스와 리디아가 존이라는 존재에 대해 어떤 감정을 느꼈는지는 알 수 없다. 기도에 대한 응답으로 여겼는지, 감당해야 할 의무라고 여겼는지, 존을 오랫동안 기다리던 아들로 반겼는지, 자녀 없는 삶에 만족해서 부모로서의 감정이 자라는 데 시간이 걸렸는지 확실치 않았다. 하지만 분명한 것은 그들의 행동이었다. 토머스와 리디아는 존을 아들로 키웠고, 보스턴 라틴어 학교와 하버드 칼리지에 보냈다. 그리고 후계자로 일하게 하여 그를 상속자로 삼았다.[19] 1764년 토머스가 사망했을 때, 존은 그의 창고, 상점, 상품, 선박, 부동산 등 10만 파운드 이상의 재산을 상속받았다. 오늘날로 치면 2천만 달러에 달하는 액수다.[20] 리디아는 보스턴 코먼의 주택을 상속받았지만, 여생을 그곳에서 보낸다는 조건으로 그것도 조카에게 넘겼다. 존은 영국이 부과한 항해법에 대한 불만도 양부모에게서 물려받았다. 27세 때 그는 숙부의 회사 더 하우스 오브 행콕의 경영자로서 아메리카 정착지에서 가장 부유하고 영향력 있는 인물 중 하나가 됐다.[21]

이는 미국사 전체에서는 아주 작은 사건이지만, 독립선언서에 가장 크고 화려하게 서명을 한 존 행콕^{John}

Hancock이 자녀 없는 숙모 손에 자랐다는 것은 큰 의미를 갖는다. 더욱이 존 행콕의 성공, 즉 모두가 그의 이름을 알고 있는 것은 핵가족이 아닌 사람들의 양육 덕분이었다. 그의 대가족 및 공동체가 이룬 성과였다. 메리와 리디아 행콕은 아이들을 가정에서 가정으로 위탁하는 세상에서 살았다. 자녀가 없는 여성도 어느 기간 동안은 어머니 역할을 할 수 있었고, 그러한 여성의 관계망이 가족을 공동체와 연결해주는 세상이었다. 감정적·재정적 위기를 맞았을 때 메리 행콕은 다른 여성이 나서서 자녀의 어머니가 되어주기를 기대할 수 있었다.

초기 미국의 가족은 지금과 크게 다르지 않았다. 성년 자녀는 결혼하면 독립하여 자기 집으로 떠났고, 그 가정에서 자녀를 키웠다. 하지만 문자적으로나 비유적으로 문을 잠그는 경우는 드물었다.[22] 17세기 매사추세츠주의 메리 솔러스Mary Sollas는 "문이 열려 있기에 이웃집에 문을 두드리지 않고" 들어갔다가 집주인이 "호색적인 행동"에 몰두하고 있는 것을 발견한 적이 있었다. 메릴랜드주의 브리지드 존슨Brigid Johnson은 이웃집의 "가루를 빻는 막자로 막아놓은 문"으로 개의치 않고 들어갔다가 크게 놀랐다. 자기 약혼자가 그 집 여주인과 침대에 함께 누워 있는 것을 발견한 것이다.[23]

한 역사학자가 문학적으로 기록했듯이, 한 가족이 사는 집은 "성채도 자궁도" 아니었다.[24] 여성들은 서로의 집을 오가며 하루를 보내면서 때로는 아이 만드는 과정을 방해하기도 했지만 아이가 태어나며 생겨난 노동을 돕는 경우가 더 많았다. 바느질, 빵 굽기, 청소, 아기 돌보기, 모유 나누기, 서로의 아이를 훈육하고 사랑하기 등이 그것이었다. 이런 관계망의 기초는 대가족이었다. 자매, 여자 친척, 사촌, 시누이—여성이 남편과 시간을 보내는 만큼 남편의 자매와 함께 보내는 것은 흔한 일이었다—에서 시작하는 이 관계는 혈연이 아닌 사람, 특히 여성의 삶에서 강한 감정적 유대를 형성하며 확장되었다. 여성은 출산하고 어머니가 된 다음 다른 여성과의 긴밀한 관계망 속에서 자녀를 양육했다. 그 자녀가 모두 생물학적 자녀는 아니었지만, 대부분의 여성은 누군가의 어머니로서 역할을 했다.[25]

8세가 되기 전에 살아 있는 어머니 두 명을 갖게 된 어린 족 행콕 같은 경우, 아이를 양육하는 자원과 의무역시 공유되었다. 부모는 자녀를 물론 사랑했지만 현대의 부모가 자주 말하듯이 아이를 '내 것'이라고 자신만의 자녀, 심지어 소유물로 여기는 경우는 드물었다.[26] 많은 경우에 실제로 그랬다. 1776년 미국 아동 다섯 명 중 한 명은 노예 신분으로, 부모 아닌 사람이 법적으로 소유하고 있다는 의미였다. 남부에는 자유 신분인 아동보다 노예 아동이 더 많은 주도 있었다.[27] 백인 아버지는 자녀에 대한 법적 권리를 가졌지만 경제적 상황과 무관하게 적어도 한 명의 어린 자녀를 급료를 받고 일하게 하거나 일을 배우도록 내보내는 것이 일상적이었다. '내보내기'란 돌봄받거나 노동하기 위해 다른 가족의 가정으로 자녀를 보내는 것을 의미했다. 그 아이는 하인, 농장 일꾼, 견습생으로 일하며 지낼 곳과 식사, 보호와 교육을 제공받았을 뿐 아니라 애정도 얻었다.[28] 뉴욕, 뉴저지, 펜실베이니아, 델라웨어의 퀘이커(개신교의 한 파, 종교의 외형 및 의식에 반대하고 신의 계시를 중시 여김-옮긴이) 가족 부모 가운데 생물학적 자녀가 여덟 명 이상인 경우는 3분의 1 정도였지만, 그중 60퍼센트가 일곱 명 이상의 자녀가 있는 다른 가정에서 살았다.[29] 다시 말해, 이 대가족은 생물학적 형제자매가 아닌 아이를 데려다 키우며 생겨난 것이다. 아동이 가정에서 가정으로 위탁되면서 그 아동을 맡은 가족 구성원과 친구, 이웃과 교회 등은 그들을 가르치고 훈육하고 돌보는 데 부모만큼이나 큰 역할을 맡게 되었다.

이들에게 가족의 정의는 유연하고 끊임없이 변화하는 것이어서 혈연과 전혀 관련 없는 다양한 사람이 삶의 친밀한 영역에 들어올 수 있었다. 초기 미국인은 공동체를 이루며 프라이버시의 벽을 허물고, 자녀 양육의 부담을 경제적 여유가 있거나 충분한 공간을 소유한 가정 전체와 나누며 공동체적 양육을 위해 자녀에 대한 단독 소유권을 버릴 용의가 있었다.[30] 때때로 이는 풍족한 자원으로 아이의 돌봄을 담당한 리디아 행콕의 모습을 취했다. 혹은 엘라 베이커의 고향처럼 형편이 어려워도 어머니 역할을 번갈아 담당하며 서로의 자녀를 양육한 리틀턴의 공동체 형태를 취하기도 했다.

엘라 베이커는 미국에서 두 번째로 오래된 흑인 대학교인 노스캐롤라이나주의 쇼 대학교를 수석으로 졸업했고, 의료 선교사가 되려는 한 가지 목표에 '몰두'했다. 그는 시카고 대학교에서 사회학이나 의학 전공으로 대학원 과정에 진학해서 빈민을 위해 과학과 신의 도움을 받아 봉사하는 미래를 계획했다. 문제는 돈이었다. 그의 가족은 남부 농촌에서 여유로운 생활을 했지만 도시 생활비를 감당할 수 없었고, 시카고에는 도움받을 다른 가족도 없었다. 그래서 중서부 대신 북동부 맨해튼으로 가서 사촌으로부터 안전하게 지낼 곳과 도움을 얻을 수 있었다.[31]

베이커는 1927년 가을 할렘에 도착했다. 흑인 미술과 음악, 지성의 부활로 1920년대 내내 맨해튼 북부를 자극한 할렘 르네상스가 한창이었다. 그 에너지에 베이커는 매료됐다. "와, 정말 좋았어요." 그는 훗날 회고했다.[32] 베이커가 남부 농촌에서 가져온 공동체 윤리는 교회 지하실과 비좁은 거실, 공산주의와 사회주의, 그 밖에도 무엇이 흑인 평등으로 향하는 길인지 활기찬 토론이 열리는 장소마다 뿌리를 내렸다. 어린 시절 공동체를 기억하는 베이커는 1931년 생계 비용을 낮추기 위해 대량으로 식량과 생필품을 사들이는 상호 원조 조직인 청년흑인협동연맹에 가입했다. 협동연맹은 공동체가 스스로 자립하도록 도와줌으로써 '가족 사회주의'가 성장할 수 있는 모델을 제시했다. 베이커는 이 조직의 전국 책임자가 되어 미국 전역에서 흑인 공동체가 기금과 식량, 그 외의 물자를 모으고 재분배함으로써 대공황 시기를 잘 헤쳐나갈 수 있도록 강연과 워크숍을 열며 10년 가까이 보냈다.[33]

　1940년대에 접어들면서 베이커는 더 큰 흑인 인권운동의 장, NAACP(미국흑인지위향상협회)로 옮겨갔다. 그는 현장 총무직을 맡아 1941년 대부분을 앨라배마주 버밍엄에서 보내며 마틴 루서 킹Martin Luther King이 "미국에서 가장 인종 분리가 철저한 도시"라고 부른 곳에서 회원 모집에 앞장섰다.[34] 그는 NAACP의 홍보 자료와 인권에 관한 책자를 가득 채운 가방을 들고서 혼자 이동하다가 타깃이 되기도 했다. 앨라배마주에서는 흑인인권운동가들이 구타당하고 살해되는 일이 잦았지만 경찰은 별다른 조치를 취하지 않았다.[35] 그런 위험에도 불구하고 베이커는 그곳에서 일하는 것을 좋아했다. 유복한 어린 시절, 대학 교육과 뉴욕시에서 거주했던 경험이 그를 돋보이게 할 수도 있었지만, 그보다는 어린 시절 리틀턴에서 배운 교훈에 의지했다. 뉴욕에서 베이커는 NAACP 지도층과 정치적 의견—1941년 베이커는 그들의 생각이 "케케묵고 지루하다"고 했다—차이로 충돌했고, 미국에서 흑인이 백인 중산층에 가까워지는 것은 희박한 꿈이라고 느꼈다.[36] 그는 NAACP가 교회 지하실과 거실이 아닌 권력의 중심부에서 너무 많은 시간을 허비하고 있으며, 의미 있는 방법으로 회원을 참여시키기보다 회원 수를 늘리는 데만 신경 쓴다고 비판했다. 그는 어린 시절 경험했던 공동체 윤리와 대공황 시절 할렘에서 지켜본 상호 원조와 지원을 재건하고자 했다.[37]

평생 공동체에 헌신한 베이커는 "자녀를 갖는 것, 그 자체에는 사실 관심이 없었다". 자신의 어머니가 모성을 위해 직업에 대한 꿈을 포기하는 모습을 지켜본 것도 그 이유 중 하나였다. 하지만 42세에 이른 그에게 모성을 요청한 것은 공동체였다. 베이커의 할렘 아파트에 그의 형제 커티스로부터 "어린 조카 재키가 북부에 친척이 없는지 수소문하고 있다"는 편지를 받은 것이다. 커티스 베이커는 엘라의 간절한 부탁을 대신 전했다. 재키의 어머니이자 엘라와 커티스의 형제자매인 매기는 어린 나이에 임신과 출산을 하여 딸을 돌볼 능력이 되지 않았다. 그래서 엘라 베이커의 어머니 애나가 어린 재키를 키웠다. 1945년 애나가 나이가 들어 더 이상 다음 세대를 돌보기가 힘들어졌던 것이다. 베이커는 어린 시절부터 자기 자녀가 아닌 다른 자녀를 받아들이고 양육의 책임을 지

도록 교육받았다. 그는 승낙했고 재키는 뉴욕으로 향했다.[38]

재키가 뉴욕에 왔을 때, 베이커는 NAACP의 전국 부서 책임자이자 뉴욕시 사무소의 소장이었다. 초등학생 시절, 재키는 이모와 "발맞추기 위해 빨리 움직여야 했다"고 회고했다. "나는 밤마다 회의하는 사람들 뒤에 앉아 숙제를 했다." 베이커의 남편 밥이 재키를 돌보는 일에 적극적으로 참여했다. 하지만 냉장고 업체 세일즈맨이자 엔지니어였던 밥은 출장이 잦았다.[39] 베이커는 그 공백을 메우기 위해 이웃과 친구들의 도움을 받았다. 옆집에 살던 리나는 먼 친척이었지만, 그들의 가족이 제 기능을 하도록 접착제 역할을 했다. "리나가 제때 창밖을 확인해준 것이 큰 도움이 됐죠." 베이커가 1977년 한 인터뷰에서 말했다. "재키는 리나의 집으로 가서 식사하곤 했어요." 재키가 초등학교를 마치고 두 블록을 걸어 귀가했을 때 밥과 엘라가 없으면 리나의 집으로 찾아가서 간식을 먹고 함께 숙제도 했다. "그렇다면 여덟 살짜리 아이가 생겨서 삶의 방식이 크게 바뀌었나요?" 하고 기자가 묻자, 베이커가 웃으며 말했다. "회의를 못 할 정도는 아니었죠."[40] 재키를 돌보는 일은 다행히 흑인 공동체에 대한 베이커의 더 큰 관심을 대체하지 않았고, 공동체도 그 보답으로 재키를 돌보는 일을 도왔던 것이다.

재키는 1960년 가을, 뉴욕 워싱턴 하이츠 지

역에 있는 아르누보 보석 상자 같은 건물인 오더본 극장에서 결혼식을 올렸다. 현재는 1965년 맬컴 엑스의 암살 장소로 유명해진 곳이다. 1960년 9월 7일 오더본 극장은 기쁨으로 가득했고 엘라 베이커, 재키의 생모 매기, 가족과 친지가 모여 축하했다. 사진 속에서 베이커는 재키가 달아준 코사지를 가슴에 꽂고 환하게 웃고 있었다. 그는 신부 어머니는 아닐지 몰라도 어머니 중 하나였다. 재키의 결혼식 그리고 평생에 걸친 재키와의 친밀한 관계는 "엘라 베이커의 사생활에서 가장 흥미로운 부분"이었다고 베이커의 전기를 집필한 작가는 말했다.[41]

미국 인류학자 니아라 서더카사 Niara Sudarkasa 가 요루바족 여성의 친족 패턴을 연구하기 위해 1960년대 초 나이지리아에 도착했을 때, 베이커가 리틀턴에서 보낸 어린 시절과 재키의 어머니로서 보낸 성년 시절과 매우 비슷한 공동체 돌봄과 윤리를 발견했다. "내가 사는 작은 마을에서 나는 이상한 존재였다"고 그는 기록했다. 서더카사는 20대 후반의 독신이었고 자녀가 없었는데, 그때나 지금이나 고등교육을 받은 미국 여성의 삶으로서 특별하지 않았다.[42] 하지만 요루바의 주민들은 그를 이상하게 여겼다. "다양한 사람들이 내게 아이를 '주고' 싶어 했다"고 그는 회고했다. "그 아이에게 나는 어머니 역할을 배정받게 되었다." 그들이 보기에 그 제안은 매우 타당했다. 서더카사는 유능한 손을 갖고도 아무것도 하지 않는 성인 여성이었고, 그 지역에는 돌봄이 필요한 아동과 육아로 인해 힘에 부치는 여성이 가득했기 때문이다. 다음 세대를 길러내는 공동체의 부담을 나누기 위해 요루바 여성은 정기적으로 "엄밀한 의미에서 '자기 아이'는 아닌 아이들과 '어머니로서' 관계 맺도록" 배정받았다. 그곳 주민들은 서더카사가 자녀를 갖는 기쁨과 수고를 생물학적 부모가 아닌 사람들과 나누는 공동체에 참여하도록 초대한 것이다.[43]

　　서더카사는 1964년 나이지리아 현장 연구를 종료하고 박사과정을 마치기 위해 컬럼비아 대학교로 돌아왔다. 그해 캐럴 스택Carol Stack이라는 인류학자 역시 친족과 흑인 가족에 대한 연구를 하고 있었다. 스택의 연구 현장은 집에서 훨씬 더 가까웠다. 그는 중서부 도시의 흑인 빈민 지역인 '플랫츠The Flats'를 연구하며 그곳을 '잭슨 하버'라고 달리 부르며 익명화하였는데 아마도 일리노이주 어배너-샴페인이었을 것이다. 나이지리아 북동부에서 서더카사가 그랬듯이 플랫츠에서 스택도 이상한 존재였다. 그는 백인이었고—그의 정보원들은 같은 이름을 가진 흑인과 구별하기 위해 그를 '하얀 캐럴라인'이라고 불렀다—생물학적 관계와 핵가족을 중요시하는 중산층 출신이었다.[44] 플랫츠에서 가족은 더 넓은 의미로 정의되었고, 가족다운 행동이 실제 혈연보다 중요했다. "친구는 친족으로 분류됐다." 그들이 가족처럼 행동하자 스택은 이렇게 기록했다. 가족다운 행동으로 형성된 친족은 "혈연의 범주와는 무관한 상호 원조의 가족 관계망"을 형성한다고. 스택에게 자녀를 주겠다고 한 사람은 없었지만 아이들은 자주 가정과 가족, 친구 사이에서 교환되었다. 이런 이동이 영구적인 경우도 있었다. 가령 아주 어린 어머니는 자녀 없는 부부에게 '아이를 주고' 그 아이의 양육에서 더 이상 아무 역할도 하지 않기도 했다. 하지만 스택이 '아이 맡기'라고 부르는 경우는 아주 흔했다. 남의 아이를 임시로 그러나 정해지지 않은 기간 동안 돌보는 책임을 맡는 것이다.[45] 이런 모든 경우, 부모의 권리와 책임 그리고 양육은 생물학적 부모에게서 공동체의 다른 어른에게 이전되곤 했다.

어느 화창한 여름 오후, 스택은 조지아라는 여성과 플랫츠의 한 테라스에 앉아 있었다. 조지아는 에텔 아주머니가 앨리스라는 아이의 이를 뽑으려고 하자 못마땅한 듯 인상을 썼다. 너무 이르다는 뜻이었다. 앨리스는 조지아의 생물학적 딸이었지만 에텔과 함께 살고 있었다. 조지아가 다른 도시에 머무는 6개월 동안 에텔 혼자서 앨리스를 돌봤다. 스택이 자란 백인 중산층 세계에서는 "친족이라 해도 특정 허가가 없거나 긴급한 경우를 제외하면 아동의 건강 관리나 훈육에 자유롭게 참여하거나 권한을 갖는 경우가 드물다". 하지만 플랫츠에서 에텔이 아이에 대해 갖는 부모로서의 권한—이 경우 흔들리는 치아를 잇몸에서 뽑는 시기와 여부를 결정하는 권리—은 생물학적 어머니인 조지아와 동일하거나 그를 능가했다.[46]

플랫츠에서 스택이 관찰한 친족 관계는 요루바의 친족 관계, 즉 지구 반대편에서 온 인류학자도 공동체에 온전히 참여할 수 있을 만큼 유연한 체계를 가지고 있었다. 그것은 베이커가 리틀턴에서 경험한 '가족 사회주의'와 유사했다. 그곳의 친족은 유연하고 유동적이었다. 친족의 아이는 잠재적으로 누군가의 아이가 될 수 있었고, 아이의 시각에서 볼 때 자신을 누가 낳았는지 여부와 상관없이 성인 중 누구나 자신의 어머니 역할을 할 수 있었다. 이런 유사성은 우연이 아니다. 베이커의 리틀턴과 잭슨 하버의 플랫츠, 그리고 미국에서 유지되던 흑인 양육 전통은 서아프리카 공동체가 서로 지원하고 상호 의존하던 가치관에 뿌리를 두고 있었다. 노예가 된 아프리카인들은 이 전통을 미국에 가져갔고, 그곳에서 '방계 친족 단위의 아프리카 가족 개념'은 생존과 저항의 형태를 취했다. 서아프리카에서 어머니의 역할은 "생물학적 어머니에게만 주어지는 개인의 양육 '업무'가 아니"라고 사회학자 퍼트리샤 힐 콜린스Patricia Hill Collins는 설명한다. 여러 서아프리카 문화에서 생물학적 어머니는 자녀와 특별한 관계를 갖는 것으로 이해받았지만 그만이 자녀를 양육할 권리나 책임을 갖는 것은 아니었다. 자녀 돌봄과 양육은 공동체가 공동으로, 콜린스가 말한 "협동적이고 연령 차를 가진 여성 중심의 '어머니 역할' 관계망"을 통해서 이루어졌다. 이 관계망은 노예제도를 거쳐 베이커가 자라난 남부 농촌과 그가 성인이 되어서 살았던 북부 도시의 흑인 공동체에서 새로운 터전을 찾았다.[47]

애나 베이커 같은 할머니는 이러한 흑인 공동체 내에서 오랫동안 일차적이고, 지속적인 양육을 지원하는 역할을 해왔다. 백인 공동체에서 할머니가 재정적인 어려움을 겪거나 위기 시기에만 지원하는 것과는 달랐다. 할머니는 보육 시설이 존재하지 않거나 비용이 부담될 때 돌봄을 제공함으로써 지친 생물학적 부모에게 휴식을 제공했으며, 아이들이 오직 한 사람이 아닌 공동체에 필요한 사람으로 성장할 수 있도록 가르쳤다.[48] 다시 말해, 할머니는 다음 세대를 키우는 과제에 꼭 필요한 존재였다. 인간이 진화하는 과정에서 나이 든 여성이 담당하게 된 역할일지도 모른다. 1957년 조지 C. 윌리엄스George C. Williams라는 생물학자는 인간 여성이—마지막 출산 직후 죽는 다른 포유류와 달리—출산하지 않는데도 수십 년을 사는 것은 자녀와 손주에게 제공하는 돌봄이 생존과 번영에 필수적이기 때문이라는 이론을 세웠다.[49] 최근 과학자들은 여기에 '할머니 가설'이라는 이름을 붙였다. 노인 여성이 자기 자녀를 더 갖는 것보다 공동체와 대가족을 돌봄으로써 더 좋은 일을 할 수 있으므로 출산을 중단해도 된다고 생각한 것이다.

할머니와 다른 친족이 아이를 키우고 돌보는데 중심 역할을 하는 가족의 모습은 오랜 기간 일반적이었다. 하지만 서유럽에서 18세기 후반 기묘한 일이 일어났고, 유럽인은 물론 미국인들에게서 할머니가 사라졌다. 이어서 전 세계 어디에서도 할머니가 사라지게 됐다. 유럽 역사 속에서 결혼 기록을 조사한 경제학자 존 하즈날John Hajnal은 유럽 대륙 전체에서 대체로 일관되었던 결혼 형태가 18세기 중반부터 동서로 갈라지기 시작한 것을 발견했다. 하즈날은 유럽 북동부 핀란드만의 상트페테르부르크에서 남서부 이탈리아 트리에스테까지 사선을 그었다. 이 선 동쪽에 사는 사람들은 수백 년간의 전통을 어느 정도 지켰고, 가정의 모습은 세계 다른 지역과 비슷했다. 젊은 나이의 여성은 그보다 훨씬 나이 많은 남성과 결혼했다. 결혼 후 그들은 여러 세대가 모인 대가족 안에 머물렀다. 결혼하지 않은 여성 인구는 일부분에 그쳤고, 대부분은 남편과 사별했거나 수녀인 경우였다. 그러나 이 선 서쪽에서는 점차 새로운 모습이 발견됐다. 결혼 연령이 늦어져 20대 중후반에 결혼하는 사람이 많아졌고, 부부간 나이 차도 적었다. 부부는 결혼하고도 재정적으로 독립되어 있었다. 그리고 성년 인구의 높은 비율이 결혼하지 않았다. 특히 전체 여성의 절반이 미혼 상태로 지냈다. "비유럽 문명 인구 가운데 비슷한 패턴을 가진 사례는 알려진 바 없다"고 하즈날은 지적했다.[50] 그는 그것을 "유럽식 결혼 패턴"이라고 불렀다.

유럽식 결혼 패턴의 등장으로 결혼과 자녀에 관련된 예측은 모두 뒤집혔다. 만약 결혼 후 남편 집으로 들어가서 이미 유지되고 있던 경제활동에 참여한다면 결혼을 미룰 필요가 없을 것이다. 결혼했으니 서둘러 자녀를, 그것도 여럿 낳지 않을 이유도 없다. 여자 친척, 시누이, 할머니가 태어나는 아이를 먹이고 입히고 돌보는 일을 도와줄 수도 있을 것이다. 반면, 만약 결혼 후 따로 살면서 자기 가정을 새로 꾸려야 한다면 커리어와 일, 토지 또는 농작물을 우선 얻어야 하고, 자신과 가족의 의식주를 해결해야 한다. 즉, 결혼 연령이 늦어질 수밖에 없다. 이런 수준의 안정에 도달하지 못한 사람은 결혼하지 못할 수도 있다는 의미다. 그리고 자녀 수가 줄어든다는 의미기도 하다. 유럽 19세기 출산율 급감은 대부분 하즈날 선 서쪽에서 일어난 반면, 동부의 출산율은 예전과 비슷하게 유지됐다.[51] 이유 중 하나는 분명했다. 25~27세에 결혼한 여성은 17~18세에 결혼한 여성보다 당연히 결혼 이후 가임 기간이 짧았던 것이다. 하지만 인구조사자들은 서유럽과 북유럽의 부부가 자녀 터울을 늘림으로써 의도적으로 출산을 제한한 증거도 발견했다. 16~19세기에 이 지역의 평균 자녀 터울은 꾸준히 증가했다. 그리고 여성은 가임 기간이 끝나기 전에 막내를 출산하고 '중단'했다. 가령 16세기 취리히의 경우, 막내 출산의 평균 연령은 41.4세였다. 1819년에는 34세로 크게 낮아졌다.[52]

　　미국 독립 이후 신생 공화주의자들이 유럽 관습을 버리려고 노력하던 중에 유럽 결혼 양식이 유입되었다. 독립과 자급자족이라는 정치적 이상에 감화된 미국인들은 이전과는 달리 가족과 공동체를 구별하기 시작했다.[53] 오랫동안 가족과 별 무리 없이 통합되던 공동체가 위협처럼 느껴졌던 것이다. "우리는 세상으로 나아간다, 일과 즐거움 속으로. 그리고 정의와 명예, 심지어 흔한 정직의 요구마저 무시당하는 것을 보고 우리는 연약한 윤리의식에 상처를 입는다"라고 1830년 『레이디스 매거진Ladies' Magazine』에 한 투고자가 썼다. 바깥세상의 위험으로부터 보호받기 위해 "우리는 가정이라는 성소를 바라본다. 그곳에는 공감과 명예, 미덕이 함께한다".[54] 공적 영역과 사적 영역, 가정과 공동체 사이의 이러한 도덕적 구별은 식민지 시대 아메리카에서는 의미가 없었지만, 공화국 초기에는 가족이 미국인들이 혁명을 겪으며 이루어 낸 방호막처럼 여겨졌다. 현대 핵가족은 단순한 생물학적 단위가 아니라 대중의 상상 속에서 자연스러우면서도 유일무이한 애정과 충성으로 결속된 하나의 사회적 단위였다.[55]

"모든 가족은 그 자체로 애정 어린 마음으로 연결되고, 가부장의 통치를 받는 작은 국가 혹은 제국이며 지상의 어떤 권력도 간섭할 수 없는 특권을 지닌다"고 1840년에 히먼 험프리Heman Humphrey가 기록했다. 험프리는 애머스트 칼리지 총장이었고 그의 저서 『가정 교육Domestic Education』은 가족 가치에 관한 논문의 원조격이다. 그 무렵 핵가족은 미국의 이상으로 자리 잡았다. 또한 핵가족은 물리법칙처럼 자명한 사실이 됐다. "국가는 정부 형태를 원하는 대로 바꿀 수 있다. (……) 하지만 가족은 언제 어디서나 한 가지 모델만 존재할 뿐이다. 태초에 그랬듯이 지금도 똑같고, 그 아름다움을 해치거나 창조주의 지혜와 호의를 거스르지 않고 그것을 위배할 수는 없다."[56]

영토 확장론이 19세기 미국 정착민을 서쪽으로 몰아가는 동안, 그들은 하나의 영속적이고 가장 자연스러운 가족 모델이 존재한다는 개념에 도전하는 원주민의 가족 구조를 접했다. 1850년대 말, 인류학자이자 철도법 전문 변호사였던 루이스 헨리 모건Lewis Henry Morgan은 미국의 교육재단인 스미소니언에서 연구비를 받아 캔자스주에서 미주리강을 따라 현재의 몬태나주까지 올라가며 원주민 친족 관계를 연구했다. 그는 1862년까지 51가지 친족 패턴을 기록했다. 그리고 그것이 최근에서야 미국 중산층의 표준이 된 혈연과 결혼으로 인한 가족 구조보다 열등하다고 결론 내렸다. 핵가족 제도를 채택함으로써 인간은 "야만적인" 과거와의 "난잡한 관계를 끊고" "최종적인 문명"에 올라섰다고 표현했다.[57]

모건이 기록한 51가지 친족 패턴 중에는 세대와 혈연을 넘어 여성이 협동하여 공동체에서 자녀를 키우는 경우가 여럿 있었다. 다코타족이 대가족을 일컫는 말인 티오스파예tiospaye는 혈연이 아닌 친족, 세대 간의 관계, 아이를 함께 키우는 어머니, 심지어 일부다처를 모두 의미한다.[58] 다음 세대의 보호자로서 여성은 상당한 지위를 차지하며 가족과 공동체의 재산을 관리했다. 그러한 체제를 암시하는 "난잡한 관계"나 "야만" 등의 표현은 원주민 공동체를 미국 식민주의의 주된 공격 대상으로 만들었다.[59] 공동 토지관리 제도가 사라지고 사유재산을 중시하게 되면서, 미국 서부에서는 토지 소유권을 결혼과 연결시키는 법이 생겨났다. 원주민이 토지를 갖거나 경제적인 생존권을 갖고자 한다면 친족 공동체에서 벗어나 독자적인 땅에서 독자적인 가족 단위를 꾸리게 했다.[60] 백인 미국 문화와 사회에 '동화'하려면 공동체 지원망을 파괴하고 핵가족이라는 고립을 선택해야 했다. 선택에 의해서든 강요에 의해서든 19세기 중반 미국인은 대체로 댄 퀘일이 찬양하는 가족을 갖게 됐다. 가족을 먹여 살리는 아버지, 가정을 돌보고 가족의 도덕적 나침반이 되는 어머니 그리고 그들의 생물학적 자녀가 그 가족이었다.

물론 핵가족이 가장 자연스럽다는 히먼 험프리의 주장은 사실이 아니었다. 세계의 다른 지역이나 과거 200년을 살펴보면 핵가족은 붕괴하고 있다. 하지만 핵가족에 대한 무조건적인 믿음이 퍼지면서 대가가 따라왔다. 공동체와 가족이 오랜 세월 서로를 유지하게 한 여러 가지 방법이 부자연스러워진 것이다. '작은 국가'로서 생존하려면 과거에 이웃과 친구들이 도와준 가사노동을 보충할 자원이 필요하다. 과거에 베이커 가족이 나누던 콩이 있어야 하고, 공동체의 타인이 키워주던 아이들을 직접 돌봐야 한다. 그런 지원이 필요하면 안 된다고 믿는 사회, 타인에게 의존하는 것이 자연법칙에 어긋난다고 믿는 사회는 쉽게 지원을 제공하지 않는다. 그리고 그것을 필요로 하는 가족을 오히려 처벌할 때도 있다.

캐럴 스택이 잭슨 하버의 테라스와 식탁에 앉아 플랫츠에서 생존과 번영을 가능하게 한 공동체 관계망과 공동의 양육을 관찰한 지 30년이 지난 1990년대, 또 한 사람의 인류학자가 흑인 가족과 친족에 대한 연구를 시작했다. 스택과 마찬가지로 리스 멀링스Leith Mullings도 외부인이었다. 그는 자메이카에서 태어나 코넬 대학교에서 간호학을 공부한 뒤 시카고 대학교 인류학 박사과정에 진학했다. 뉴욕 시립대학교 교수인 그는 할렘 연구를 맡았다. 스택과 마찬가지로 연구 조사를 위해 도시의 흑인 거주 지역을 집집마다 찾아다녔다. 당시 조사 지역이었던 할렘은 1920년대 말 특유의 활기로 엘라 베이커를 사로잡고, 그 후 어려운 시기에 공동체의 지원과 회복력으로 감동을 준 곳이었다. 멀링스의 연구는 질병통제예방센터의 생식보건 부서에서 연구비를 제공한 것으로, 그는 "출산 행위가 이루어지는 지역의 사회적 맥락을 연구하기 위한 과감한 계획"을 세웠다. 백인과 흑인 아동의 영아 사망률과 건강 상태에 격차가 점점 커지고 있었지만, 각기 어머니와 관련된 위험 요인으로는 설명할 수 없는 격차로 의료계와 공중 보건계의 우려가 높아지고 있었다. 멀링스의 연구는 질적 연구였다. 즉, 수치를 입력하는 것이 아니라 사람들을 직접 만나서 공동체 구성원에게 부담을 주는 경제적·환경적·사회적 조건을 알아보는 것이었다. 멀링스는 이를 할렘 생득권 프로젝트라고 불렀다.

멀링스가 발견한 할렘 역시 1920년대 베이커가 만난 할렘만큼 활기찼다. 그곳은 '도시 흑인 문화의 메카'였으며, 타 지역이나 타국에서 뉴욕으로 이주하는 흑인이 제일 먼저 찾는 지역이라고 멀링스는 기록했다. 독특한 음식, 예술, 음악이 혼재했고, 각지에서 모여든 사람들이 공동체 결속력을 강화했다. 가령 30대 초반에 할렘 생득권 프로젝트에 참여한 샌드라 본Sandra Bourne은 롱아일랜드섬부터 버지니아주에 이르는 동해안 곳곳에 가족이 있었지만 근처에는 아무도 없었다. 그가 임신하자 혈연 아닌 할렘 공동체에서 힘을 모아 도왔다. 패스트푸드 식당 동료들이 육아용품을 선물했고, 카시트, 유모차, 유아복을 사러 함께 갔다. 역시 흑인 여성이었던 식당 사장들은 아기 침대를 사서 아기방을 꾸몄다.[61]

하지만 다른 면에서 할렘은 전과 같지 않았다. 1970년대 중반 세계적인 경제 위기로 뉴욕시 예산이 크게 삭감되었고 사회복지 지출도 줄었다. 같은 기간 내 제조업이 줄어들어 보수가 높은 노조 조업도 감소되었다. 1990년 무렵, 할렘의 성인 중 취업자 절반 이상이 사무직이나 서비스직에 종사했으며 대체로 낮은 임금과 수당을 받았다. 1980년대 경제 회복도 도움이 되지 않았다. 1975~1987년 12년간 미국 빈곤율은 15퍼센트에서 24퍼센트로 증가했다. 1988~1998년에 뉴욕 극빈 가족 총소득은 20퍼센트 가까이 감소했다. 더욱이 1990년대 중반 뉴욕시는 학교와 교육 예산을 10조 달러 삭감했고 공공병원과 주택을 민영화하여 할렘 같은 저소득층 공동체가 오랫동안 유지해온 지원 체제를 없애버렸다. 그사이, 미국 전역의 도시에 코카인이 쏟아져 들어와 중독과 폭력 문제가 생겨났다. 그로 인해 대규모의 징역형이 내려지면서 도시의 흑인 거주 지역을 더욱 흔들었다. 오늘날 미국 흑인 아동 일곱 명 중 한 명은 부모 중 한 사람이 교도소에 있다.[62]

할렘 생득권 프로젝트 참가자들은 멀링스와 연구팀에게 빈곤과 폭력, 징역형과 중독 상황에서 자녀를 키우는 것은 끊임없는 스트레스의 원인이라고 수없이 말했다. "이런 상황에서 자라는 아이들에 대한 깊은 우려를 전달하기 어렵다." 멀링스 역시 이렇게 말했다.[63] 제도적인 지원 체제의 부재—종종 고의적인 부재—속에서 할머니는 여전히 돌봄을 제공하러 나섰지만, 멀링스는 그 돌봄이 여성을 중심으로 공동체가 육아를 지원하는 전통을 유지한 것이기보다는 생존을 위한 것임을 알게 됐다. 딸들이 중독과 싸우거나 밤낮으로 일하는 사이, 손주를 돌봐야 한다는 필요 때문이란 것이다.[64] 경제 스펙트럼의 반대편에서 중산층 이상에 속한 흑인 가족은 백인의 가치관과 생활 방식을 받아들여 대가족이나 친족과 멀리 떨어져 교외나 도시로 옮겨갔다. "흑인 시민사회의 제도 변화 가운데 공동체의 침식은 이런 관계망을 재구성하거나 흑인 아동을 지원할 다른 방법을 찾아야 할 필요성을 시사한다." 퍼트리샤 힐 콜린스도 이렇게 지적했다. "너무 많은 흑인 아동에게 할머니 혹은 '가상의 친족'이 돌봐줄 것이라는 생각은 이제 현실성을 잃었다."[65]

리틀턴은 "도시가 아니었다"고 엘라 베이커는 설명했다. "그것은 사람들이었다." 하지만 사람들의 공동체는 땅속 깊이 자리 잡은 뿌리, 시간과 신뢰, 상호 협조로 키운 뿌리가 있어야 잘 자란다. 20세기 중반에는 그런 뿌리가 토양에서 자꾸 뽑혀 가혹한 기후 속에 던져졌다. 사람들은 도시로 옮겨간 뒤 삶의 방식도, 이웃에 대한 기대도 전혀 다른 사람들을 만났다. "그들은 뿌리를 잃었죠. 뿌리를 잃으면 어떻게 될까요? 더 넓은 형제애의 관점에서 떠올리고 싶어지죠."[66] 하지만 인종차별과 빈곤, 낯선 환경이라는 삼중고에 핵가족은 외부의 지원 없이 스스로 돌봐야 한다는 기대까지 더해지면서 과거에도 현재에도 공동체는 유지되기 어려웠다. 할렘의 경제 상황이 악화되면서 흑인 할머니는 시내나 교외에 직업을 가진 어머니들이 보모나 보육교사에게 돈을 지불하고 받는 돌봄을 제공하기 어려워졌다. 지난 20년간 우리 가정이 성채가 되고 가족이 자궁이 되는 동안, 우리는 넓은 친족 개념을 지우고 부모를 고립시켰으며 공동에 대한 지원을 줄이고 공동체 돌봄을 개인이 지불해야 하는 돌봄으로 교체했다.

그렇다고 해서 우리가 원해도 공동체 지원 시스템을 재건할 수 없다거나 그 사례가 없다는 말은 아니다. 1865년 12월, 수정 헌법 13조를 통해 노예제도를 철폐하고 수십만 명을 해방시켰을 때, 캐리 스틸 로건Carrie Steele Logan이라는 여성도 자유를 얻었다. 로건은 수천 명의 사람과 함께 평생 살던 곳을 떠나 애틀랜타로 향했다. 그는 시내에 있는 유니언역에서 청소부로 일하며 낮에는 바닥을 쓸고, 열차를 닦고, 쓰레기를 치웠다. 로건은 구석에 모인 아이들이 아기를 담요에 감싸서 안고 있는 것을 발견했다. 모두 버려져서 굶주린 집 없는 아이들이었다. "역경의 거친 바람에 이리저리 던져진" 그들은 "파멸의 강물에 떠내려온 가련한 아이들이었다!"라고 로건의 전기를 쓴 작가는 탄식했다.[67]

로건도 고아였다. 그는 1829년경, 조지아주의 농촌 지역의 한 농장에서 노예로 태어났다. 아주 어릴 적 어머니를 여의고 다른 어른들의 보호와 지도, 애정에 의존해야 했다. 노예제도 아래에서 이런 공동체 양육은 흔했다. 나이 많은 노예 여성은 '사회의 어머니' 역할을 하며 부모가 일하는 동안 아이들을 돌보고 고아를 비공식적으로 입양했다.[68] 로건도 어린 시절 이런 도움을 받았다. 누군가는 큰 위험을 감수하며 노예인 그에게 글을 가르쳤을 것이다.

자신을 돌봐준 여성들을 기억하는 로건은 아이들의 절망적인 상황을 무시할 수 없었다. 그는 낮에는 아이들을 빈 유개화차(지붕이 있는 화물차-옮긴이) 안에 숨겨두었다가 저녁이면 집으로 데려갔다. 하지만 그의 얼마 되지 않는 급료로는 감당할 수 없을 만큼 아이들이 늘어났고, 방 두 개짜리 작은 집에 다 들어갈 수도 없었다.[69]

그래도 로건은 포기하지 않았다. 그는 글 쓰는 재능을 이용해, 고아 노예였다가 자유를 얻은 여성의 감동적인 이야기를 담은 자서전과 애틀랜타 고아들을 위해 모금을 호소하는 짧은 내용의 책을 썼다. 그는 이렇게 적었다. "늙은 나이의 내게 위대하고 영광스러운 일이 맡겨졌다고 믿습니다. 내 가련하고 연약한 육신이 쓰러져 흙이 된 뒤에도 오래 남을 일입니다." 그 일은 미국 최초의 흑인 아동을 위한 고아원, 캐리 스틸 고아원을 짓는 것이었다. 책으로 얻은 수입과 미국 전역 후원자의 기부금으로 로건은 애틀랜타 외곽에 있는 약 1만 6천 제곱미터 땅에 3층짜리 벽돌 건물을 샀다. 19세기 말, 그곳에는 학교와 병원이 들어섰고 225명이 넘는 아이에게 가정과 교육, 직업 훈련을 제공했다.[70] 현재 캐리 스틸-피츠 보육원인 이곳은 수천 명의 고아에게 집과 새로운 가족을 선사했고, 이곳에서 자란 올리벳 앨리슨Ollivette Allison 같은 이들은 어른이 되어 돌아와 2대 원장이 되어 다음 세대를 위해 헌신했다. 앨리슨은 "자신의 자녀는 가지지 않았다"고 2010년 부고 첫 문장에서 밝혔다. 하지만 그는 60년 이상 일하며 "수천 명의 아이를 돌봤다".[71] 캐리 스틸-피츠 보육원은 "사랑의 유산"이며 가정을 꾸려야 하는 필요에 의해 하나가 된 공동체라고 웹사이트에 소개되어 있다.[72]

캐리 스틸 로건이 애틀랜타에서 이뤄낸 것처럼 공동체와 가족을 다시 연결하고, 전국적으로 모두가 접근할 수 있는 공공 지원 시스템을 세우려는 최근의 노력은 그만큼 성공하지 못했다. 1971년 미네소타주의 민주당 소속 상원 의원 월터 먼데일Walter Mondale은 초기 보육과 어린 자녀를 가진 가족을 지원하는 초당적 입법을 발표했다. 세부 사항에 대한 민주당과 공화당의 의견은 달랐지만, 전체적인 개념은 모든 부모가 이용할 수 있도록 공공 자금으로 운영하는 보육 시설을 만드는 것이었다. 당시 누구나 이용 가능한 보육 시설은 폭넓은 지지를 받았다. 페미니스트와 여성 단체는 이 법안이 여성의 근로 능력을 신장시킬 것으로 믿었다. 노동 단체는 이것이 주중 보육 문제를 해결해줄 것으로 믿었다. 인권 단체는 이것이 남부에서 많은 흑인 가족이 의존하고 있는 헤드 스타트 프로그램(취약 계층 아동 및 가족을 대상으로 하는 복지 프로그램-옮긴이)을 확장시키기를 희망했다. 그리고 일부 보수 단체에게 아동을 위한 지원 프로그램과 보육은 가족 친화적으로 보였다. 그 최종 형태인 포괄적 아동 양육법은 전일 보육과 방과 후 보육에 대해 비용을 차등제로 청구하며 교육, 영양, 보건, 개발 지원을 가족에게 제공하는 보육센터 시스템을 제안했다. "단 한 가지 협상할 수 없는 기준은 이 조기 아동 교육 프로그램이 어머니의 근로뿐 아니라 아동의 발달에 이바지할 것"이라고 먼데일은 말했다. 다시 말해, 이 프로그램은 낮 동안 아이를 데려다 놓을 안전한 장소를 제공할 뿐 아니라 실질적으로 양육에 참여한다는 것이다. 포괄적 아동 양

육법은 3분의 2에 가까운 표차를 두고 상원에서 통과됐으며, 자매법도 하원에서 통과됐다.[73]

이 법은 12월 백악관으로 들어갔다. 지지자들은 초당적 지지를 받은 이 법이 워터게이트 사건 이전이지만 이미 궁지에 몰린 리처드 닉슨Richard Nixon에게 크리스마스 선물이 되기를 바랐다. 하지만 닉슨의 생각은 달랐다. 그에게 이 법안은 트로이의 목마였다. 겉으로는 관대하고 매력적이지만, 공화국을 쓰러뜨릴 무엇인가를 감추고 있는 존재였다. 닉슨 대통령은 법안에 거부권을 행사했고, 국회의원들을 향한 혹독한 비난을 서면으로 전했다. 포괄적 아동 양육법은 "암흑으로 뛰어드는 행위"이며 "도덕적 권위를 갖는 국가 정부가 가족 중심을 버리고 공동체 중심의 아동 양육의 편을 드는 짓을 저지르게" 할 것이라고 했다. 어머니가 일하는 동안 어머니 이외의 사람에게 아이를 키우게 하는 공공 보육의 개념 자체가 핵가족이라는 미국의 이상에 도전하는 것이었다. "본 대통령, 본 정부는 그 발걸음을 내딛고 싶지 않다"고 닉슨은 적었다.[74]

이 법안을 비판한 이들은 19세기 여성의 취업이 출산율을 낮춘 것처럼 여성이 가정에서 자녀를 키우지 않고 일하도록 장려하면 출산율을 낮출 것이라고 우려했다. 물론 문제는 어린 자녀와 가족을 지지하는 인프라를 갖지 못하면—좀 더 정확히는 여유가 되는 사람만 이용할 수 있는 인프라를 가지면—어쨌든 출산율은 떨어진다는 사실이다. 그들은 150년간 스스로를 돌볼 수 있는 핵가족을 찬양하고, 개인과 공동체 사이에 벽을 세우고 부모만이 자녀 키우는 부담을 지기를 바랐다. 혹은 필요한 도움에 돈을 지불하기를 바랐다. 오늘날 우리는 그 어느 때보다 서로를 필요로 하고 있다. 보육 비용은 너무 많이 들고, 그 어느 때보다 많이 일하고 있으며, 2인 부모 가정에서도 부모가 모두 일해야만 수입과 지출의 균형을 맞출 수 있다. 하지만 시간과 에너지를 돌려줄 공동체 재건에는 시간과 에너지가 든다. 그런데 외부에서 지원해주지 않는다면, 그 시간과 에너지를 가진 개인은 없다.

❀

리디아 행콕과 엘라 베이커처럼 자기 자녀는 없지만 타인의 자녀에게 어머니 역할을 한 여성, 캐리 스틸 로건과 올리벳 앨리슨처럼 공동체에서 어머니 역할을 한 여성은 스탠리 M. 제임스 Stanlie M. James가 명명한 '어머니로서 역할하기 mothering'를 해낸 이들이다. 이는 생물학적 출산과 무관한 자녀와 공동체 돌봄을 의미한다. 명사로 엄격하게 정의된 정체성을 의미하는 '어머니'는 여성을 고립시킬 수 있으며, 이는 최근 더욱 분명해진 사실이다. '어머니로서 역할하다'라는 표현은 자녀를 출산했든지, 어머니 역할을 맡은 특정 아이를 출산했든지, 자녀를 출산할 해부학적 기능을 갖고 있든지와 무관하게 누구나 할 수 있는 일을 나타내며 보스턴에서 리틀턴, 나이지리아에 이르는 수많은 공동체에서 육아의 부담과 기쁨을 나누는 데 도움을 주었다. 백인 중산층보다 위기를 훨씬 더 잘 아는 전통적인 공동체 속 여성은 공동체의 지원과 생존하고 출산하는 능력이 연결되어 있다는 사실을 수 세대, 수백 년에 걸쳐 알고 있었다. 어머니로서 역할하기는 문화적 역량으로 이해할 수 있으며 "공동체가 스스로와 다음 세대를 키우기 위해 조직하는 전체 과정"을 의미한다고 활동가 버니스 존슨 리건Bernice Johnson Reagon은 말했다.[75]

유개화차에서, 좁은 애틀랜타 아파트에서, 마침내 풍부한 자금으로 150년간 번영한 캐리 스틸-피츠 보육원에서, 캐리 스틸 로건은 21세기의 우리가 상상할 수 없을 만큼 총체적인 사회 변동을 이루어 공동체와 가족을 재건했다. 가족, 공동체, 친족 집단, 티오스파예. 이것들이 유기적으로 생겨날 필요는 없다. 우리가 그 유기성을 바랐기 때문에 상실한 것이다. 리틀턴, 플랫츠, 초기 뉴잉글랜드의 마을처럼 자녀를 사랑하고 양육하는 일을 나눔으로써 생물학적 부모를 지원하는 공동체는 만들어질 수 있다. 캐리 스틸 로건이 알고 있었듯이, 그것을 꼭 만들어야 하는 때가 반드시 있다.

우리는
모든 걸
가질 수 없기에

03

Peggy O'Donnell Heffington

Without Children: The Long History of Not Being a Mother

미국에서 1950~1960년대는 독신으로 자녀 없이 살기에 좋은 시기가 아니라는 사실을 헬렌 걸리Helen Gurley는 내심 잘 알고 있었다. "여성이 30세까지 결혼하지 않는다면 그랜드캐니언으로 가서 몸을 던지는 셈이었다"는 그의 말에는 진심이 담겨 있다. 그는 37세, 유효기간이 훨씬 지나서 결혼해 헬렌 걸리 브라운이 되었다. 그 때문인지 독신 여성이 원하는 것은 무엇이든지 하면서 당당하게 살아가기를 평생 옹호했다. "금전 문제에 영리한 것은 섹시하다. 섹스에 대한 성향은 물려받은 것이다"라고 말하며 섹스 역시 옹호했다. 그는 1962년 발표한 『섹스와 독신 여성Sex and the Single Girl』에 이렇게 썼다. "여러분이 사악하고 못된 여자라서 멋대로 나쁜 짓을 생각해낸 것이 아니다."[1]

브라운은 아칸소 북서쪽 오자크 산지의 작은 마을에서 태어났다. 그의 말을 빌리자면, "산골 촌뜨기" 가정에서 태어난 브라운의 아버지는 수렵 감시원으로 딸이 10세 때 사망했다.[2] 10대의 브라운은 어머니, 자매와 함께 로스앤젤레스로 이주해서 우드버리 비즈니스 칼리지에 입학했다. 그의 가족은 결국 아칸소로 돌아갔지만, 브라운은 로스앤젤레스에서 머물며 열일곱 곳의 광고 대행사에서 비서직을 전전하며 캘리포니아에서 최고 연봉을 받는 여성 카피라이터가 되기에 이르렀다. 1965년 43세의 나이로 브라운은 『코스모폴리탄Cosmopolitan』 잡지 편집장이 됐다. 그 후 30년간 잡지에 커리어 쌓는 길잡이, 미모 가꾸는 법, 섹스에 관한 노골적인 조언을 제공했다. 그는 당시 거물 페미니스트들과 충돌하기도 했다. 글로리아 스타이넘Gloria Steinem은 『코스모폴리탄』의 뉴욕 사무소를 습격했다고 한다. 베티 프리던Betty Friedan은 브라운의 잡지가 "미성숙한 10대 수준의 섹스 판타지"만 판다고 비판한 것으로 유명하다. 브라운이 여성에게 제공한 해방은 여성적이고 섹시하며 하이힐을 신고서 경험하는 것으로, 프리던의 중산층다운 품위나 스타이넘의 히피적인 급진적 페미니즘과 딴판이었다.[3] 2012년 브라운이 사망했을 때, 전국 공공 라디오의 오디 코니시Audie Cornish는 그를 "프라다 입은 선구자, 스틸레토 신은 혁명가"라고 불렀다.[4] 그는 〈섹스 앤 더 시티Sex and the City〉식 페미니즘의 창시자이며 캐리 브래드쇼의 원형이었다.[5]

1980년대 초 브라운은 뉴욕시 허스트타워 사무실에서 진보 진영 페미니스트들의 비판과 보수 진영 레이건에게 영감을 받은 전통주의자들의 비판을 물리쳤다. 그들 모두『코스모폴리탄』을 다양한 이유에서 증오했다. 브라운은 여가 시간을 이용해 '마우스버거 계획The Mouseburger Plan'이라는 원고를 썼다. 자신처럼 뛰어난 외모나 천재적인 지능을 가진, 좋은 배경 없이 태어났지만 열정적이고 야심 찬 성공 지향적인 여성인 '마우스버거'를 위한 매뉴얼이었다. 하지만 출판사에서 '마우스버거'라는 제목에 반대했고, 대신 그는 베스트셀러『세상은 나에게 모든 걸 가지라 한다Having It All』(김현종 옮김, 서교출판사, 2008)의 저자가 됐다.

이 책에는『코스모폴리탄』편집자에게는 놀라울 것 없는 조언("다이어트는 사실 도덕적이고 섹시하며 건강하다")부터 노골적이지만 실용적인 내용("너무 꽉 쥐지 말라"거나 "치아를 입술 뒤에 숨겨라"), 실제로 도움이 되는 조언("영혼을 포기하지 말라")까지 "평범한 이들이 최고에 이르는" 실전 경험에 근거한 정보가 가득했다. 원하는 사람이 있으면 상대가 누구든 상사와도 섹스하라. 하지만 브라운은 성적인 매력을 직업에서의 성공과 혼동하지 말라고 독자에게 조언했다. "잠자리로는 최고 자리에, 심지어 중간 자리에도 다다를 수 없다"고 경고했다. 그는 이렇게 적었다. "성공은 직접 이뤄내야 하니, 어서 시작하라."[6]

이 책의 원래 표지에 실린, 60세의 브라운은 자줏빛 실크 원피스에 진주 목걸이를 하고 머리칼을 멋지게 부풀린 모습으로 미소 짓는다. 이 책의 부제가 그의 머리 위에서 "모든 걸"의 의미를 정의한다. 사랑, 성공, 섹스, 돈이 그것이다. 책의 내용을 정확히 설명해준 부제라 해도 브라운의 마음에는 들지 않았다. "나는 항상 짓밟히는 사람들을 위한 책을 쓰고 싶었다"고 그는 한탄했다. "처음부터 항상 승리하고 잘난 척하는 사람이 쓴 책이 아니라 거의 패배자가 될 뻔했지만 승리한 사람이 쓴 책 말이다." 게다가 "세상은 나에게 모든 걸 가지라 한다"라는 제목은 "더럽게 상투적으로 느껴진다"고 편집자에게 불평했다.[7]

안된 일이지만 "모든 걸 가지라 한다"라는 상투적인 표현은 곧바로 다른 말로 교체되었고, 브라운은 이를 더욱 탐탁지 않아 했다. 1981년 웬디 와서스타인Wendy Wasserstein의 연극 〈로맨틱하지 않나요Isn't It Romantic〉의 등장인물 해리엇이 어머니에게 질문한다. "결혼하거나 남자와 함께 살면서 좋은 관계를 맺고, 동등한 책임을 지며 아이를 키우고, 커리어를 가지면서 소설을 읽고, 피아노를 치고, 여자친구들을 사귀면서 일주일에 두 번 수영하는 것이 가능할까요?" 해리엇의 어머니가 비꼬듯 대답한다. "여성 잡지에 나오는 '모든 것' 말이니? 그건 너희 세대의 판타지일 뿐이지."[8] 사랑, 성공, 섹스, 돈에 관한 여성 해방의 비전부터, 모든 걸 가지려는 태도는 훨씬 더 전통적인 판타지로 전락했다. "모든 것"은 "여성에게 중요한 세 가지"를 의미하게 됐다고 브라운은 훗날 회고했다. 직장과 남자 그리고 아이가 그것이었다.[9]

　　　　모든 것의 개념에서 자녀가 얼마나 중요해졌는지 생각해보면, 브라운이 자녀를 꼽지 않은 것은 상당히 아이러니하다. 페미니스트와 반페미니스트 모두에게 그가 인기 없었던 것은 여성 해방을 가로막는 것은 브래지어나 미모 기준이 아닌 모성이라는 의견 탓이었다. "우리가 아름다워지는 것은 문제가 아니다." 브라운은 1991년 전직 대통령의 아들 론 레이건Ron Reagan이 진행하는 티브이 프로그램에 초청받아 나오미 울프Naomi Wolf와 토론을 벌였다. 이제는 고전이 된 저서 『아름다움의 신화The Beauty Myth』에서 울프는 비현실적인 미모 기준이 여성의 마음을 사로잡아 전문적·지적 재능을 빼앗고 사회에서의 발전을 방해한다고 주장했다. 브라운은 여성이 마주하는 가장 큰 장애물은 미모 기준이 아니라고 반박했다. "우리는 어머니가 되라, 임신을 하라는 말을 듣죠." 임신중지 반대운동의 주된 목표는 여성을 "자녀라는 방해물"로 막아 최근 여성에게 열린 직업의 세계에서 성공할 가능성을 줄이는 것이라고 응수했다.[10] 브라운은 어머니면서 동시에 마우스버거가 될 수 있다고 책에 썼다. "원하는 바라면, 그리고 대가를 치를 의향이 있다면 직장에서의 성공과 잘 키운 자녀를 모두 가질 수 있다."[11] 하지만 그것을 원하는 이유가 무엇일까? 모성과 커리어의 결합에 대해 브라운은 이렇게 질문한다. "그런 것이 있다고 해도, 억지 강매가 아닐까?"[12] 브라운의 책에서 모든 것을 다 가진다는 것은 결혼이나 모성과는 무관하다. 그것은 여성이 성과 커리어를 자유롭게 추구한다는 의미였다.

오늘날 모든 정치 진영은 모든 것을 가지는 것에는 흥미를 잃었다. 적어도 브라운이 의도한 적 없는 직장-남편-자녀를 모두 갖는다는 의미는 퇴색됐다. 버락 오바마Barack Obama 정부 국무부에서 정책기획 국장으로 일한 앤마리 슬로터Anne-Marie Slaughter는 2012년 『디 애틀랜틱The Atlantic』에 실린 인터뷰에서 두 아이를 둔 어머니이자 프린스턴 대학 교수, 대통령의 피임명인인 자신도 "모든 것을 다 가지기"에는 실패했다고 답했다.[13] 미셸 오바마는 2018년 브루클린에 있는 실내

경기장 바클레이스센터에 모인 청중에게 "'모든 것을 가질 수 있다'는 생각은 말이죠, 거짓말입니다. 언제나 노력만으로는 부족하죠"라고 연설했다. "그런 개소리는 엉터리니까요"라는 말에 박수가 터져 나왔다.[14] 보수주의자들에게 모든 것을 가지는 것은 일종의 사기로, 여성에게 "가족과의 시간을 희생하지 않으면서도 상근직으로 일하고 산업지도자가 될 수 있으므로" 자유롭게 커리어를 추구하라고 격려하는 것은 진보 측의 음모처럼 여겨졌다고 보수 독립 여성 포럼의 캐리 L. 루커스Carrie L. Lukas 회장은 말했다.[15] 마이크 펜스Mike Pence 전 부통령은 1997년 신문 논평에 이렇게 적었다. "물론 여성이 모든 것을 다 가질 수는 있다. 하지만 보육 시설에 보낸 아이들에게는 감정적인 지지가 부족할 것이다."[16]

실리콘밸리처럼 노력만 한다면 모든 것을 가질 수 있다는 주장을 이어나가는 일부 지역에서는 모든 것을 다 가진 여성의 신화가 꿋꿋이 유지되어왔다.[17] 2022년 3월, 정치 성향이 밝혀지지 않은 킴 카다시안Kim Kardashian은 코로나19로 인해 학교와 보육 시설에 의존할 수 없게 되고, 그로 인해 일과 삶이 완전히 붕괴되는 2년간의 시간을 겪고 힘들어하는 여성에게 비슷한 조언을 했다. "퍼져 있지 말고 일어나서 일하라."[18] 이러한 사고방식은 보수파 진영에서 가장 열광적으로 부활했다. 보수주의 여성운동은 이를 채택하여 모든 것을 갖는 게 얼마든지 가능해졌다고 주장했다. 그렇기에 피임이나 임신중지는 불필요하고 어리석으며 쓸모없는 것으로 치부됐다. 이러한 사고방식을 대표하는 인물이 바로 대법원 판사 에이미 코니 배럿Amy Coney Barrett이다. 일곱 명의 자녀를 양육하며 매일 아침 크로스핏을 하는 그는 자신이 대법원 판사 지위에 오른 것이 자녀를 둠으로써 치러야 하는 물리적·경제적 대가—로 대 웨이드 재판의 판사들이 원치 않는 여성에게 정부가 요구하기에는 너무 크다고 판단했던 대가—가 더 이상 존재하지 않는다는 증거라는 듯 활동했다.[19] 세상에 존재하는 에이미 코니 배럿 같은 여성들이, 이미 모든 것을 가졌으며 적어도 모든 것을 가질 수 있다는 증거라는 것이다. 게으름을 버리고 더 일찍 일어난다면 말이다.

　　　　진보주의자라고 모든 것을 다 가진 듯 보이는 여성을 우상화하지 않은 것은 아니다. 2010년 버락 오바마 대통령이 엘리너 케이건Elena Kagan을 대법원 판사 후보로 지명했을 때, 그의 사법 기록과 함께 출산 기록도 조사했다. 케이건은 오바마가 대법원에 지명한 두 번째 여성 판사였으며, 소니아 소토마요르Sonia Sotomayor와 함께 자녀가 없는 두 번째 여성 판사였다. 진보 진영을 비롯한 많은 이가 보기에 이런 결정은 실수였다. 『뉴욕 타임스』에 리사 벨킨Lisa Belkin은 한 "페미니스트 친구"의 불평을 적었다. "난 그가—케이건이—어머니가 아닌 게 마음에 걸려. 그러면 잘못된 메시지를 전달할 수 있다고."[20] 케이건과 소토마요르가 아이를 갖지 않기로 선택했기 때문에 대법원 판사 자리까지 올라갈 수 있었다고 생각하는 이도 있었다. 이왕이면 모든 것을 다 가진 여성을 대법원으로 보내면 더 좋지 않겠냐는 주장이 이러한 생각을 뒷받침했다.

모든 것을 다 가진 여성에 대한 집착이 우스운 것은 남편과 자녀, 직장을 '모두' 가진다는 개념이 특별히 새롭거나 혁신적이지 않기 때문이다. 역사적으로 대부분의 여성은 자녀를 가지고 가족 경제에 이바지하기를 기대받아왔다. 미국의 유색인 여성, 이민자 여성, 노동자 계층과 빈곤층 여성은 관심과 노동력을 자녀에게만 집중하는 경우가 거의 없었다. 흑인 여성은 늘 집 밖에서 일했다. 노예제도 아래에서는 폭력에 의해, 그 이후에는 경제적 요구에 의해 강요된 일이었다. 유럽 농촌 지역에서 여성은 그들이 출산하는 자녀 못지않게 소중한 노동력으로서 가족의 생존을 위해 땅에서 충분한 열량을 끌어내느라 고생했다. 원주민 여성은 유럽인이 등장하기 전부터 북미 대륙에서 살며 일하고 자녀를 양육했다. 그리고 유럽에서 배가 도착했을 때 그곳에는 일하는 여성도 있었다. 경제적 생산력은 정착 시대 '현모양처'의 미덕이었다.[21]

19세기는 노동의 방식과 장소에 큰 변화를 불러왔다. 임금을 받기 위한 노동은 대부분 집 밖으로 옮겨갔다. 그렇게 되자 어머니를 가정에 두는 것이 합리적이기도 했다. 결국 누군가는 어린 자녀를 돌보고 모두를 먹이고 입혀야 했으니까. 하지만 어머니가 가정에 있는 것은 한 가족의 사회경제적 지위를 상징하기도 했다. 그것은 당시 등장한 산업사회 중산층의 일원이 되었다는 멤버십카드와 같았다.[22] 한 역사학자가 "가장과 주부의 가정"이라고 부른 형태—아버지는 임금을 벌고 어머니는 자녀와 가사를 돌보는 〈비버는 해결사Leave It to Beaver〉 시트콤 속 모델—가 표준으로 여겨진 기간은 150년 정도에 불과하다. 이러한 가정의 형태는 역사적 측면에서 짧은 예외에 지나지 않으며, 그조차도 중산층이나 중산층 흉내를 낼 수 있는 이들에게만 존재했다.[23] 〈비버는 해결사〉가 티브이에서 방영되고 베이비붐이 절정이었던 1959년에도 부모가 모두 백인이고 미국에서 태어난 가족 중 3분의 1은 가장 한 사람의 수입만으로는 살 수 없었다. "대중의 생각과 달리 〈비버는 해결사〉는 다큐멘터리가 아니었다"고 역사학자 스테퍼니 쿤츠Stephanie Conntz는 말했다.[24]

과거와 마찬가지로 오늘날도 대다수의 어머니가 일한다. 노동통계청에 따르면 18세 미만 자녀를 가진 미국 여성 중 70퍼센트 이상이 가정 밖에서 일하며, 그중 약 80퍼센트가 전문직이다.[25] 가장-주부의 가정이라는 현실은 사라졌을지 모르지만, 우리에게는 그 신화가 남았다. 여성의 역할은 어머니이고, 어머니는 가정에 있으며, 가정에 있으면서 일하지 않는다는 것. 그 신화는 자연스럽고 영원한 것처럼 보였다. 2002년 설문 조사에서 미국인 중 어린 자녀를 둔 어머니가 전업으로 일하는 것이 적절하다고 응답한 이는 11퍼센트에 불과했다. 2003년에는 4분의 3 가까이 "요즘 보육 시설에서 자라는 아이가 너무 많다"는 말에 동의했다.[26] 이런 수치를 보면 많은 미국 여성이 직장에서의 성공과 재정적 요구, 자녀 출산 및 양육 사이에서 갈등을 느끼는 것이 그렇게 놀랄 일은 아니다.

여성이 직장 때문에 아이를 가지지 않는다고 할 때, 흔히 사무실과 회의실에서 바지 정장을 입고 일하다가 고양이가 가득한 고급 주택으로 퇴근하는 고학력 페미니스트의 모습을 떠올린다. 하지만 산업화 이전에도 유럽 여성 다섯 명 중 한 명이 직장이나 경제적 이유로 아이를 갖지 않았다. 대공황 시절, 미국이 경제적 어려움에 처했을 때는 그 어느 때보다 많은 여성이 아이를 갖지 않았다. 1910년대 흑인 여성이 경제적 성장과 출산이 양립할 수 없다고 판단하여 전자를 선택한 때도 그랬다. 1970~1980년대 화석연료 가격에 따라 출산이 증가하고 감소하던 애팔래치아산맥의 광산 지역

에서도 마찬가지였다.[27]

　　　　19세기 경제생활이 급속히 변화하면서 미국 여성은 집단적으로 자녀 수를 줄이기로 결정했다. 단 한 세대 만에 미국 인구는 농촌에서 도시로 이동했다. 19세기 후반, 수백만의 미혼 여성이 일자리를 찾아 도시로 향했고, 그중에는 노예제도에서 해방되어 임금노동과 자유로운 삶을 찾아 나선 흑인 여성도 있었다. 해방과 여성참정권운동의 성공으로 교육을 받고 전문직을 갖게 된 이도 생겼다. 임금노동은 대체로 가정 밖으로 이동했다. 세계가 가정과 직장이라는 두 공간으로 나뉘면서 대부분의 여성이 자녀를 갖고 경제적으로 가족에게 헌신해야 한다는 개념에서 필연성이 사라지고 선택의 문제로 바뀌었다. 자녀를 갖거나 돈을 버는 것이지, 둘 다는 불가능하다는 것이다. 대부분의 여성은 자녀 양육과 일을 함께 하려고 노력했다. 하지만 자녀를 갖지 않거나 적어도 자녀 갖는 시기를 늦추고 자녀 수를 줄이는 것이 점점 더 매력적인 선택지가 되었다. 지난 150년간 모성과 직장에서의 성공, 학업, 경제적 생존을 대치시키는 사회적 압박이 커지는 가운데 모든 여성은 출산을 요구받았다. 그리고 그들은 합리적으로 대응했다. 출산을 줄이는 것이었다.

　　　　철학자 시몬 드 보부아르Simone de Beauvoir처럼 출산하지 않는 이도 있었다. 시몬 뤼시 에르네스틴 마리 베르트랑 드 보부아르(이하 보부아르 혹은 시몬-옮긴이)는 1908년 파리에서 태어났다. 그는 프랑수아즈와 조르주 부부의 장녀로 태어났다. 당시 그들 부부는 자녀 이름을 네 개나 붙일 정도로 여유 있는 중산층이었다. 프랑수아즈는 부유한 은행가였던 아버지 슬하에서 태어난 독실한 가톨릭 교인이었고 조르주는 귀족에 대한 선망을 가진 평범한 법률 비서였다. 보부아르의 부모는 제1차 세계대전 직전 재산을 모두 잃는 바람에 그와 동생 엘렌의 결혼 지참금을 마련하지 못했다. 보부아르에게 이것은 다행스러운 일이었다. 그는 누군가의 아내나 어머니가 되고 싶다고 생각한 적이 없었다고 훗날 고백했다. 결혼의 가능성에서 벗어난 보부아르는 작가나 교사가 되고자 공부에 전념했다. "시몬은 남자처럼 생각하지!"[28] 하고 그의 아버지는 자랑스레 말하곤 했다.

　　"남자처럼" 생각한 덕분에 보부아르는 많은 일을 해냈다. 1929년 41세의 나이로 경쟁이 매우 치열한 연례 아카데미 시험을 최연소로 통과했고, 파리 최고의 대학원 에콜 노르말에서 철학을 가르치게 됐다. 보부아르는 단순히 통과한 것이 아니었다. 그해 두 번째로 높은 점수를 얻었는데, 1등은 장폴 사르트르Jean-Paul Sartre였다. 1등과 2등은 곧 가까워졌다. 사르트르는 2년 뒤 보부아르에게 청혼했지만, 영구적인 관계를 바랄 수 없다는 것을 잘 알고 있었다. "2년 계약을 합시다."

쌀쌀한 가을날 소르본 대학교 벤치에서 사르트르가 제안했지만 보부아르는 농담이냐고 받아칠 뿐이었다. 이후에 사르트르는 다시 철학자만이 할 수 있는 열린 관계를 제안했다. "우리가 가진 것은 본질적인 사랑이에요." 그리고 이렇게 덧붙였다. "하지만 가벼운 연애를 경험하는 것도 좋죠."[29] 그들의 실존적 사랑은 현대사에서 가장 큰 궁금증을 낳은 파트너십을 형성했다. 보부아르와 사르트르는 함께 살지도 자녀를 갖지도 않았지만 1980년 사르트르가 사망할 때까지 50년간 서로의 가장 중요한 동반자로 남았다.[30]

보부아르가 1949년에 발표한 유명한 저서 『제2의 성The Second Sex』은 당시 유행하던 실존 철학을 여성주의적 관점에서 활용했다. 문화적 규범과 사회적 기대에 평생 노출됨으로써, "여성은 태어나는 것이 아니라 되는 것"이라고 보부아르는 주장했다. 20세기 말과 21세기 초에 활동한 위대한 젠더 철학자 주디스 버틀러Judith Butler는 보부아르 저서가 생물학적 성별과 성역할을 가장 일찍 구별해냈다고 언급했다.[31] "어떤 생물학적·심리학적 혹은 경제적 운명도 사회 속에서 인간 여성이 나타내는 모습을 결정하지 않는다." 대신 여성의 의무를 결정하는 것은 "문명이다"라고 보부아르는 주장했다.[32] 그리고 어린 나이 소녀들에게 그들이 무엇이 되어야 하는지 가르쳤다. 어머니가 되어야 한다고 말이다.

전반적으로 『제2의 성』은 제도적 모성에 대해 좋게 평가하지 않는다. 보부아르는 그러한 모성을 "나르시시즘과 이타주의, 한가한 백일몽, 잘못된 믿음, 헌신과 냉소주의가 기묘하게 뒤섞인 것"이라고 설명한다. "어떤 경우에나 한 여성을 충족시키기에 모성이면 충분하다고" 믿는 것은 "위험한 착각"이라고 말이다. 제목에 정치적 입장을 분명히 밝힌 철학 서적을 집어 들 만큼 과감한 독자들조차 보부아르가 "어머니"라는 제목을 붙인 첫 장에 임신중지와 피임에 관해서, 그다음 장에는 많은 여성이 임신 중 신체에 대한 자치권을 잃고, 출산 때 몸이 갈라지고, 자신보다 우선시해야 하는 아이를 위해 정체성과 꿈, 결혼을 희생해야 하므로 모성 개념에 대해 느끼는 공포에 관해서 쓴 것을 보고 충격받았을 것이다.[33] (보부아르는 헤겔을 인용했다. "자녀의 탄생은 부모의 죽음이다." 사정은 "죽음의 약속"이라고 엄숙히 덧붙였다.)[34] 그로 인해 보부아르가 논란의 중심이 되었을지 모르지만, 책 판매에는 도움이 됐다. 『제2의 성』은 1949년 프랑스에서 출간되어 철학서라기보다는 스릴러처럼 팔려나갔다. 이 책은 출간 첫 주에 2만 2천 부를 팔았고, 그 후 수십 년간 100만 부 가까이 팔렸다.[35]

보부아르는 사르트르와는 일찍이 그들의 관계에서 자녀 출산을 배제했다고 회고록에 적었다. "모성에 반대하는 감정은 없었다. 그저 인생에서 내가 타고난 소명이 아니었고, 아이가 없음으로써 내 올바른 기능을 다할 수 있었다."[36] 두 가지를 모두 할 수 있다는 생각은 들지 않았던 것이다. "글을 쓰고 싶었기 때문에 아이를 가질 수 없다고 생각했다"고 보부아르는 1960년대 초 베티 프리던과의 인터뷰에서 말했다. 이 내용은 프리던의 두 번째 책 『"내 인생을 바꿨어요": 여성운동에 관한 글 "It Changed My Life": Writings on the Women's Movement』에 실렸다.[37] 보부아르는 지성인으로서의 커리어—즉, 남자처럼 생각하기—를 추구하면서 동시에 어머니가 되기는 불가능하다고 믿었다. 그러려면 여자처럼 살아야 하기 때문이었다. 그는 선택해야 했고, 일을 선택했다.

❀

　　내 어머니가 1974년 가을, 버지니아 대학교에 입학했을 때 어떤 선택을 해야 한다는 생각은 전혀 하지 않았다. 어머니는 펜실베이니아주 농촌에 위치한 퀘이커 기숙학교를 갓 졸업한 긴 머리의 히피 같은 아이였다. 그 사실 때문에 어머니는 샬럿스빌 캠퍼스에서 다른 학생들과 잘 어울리지 못했다. 그의 룸메이트는 어머니가 가방에 싸 온 것보다 4배는 많은 옷을 가진 치어리더였다. 어머니가 꿈꾸는 미래에 대한 기대 역시 다른 학생들과 달랐다. 어머니의 어머니, 즉 외할머니는 수정 헌법 19조를 통해 여성에게 투표권이 주어지고 8년 후인 1928년 자신이 "타고난 운동가"라고 당당히 선언했다. 할머니는 대학교를 졸업하고 대학원에서 해부학과 생리학을 전공하며 잘생긴 사회학 박사과정 학생과 소개팅을 했고, 6주 뒤 그들은 약혼했다. 할머니는 지금도 사회학을 "물렁한 학문"이라고 무시하면서 역사학을 전공한 손녀를 놀리곤 한다.

어머니와 이모들은 교수와 멘토라는 커리어와 네 명의 자녀와 균형 잡힌 결혼 생활을 모두 이룬 여성에게서 양육되었고, 할머니는 자신의 딸들도 그럴 수 있을 것이라고 기대했다. 하지만 어머니와 그의 대학교 동창들은 두 가지 길이 있다고 여겼다. 커리어를 갖거나 자신이 아이를 키우는 동안 커리어를 대신 쌓을 남자를 찾거나. 세 번째 선택지는 없었다.

보부아르가 『제2의 성』을 발표한 지 40년 넘게 지났고, 어머니가 대학을 졸업한 지 20년 가까이 흐른 1990년대, 사회학자 캐럴린 모렐Carolyn Morell이 자녀 없는 여성을 조사했을 때도 자녀와 커리어를 모두 갖는 길을 찾지 못한 응답자는 여전히 많았다. "이 여성들은 자녀를 갖는 것을 유급 취업을 떠나 가정에 머무는 것, 남녀의 차별적 노동, 경제적 의존, 결혼 관계에서 권력 상실과 동일시했다."[38] 경영학 석사학위를 가진 남녀로 이뤄진 부부를 상대로 한 하버드 경영학 대학원의 연구에 따르면 2014년에도 대다수의 남성과 절반 이상의 여성이 주된 양육자는 여성이라고 기대했다.[39]

노동력이 중요하게 부상하면서 여성이 노동력에서 밀려났다는 이야기를 자주 하는 역사학자들이 있다.[40] 이 이야기는 보통 근대 이전, 산업혁명 이전, 유럽 어딘가의 과거에서 시작한다. 농부 가족이 식량을 얻기 위해 땅을 경작하고 가내수공업으로 수익을 보충하던 시대다. 행복한 가족은 저녁 시간과 긴 겨울 동안 촛불을 켜놓고 옷감을 짜거나 잼을 만들거나 깔개를 만들었고, 아내는 남편 곁에서 함께 일하며 가족 경제에 이바지했다.[41] 특정 유형의 역사학자 손에서 이 신화와도 같은 과거는 여성 노동의 '황금기'를 대표한다. 노동이 가정에서 이루어질 때는 성역할과 무관한 편이었다. 그리고 노동이 성역할과 무관하다면, 여성은 가정 내에서 동등한 권력을 어느 정도 가질 수 있었다.

그러나 재앙이 닥쳤다. 산업혁명의 원동력이 된 기계가 노동자를 가정에서 공장으로 끌어냈다. 기계화한 방적기가 양모를 털실로 매끄럽게 변화시키듯이 1800년대 전후 공장에 빠르게 늘어나던 이 장치는 영국 농부들을 프리드리히 엥겔스Friedrich Engels가 프롤레타리아, 즉 노동 계급이라고 부르는 이들로 변화시켰다. 사람들은 도시로 몰려가 농장 노동과 가내수공업 노동을 임금노동으로 대체했고, 가족 소유의 작은 농장 집은 도시의 임대 가옥으로 바뀌었다. 그곳에서 가정생활은 근로와 엄격히 구별됐다. 역사학자 E. P. 톰슨 E. P. Thompson은 이 변화를 극적으로 묘사했다. 가족은 "매일 아침 울리는 공장 종소리에 의해 억지로 갈라졌다."[42] 아버지는 일하러 가고 어머니는 가족을 돌보기 위해 가정에 남았다. 더 이상 경제적 생산이나 가족 노동의 장으로써 기능하지 않게 된 가족에게는 단 두 가지 기능만 남았다. 자녀를 양육하며 애정 넘치며 편안한 환경, 즉 "무정한 세상 속의 피난처"가 되는 것이다.[43] 그사이 여성은 가족에 경제적으로 이바지하는 능력과 그에 수반되는 권력을 잃었다.[44]

　　　　노동조건이 변화하며 여성과 가족에게 영향을 미친 정확한 이유와 방식도 그렇지만, 산업화 이전 노동에 남녀 구분이 없었다는 신화에 대해서도 이견의 여지가 있다. 그러나 산업혁명은 분명 여성의 삶과 역할에 큰 변화를 일으켰다. 역사학자 리어노어 다비도프 Leonore Davidoff와 캐서린 홀 Catherine Hall은 영국 여성이 가졌던 다양한 직업이 18세기 후반부터 19세기 초반, 즉 영국의 산업혁명 시기에 급감했음을 보여준다. 1790년대 지역 인명록을 보면 여성은 간수, 배관공, 정육업자, 농부, 재단사, 마구 제조상으로 등록되어 있었다.

1850년대가 되자 여성의 직업은 교사, 재단사, 모자 제조상으로 줄어들었다.[45]

　　이와 동시에 여성이 임금노동을 떠나 집에 있는 것이 사회적 중요성을 갖게 됐다. 노동 계급의 많은 가족은 남성적 공적 일터와 여성적 사적 가정을 분리할 여유가 없었다. 하지만 새롭게 등장한 중산층 가족, 귀족은 아니지만 어렵게 생존하는 정도도 아닌 이 계층은 이러한 구별을 할 수 있었다. 적어도 할 수 있다는 시늉은 할 수 있었다. 이렇게 한 가정의 아내이자 어머니의 노동은 신생 중산층을 노동 계층과 가장 쉽게 구분하는 선이 되었다. 좀 더 정확히 말하면 아내이자 어머니가 노동하지 않는 것이 구분 선이었다. "신사들은 그 어떤 비천한 직종에서도 일할 수 있고, 적당한 가계를 꾸려나갈 재산만 있으면 여전히 신사가 될 수 있다." 1839년 영국 가정에 관한 권위자 중 한 명이었던 세라 스티크니 엘리스Sarah Stickney Ellis는 말한다. "반면 여성이 사업의 방편으로 물건 하나라도 건드리면 숙녀의 지위를 잃게 되고 숙녀가 될 수 없다." 가장이 아무리 지저분한 일을 하고 육체노동을 하더라도 그의 아내가 집에 있으면 당사자에게나 타인에게나 중산층이라는 의미였다.[46]

　　19세기 말, 미국에서도 중산층으로 보이려는 욕망—중산층이 되려는 욕망—으로 인해 엘라 베이커의 어머니는 교사 일을 그만두고 전업주부가 됐다. 당시 작가들은 남성은 "일하고" "노동한다"고 묘사했지만, 여성은 "취미"나 "요리 솜씨"와 "의무"가 있다고 묘사했다. 정확히 말하자면 여성이 정말로 "노동"하는 경우는 몸(자궁-옮긴이)을 통해 새로운 미국인을 세상으로 밀어낼 때뿐이었다. 그 역할만 끝나면 여성은 노동하지 않아도 괜찮았다. 여성의 가장 위대한 소명이 어머니가 되는 것이라면 모성의 의무를 수행하는 것은 결코 일이 될 수 없었다.[47]

물론 여성 자신에게는 그런 환상이 없었다. 수전 B. 앤서니Susan B. Anthony는—훗날 머리를 동그랗게 말아 올리고 단호한 표정의 옆모습으로 미국 화폐 최초의 여성으로 등장한 여성 인권 및 참정권운동가—결혼하지 않고 자녀도 없었던 것으로 유명하다. 앤서니는 자신이 가사노동으로부터 자유로운 덕분에 정치적 영향력을 가지고 미국 전역을 다니며 수천 명의 군중에게 여성참정권에 대한 연설을 할 수 있었다는 사실을 분명히 알고 있었다.

앤서니의 절친한 친구이자 정치적 협력자였던 엘리자베스 케이디 스탠턴Elizabeth Cady Stanton은 일곱 명의 자녀를 양육하며 가정에 있었고, 뛰어난 사상가였음에도 여성참정권운동 전면에 나서지 못했다. "있잖아, 나는 집에서 아이들에게 에워싸여 설거지하고, 빵을 굽고, 바느질을 하는 동안 여러 가지 생각이 나지만 책을 볼 수가 없어. 머리뿐 아니라 손도 가사에 필요하니까."[48] 1853년 스탠턴이 앤서니에게 보낸 편지에는 이렇게 적혀 있다. 앤서니는 친구의 활동에 제약이 있는 것이 아쉬웠다. 스탠턴이 지닌 지적 원동력 때문이었다. "스탠턴이 벼락을 만들면 내가 그것을 쏘았다."[49] 스탠턴 사후에 앤서니가 기자에게 한 말이다. 앤서니 같은 19세기 운동가들은 자녀를 양육하며 가사를 돌보는 의무와 지적·정치적·전문적 일을 수행하는 능력은 다소간 상호배타적임을 분명히 알았다. 그것은 우연이 아닐 것이라고 그들은 생각했다.[50]

1880년대부터 미국의 고용주들은 여성이 결혼하자마자 직장을 그만두게 하는 '결혼 후 퇴사' 정책을 실시하기 시작했다. 1931년 캔자스시티와 필라델피아의 회사를 조사한 결과 보험회사 61퍼센트, 출판사 37퍼센트, 은행 35퍼센트가 기혼 여성 고용을 엄격히 금지하는 정책을 갖고 있었다. 또한 보험회사 46퍼센트, 출판사 34퍼센트, 은행 21퍼센트가 결혼한 여성 근로자를 해고했다.[51] 진보주의 변호사이자 훗날 대법원 판사가 된 루이스 D. 브랜다이스Louis D. Brandeis는 1908년 미국 대법원에 이런 법을 지지하는 의견서를 제출했다. 모든 여성은 "잠정적 어머니"이므로 "지나친 노동 시간으로 인해 어머니 역할에 부적합해질 수 없다"고 적었다.[52] 그해 대법원은 세탁소에서 여성이 하루에 일할 수 있는 시간을 제한한 오리건주의 법을 지지하며 이에 동의했다. "건강한 자녀를 위해서는 건강한 어머니가 필수적이므로, 여성의 신체적 건강은 국민 전체의 힘과 활력을 유지하기 위해 공공의 관심과 배려의 대상이 된다."[53]

미국 대법원의 승인과 함께 기혼 여성과 어머니의 노동을 제한하는 법이 줄지어 나왔다. 1932년 연방 정책은 두 명의 공무원이 결혼하면 한 명은 반드시 퇴직할 것을 원칙으로 삼았다. 많은 사람이 실직한 대공황 시기에 두 명의 정부 수입이 한 가정에 들어가는 것은 비양심적으로 보였다.[54] 하지만 경제적 공평성만의 문제는 아니었다. 1935년 위스콘신주 상원에서는 이중 소득을 가진 가정에 대해 "심각한 도덕적 의문"을 제기하는 결의안을 통과시켰다. 그러한 가족은 "산아제한을 장려하고 남편과 아내의 취업 소득에서 비롯한 이기심이 문명과 건전한 분위기를 붕괴시키고, 가정을 꾸리려는 개념을 뒤흔들며 가족생활을 파탄시킨다"고 상원의원들은 우려했다.[55]

매사추세츠주 법은 고용주들이 여성의 근로 시간표를 엄격하게 통제하도록 했고, 여러 주에서 여성의 야간 근무가 완전히 금지되어 병원 등 24시간 근무하는 직장에 취업할 수 없게 됐다. 1970년대 초까지 교사는 첫아이를 임신하면 해고되었고 항공사는 정책적으로 임신한 승무원을 해고하고 어머니 고용을 금지했다. 19~20세기에 '결혼 후 퇴사' 법을 통과시킨 이들은 여성에게 선택을 제공했다고 여겼다. 자녀 없이 독신으로 사는 것이 교사 일이나 타자수, 간호사, 공무원 등의 직업을 그만두는 것보다 당연히 더 나쁘다고 생각했던 것이다. 그러나 그들의 계산은 틀렸다. 어머니가 되도록 여성을 직장에서 내쫓음으로써 그들은 그 반대의 일을 해낸 것일지도 모른다. 여성이 일하기 위해 모성을 포기하게 만든 것이다.[56]

1964년 미국 연방 민권법이 이러한 법들을 철폐한 뒤에도, 그로 인해 자녀와 커리어를 함께 갖는 것이 법적으로 가능해진 뒤에도 일과 자녀 양육을 함께하는 것은 여전히 쉽지 않았다. 1980년대 초 인류학자 퍼트리샤 맥브룸Patricia McBroom은 전문직 여성이 너무나 기이한 중간 지대에 존재하기 때문에 "제3의 성"으로 간주되어야 한다고 주장했다. 자녀를 낳는 잠재력을 가졌으므로 남성은 아니지만, 커리어가 있으므로 여성도 아니라는 것이다. 그는 몇 년간 뉴욕 월가와 샌프란시스코 금융 지구의 고층 건물, 커피숍, 비스트로에서 이 낯선 존재를 관찰했다. 그들의 옷차림("진청색 정장, 리본 달린 흰색 블라우스, 굽 낮은 구두")과 행동 습관("날카로운 합리성과 뛰어난 업무 집중력"), 목소리(어떤 주장을 하든지 "매우 낮고 강한 음성으로 밀어붙임"), 감정 상태("아무리 괴로워도 울지 않고 분노를 드러내지 않음") 그리고 무엇보다도 그들의 출산에 대한 놀라운 사실을 기록했다. "출산율의 감소만큼 빠르게 나타나는 패턴은 아무것도 없다. 여성이 자녀를 가질 수 없다면 뭔가 단단히 잘못된 것이다." 그는 전문직 여성은 직장 환경에 너무나 부적합하기 때문에 출산 능력을 잃어버린 것이라고 결론 내렸다. 1981년 『포춘Fortune』이 선정한 회사 1천 곳의 여성 임원 가운데 61퍼센트는 자녀가 없었으며, 남성 임원의 경우에는 3퍼센트밖에 되지 않는다고 맥브룸은 보고했다. 880명의 저명한 전문직 여성 중 4분의 3이 자녀를 갖지 않았던 1913년과 다름없는 결과였다.[57]

　　　　1970~1980년대는 미국 사회와 문화에 엄청난 지각변동이 일어나 성역할과 직장 기준이 변화했다. 가장 눈에 띈 변화 한 가지는 미국 여성이 대규모로 임금노동에 뛰어든 것이었다. 1990년 약 60퍼센트의 여성이 집 밖에서 일했다. 가족의 경제적 생존을 위해서 일해야 하는 여성과 직장에서의 성공이나 지적 관심을 위해서 일하려는 여성을 모두 합친 수치였다.[58] 노동통계청에 따르면 2019년 "자녀가 있는 가족의 부부" 가운데 3분의 2 가까이 두 사람 모두 직업을 가졌다. 전국적으로 한 사람의 임금만 가지고는 편안하게 살 수 없다는 것도 그 이유였다.[59]

가장-주부의 가정 모델은 잠시 생겨났던 예외다. 어머니가 가족을 위해 경제적으로 이바지하는 경우가 훨씬 많았던 역사의 맥락 속에서, 문제는 모성이 노동과 양립할 수 없다는 것이 아니다. 오히려 오늘날 일하는 방식이 모성과 양립할 수 없게 변해가는 것이다. 노동과 가족, 소득과 자녀가 대치되는 가운데 모두 실패했다. 미국의 출산은 수십 년간 감소했고, 미국의 노동력에서 여성이 차지하는 비율은 1999년에 비해 2014년에는 5퍼센트 낮아졌다.[60]

❁

전 세계 역사를 통틀어 가뭄, 인플레이션, 경제 침체, 질병, 기아는 출산 감소를 동반했다. 이러한 관련성에 생리학적 요인도 작용했을 것이다. 영양이 부족한 여성은 임신할 가능성이 훨씬 낮다. 극심한 스트레스도 유산, 발기부전, 성욕 감퇴를 일으킬 수 있다. 하지만 이렇게 간단히 인간을 결핍 상태에 있는 파블로프의 개로 전락시켜서는 안 된다. 종소리가 울리지 않으면 침을 흘리지 않듯이 먹을 것과 돈, 안정이 없으면 아이를 낳지 않는다는 식으로 몰아가는 것은 옳지 않다.

스트레스받은 신체의 출산 능력이 떨어지듯이

스트레스받은 인간은 출산을 원치 않을 수 있다. 출산은 인간에게 그저 일어나는 일이 아니다. 콘돔 사용, 임신중지, 무자녀 비율은 1930년대에 폭발적으로 증가했다. 1900~1910년 사이 태어난 미국 여성 세대는—대공황의 시발점이 된 주식시장이 대폭락한 검은 화요일을 가임 기간 절정기에 겪은 이들—전국적으로 역사상 최고치의 무자녀 비율인 20퍼센트를 기록했다.[61] 이 시기에 태어난 흑인 여성 세 명 중 한 명이 자녀를 낳지 않았다.[62] 어머니가 되지 않은 여성 비율은 대공황 때 최고였다. 당시 재정적인 상황에 비추어볼 때 대공황 시기에 여성이 자녀를 갖지 않은 이유는 분명하다. 자녀를 갖는 것보다는 돈과 돈 버는 능력을 선택한 것이다. 혹은 선택해야만 했던 것이다. 20년 뒤 베이비붐 기간에 출산율은 폭발했고, 그 역시 미국 역사상 가장 후한 사회복지 프로그램이 등장한 시기와 일치했다.[63]

자녀를 갖지 않은 여성을 향한 잔인한 선입견—정장 차림에 커리어에 집착하며, 가족사진 자리에는 자신의 졸업장을 걸고 아기 침대를 놓아야 하는 방에는 돈다발을 쌓아뒀다는 생각—은 결국 틀리지 않았다. 전체적으로 자녀 없는 미국 여성이 어머니보다 더 부유하고, 많은 교육을 받았으며, 직장에서 성공했다.[64] 그러나 실제로는 이렇게 깔끔하게 정리되지 않는다. 어머니가 아닌 여성이 더 많은 교육을 받고 더 부유하다고 말하는 것은 그들의 현재 경제 상태에 관한 설명일 뿐이다. 한 연구에서 자녀 없는 여성의 4분의 3이 빈민 혹은 노동 계층의 배경을 가졌다고 보고했다. 자녀가 없는 것으로 인해 경제적 지위가 높아졌지 그 반대는 아니라는 것이다.[65]

엘라 베이커와 시몬 드 보부아르처럼 그들은 자녀보다 지적·정치적 활동을 선택했다. 헬렌 걸리 브라운처럼 그들은 어머니가 되어 받는 불이익 대신 남성과 같은 액수의 임금을 선택했다. 우리가 알거나 모르는 수많은 여성과 마찬가지로 그들은 어머니가 되는 대신 경제적 생존 혹은 사회적 지위 향상을 선택했다. 자녀를 갖지 않는 것은 "커리어에 관심을 가진 교육받은 여성만이 선택하는 새로운 전략이 아니라 냉혹한 경제 상황에 처했을 때, 오랜 세월 사회규범이 승인해온 반응"이라고 사회학자 S. 필립 모건S. Philip Morgan은 설명한다.[66] 인구학자 다월 마이어스Dowell Myers는 더욱 강하게 정의 내린다. "출산율은 절망의 바로미터다."[67]

퍼트리샤 맥브룸이나 헬렌 걸리 브라운이 어머니이자 동시에 근로자인 사람을 상상하기 어려웠다는 사실, 어머니이자 근로자가 되기 어렵다는 사실은 생물학적인 문제기도 하다. 과학소설이 현실이 되기 전까지 이 땅에 산 모든 사람은 자궁에서 자라고 태어나야 하며, 그 과정에는 상당한 신체 회복이 필요하다. 하지만 한편으로 이는 역사적이기도 하다. 여성과 모성은 가정에 머물러야 하고 근로는 다른 곳에서 이루어진다는 200년 된 믿음 탓이다. 그리고 자녀가 수입과 상충될 때, 많은 사람에게 선택의 여지가 없다. 아니, 경제적으로 합리적인 선택을 할 수밖에 없다고 느낀다. 자녀를 적게 갖거나 갖지 않는 것이다.

오늘날 미국의 젊은 여성은 이미 두 차례 역사적인 경기 침체를 겪었다. 생계유지를 위해 여러 직업을 갖는 이도 있다. 임금을 집세와 학자금 대출에 거의 다 쓰는 이도 있다. 미국에서 한 아이의 평균 보육비는 최저임금으로 전일 근무하는 근로자의 세전 소득에 맞먹는다.[68] 또한 소득 규모와 상관없이 여성은 자녀를 가질 경우 남성보다 큰 임금 불이익을 당한다.[69]

경제적 생존을 위해 일해야 하는 여성과 직업적 성취를 위해 일하고자 하는 여성 사이의 구별은 과거에는 뚜렷했을지 모른다. 그러나 대학 졸업자들이 재정적으로 어려움을 겪고 중산층이 사라지는 가운데, 그 구별도 무너지고 있다. "1990년대 중반 이후로 자녀를 갖는 데 드는 비용이 매우 높아졌다"고 프린스턴 대학교의 사회학자 캐스린 이딘 Kathryn Edin은 지적한다. 그는 소득 수준과 상관없이 "커리어가 삶의 일부라는 인식이 존재한다"고 말했다.[70]

출산율을 높이기 위해 여성을 노동력에서 배제하는 법이 처음 제정된 후로 150년이 흘렀고, 그 역효과는 분명했다. 오늘날 서유럽에서는 노동력 가운데 여성 비율이 높은 국가에서 출산율도 높다. "1960~1970년대 전통적인 가족 가치 지지자들은 '양성평등을 이루려는 노력에서' 출산율이 가장 먼저 타격을 받을 것이라고 주장했다." 프랑스 『르 몽드Le Monde』의 안 슈망Anne Chemin 기자는 말했다. "50년이 지난 지금, 그들의 생각은 틀린 듯하다. 유럽의 출산율은 여성이 일하러 나가는 나라에서 더 높고 여성이 대체로 가정에 머무는 나라에서 낮다."

여성이 자녀를 양육하며 가정에 머물기를 기대하는 유럽 국가―에스파냐, 포르투갈, 이탈리아 등 가족과 성역할의 기준이 엄격한 국가―에서 출산율은 더 낮아 평균 1.3~1.4명이다. 프랑스나 스칸디나비아 등 여성이 평균 1.8명의 자녀를 출산하는 국가는 관대한 출산휴가 정책, 산전 산후 지원, 무료 보육 지원, 영유아 어머니의 단축 근무 등을 실시한다. 인구학자 로랑 툴레몽Laurent Toulemon의 설명에 따르면 최근 국가가 산후 돌보미 간호사 방문을 지원하고, 저렴하되 질 좋은 보육 시설이 있으며, 부모 모두 최고 3년간 출산휴가를 가질 수 있는 "프랑스에서는 이런 지원이 더욱 유연하다".[71] 이런 정책이 없는 미국 등에서 여성은 근로와 자녀 사이에서 선택할 수밖에 없다. 베를린의 인구 및 개발 연구소의 연구자 슈테펜 크로네르트Steffen Krohnert가 한마디로 정의했다. "오늘날 문제는 여성의 근로 여부가 아니다. 문제는 자녀 출산 여부다."72

지구 때문에

04

Peggy O'Donnell Heffington

Without Children: The Long History of Not Being a Mother

"내가 할 수 있는 가장 인도적인 행위가 자녀를 갖지 않는 것이라는 사실에 몹시 슬퍼집니다." 1969년 밀스 여자대학교(캘리포니아주 오클랜드 푸른 산지에 자리 잡은 작은 대학교)를 갓 졸업한 이들을 스테퍼니 밀스^{Stephanie Mills}가 바라봤다. "그러나 이제 대가를 치러야 할 때가 왔습니다." 밀스는 가운데로 가르마를 탄 검은 머리칼을 어깨 뒤로 넘기고서 역사상 가장 비관적인 졸업 축사를 전하려고 몸을 앞으로 당겼다. "잠재적인 부모였던 사람으로서 저는 자녀가 어떤 세상에서 자랄 것인지 자문해봤습니다. 대답은 '아름답지도 깨끗하지도 않은 곳, 그러므로 결국 슬픈 곳'이었습니다. 인구가 계속 늘어나면 그 인구를 수용할 시설도 커져야 합니다. 따라서 고속도로는 늘어나고 나무는 줄어들며, 전기는 늘어나고 댐 없는 강은 줄어들며, 도시는 늘어나고 깨끗한 공기는 줄어듭니다."[1] 이 연설은 전국 신문의 헤드라인을 장식했고 밀스는 하룻밤 사이 유명인이 됐다. 『뉴욕 타임스』는 이 연설을 "아마 올해의 졸업 연설 중 (……) 가장 고통스러운 것"이라고 불렀다.[2]

스테퍼니 밀스는 애리조나주 피닉스에서 자랐다. 그곳은 그가 태어났을 때 약 44제곱킬로미터 면적에 인구 10만의 도시였으나 대학을 졸업할 때는 650제곱킬로미터에 인구 50만이 넘는 곳으로 폭발적인 성장을 겪었다.[3] 선벨트를 찾아서 전국에서 사람들이 몰려들었다. 연중 300일간 해가 뜨고 눈이 내리지 않으며, 건조하고 깨끗한 공기를 가진 드넓은 곳이기 때문이다. 그들은 화창한 날씨를 즐기며 뒷마당 수영장에 몸을 담그고, 골프를 즐길 마음으로 그곳을 찾으며 한 가지 기본적인 지리학적 사실은 염두에 두지 않았다. 피닉스는 미국 남동부, 멕시코 북부, 바하칼리포르니아반도의 넓은 면적에 해당하는 소노라사막에 자리 잡고 있다는 사실이다. 피닉스의 강수량은 연간 250밀리미터 미만으로 미국 평균의 4분의 1밖에 되지 않는다. 그보다 훨씬 적은 해도 있다.[4] 7월이면 기온은 37도를 훨씬 웃돈다.

밀스 대학교에 도착했을 때, 밀스는 오클랜드

서쪽 산맥의 푸르름에 깜짝 놀랐다. 오래된 미국 삼나무, 푸른 숲, 공기마저 달콤하게 물들이는 향기로운 꽃들. 여름이면 금문교의 붉은 아치가 서쪽에 모여드는 따뜻한 공기와 차가운 태평양 바닷물이 섞여 이루는 안개로부터 보호하는 듯했다. 늦은 오후가 되면 안개가 흩어지고 거대한 구름 덩어리가 다리 아래로 흘러 만을 건너 오클랜드와 버클리 언덕을 타고 올라 식물과 사람들, 그리고 단열이 제대로 되지 않는 주택 등 모든 것을 차가운 습기로 뒤덮었다. 이스트베이의 습기는 이 지역의 다른 기후를 모두 감춘다. 밀스가 대학교 기숙사에서 나와 24번 도로를 따라서 동쪽으로 차를 몰아 칼더콧 터널을 지나 산맥의 동쪽으로 나오면 적어도 여름에는 피닉스만큼 건조한 풍경을 발견할 수 있었다. 비가 많이 오는 겨울 동안은 식물이 잘 자랐다. 그러나 건조한 여름이 되면 식물은 전부 시들었고 9월에 이르면 갈색의 마른 덤불로 뒤덮인 광경만이 남았다.

칼더콧의 동쪽, 컨트라코스타 카운티는 밀스 생전에 인구가 2배로 증가했으며 1960년대에 접어들자, 황무지와 도시 사이 숲이 자라던 언덕에 주택이 점점이 자리 잡기 시작했다.[5] 현재 미국의 서부에서는 WUI(산지와 도시의 경계 지역-옮긴이)라는 용어가 사용되는 경우는 단 하나, 화재다. 1991년 오클랜드 산지를 큰 화재가 휩쓸어 25명이 사망하고

2800채의 주택이 소실됐다.[6] 그 후 30년 동안 북부 캘리포니아에서는 수천 채의 주택이 화재로 소실되었지만 가뭄과 기후변화, 부동산 가격의 폭등 같은 복합적인 이유로 인해 WUI 안쪽까지 주택을 건설하면서 앞으로 그런 일이 더 많이 일어날 것이라는 불안감을 조성했다.

오클랜드는 아직 불타지 않았지만, 1969년 연단에 선 밀스는 그렇게 될 미래를 봤다. 그리고 인구가 많아지면 사태가 악화할 뿐이라고 우려했다. 그만 그렇게 생각한 것은 아니었다. 1년 전 스탠퍼드 대학교의 생물학자 파울 에를리히Paul Ehrlich는 『인구 폭탄The Population Bomb』이라는 인구 과잉 위험에 관한 200페이지 논문을 발표했다. 인간은 이미 지구의 용량을 넘어섰고, 당장 수를 제한하지 않으면 기아와 전쟁, 대량 사망, 문명의 붕괴가 닥칠 것이라고 주장했다. 초판본 표지에는 노란색 대문자로 강조한 문구가 적혀 있다. "이 글을 읽는 동안 네 명이 기아로 사망할 것이며 그중 대다수는 어린이다. 전 인류에게 식량을 제공하려는 싸움은 끝났다."[7] 책의 첫 문장은 불길하게 단언하고 있다. 종말론적 비관주의에도 불구하고 『인구 폭탄』은 1960년대 환경문제를 다룬 베스트셀러였고, 이전에는 환경운동의 최전선에 선 사람들만 속삭였던 인구 과잉 위기를 대중에게 알렸다. 1971년 이 책의 20쇄가 완판된 이후, 미국인 절반이 앞으로도 당시와 같

은 생활 표준을 유지하기 위해서는 인구 조절이 필요하다고 믿게 됐다.[8]

스테퍼니 밀스는 사람들이 예상하는 1967년 '사랑의 여름' 시위에 참여한 여자 대학생들의 모습 그대로였다. 그는 자궁 내 피임 장치를 가지고 만든 귀고리를 달고 다니는 것으로 캠퍼스에서 유명했다.[9] 그는 지구와 인류를 사랑하기 때문에 장차 아이를 가지지 않겠다고 선언했다. 하지만 페미니스트, 환경운동가, 경제학자, 공화당 및 민주당 정치가들이 모인 집단의 일원이기도 했다. 그들은 1960년대 말과 1970년대 초 잠시 동안 한 가지 기본적인 사실, 우리 모두 아이를 덜 낳아야 한다는 것에 모두 동의했다. 인간은 오랜 세월 지구 자원이 인구 전체를 지원할 수 있는지 염려해왔고, 당시 그들의 불안은 지속적인 경제 성장, 국가 안보, 자연보호, 아이를 원치 않는 이들의 피임과 임신중지 이용 등 다양한 정치적 문제와 어깨를 나란히 했다.

이 기묘한 동지 관계는 곧 무너졌다. 1980년대에 들어서자 미국의 장래를 낙관하는 로널드 레이건Ronald Reagan의 이념과 보수주의 기독교 분파의 등장으로 인해 종말론적 사고와 피임은 정치적인 입지를 잃었다. 진보 진영에서는 이민(미국 인구가 문제라면 이민을 철저히 통제해야 하는가?)과 반제국주의(세계 인구가 문제라면 미국이 출산율이 높은 개발도상국에서 산아를 제한하는 정책을 부과해야 하는가?), 출산권 등과 함께 윤리적 갈등이 일어났다. 둘째를 출산한 여성의 강제 피임 시술 등 일부 환경론자가 필요하다고 여긴 인구 통제 조치는 정부가 침실과 자궁에 관여하지 말아야 한다는 페미니스트들의 요구와 불편하게 나란히 자리 잡았다. 하지만 1969년 스테퍼니 밀스는 자궁 내 피임 장치 귀고리와 환경문제에 관한 염려로 인해 리처드 닉슨 대통령과 의견을 함께했다. 닉슨 대통령은 그해 여름 "인구 증가율을 극적으로 증가시키는 것"은 "금세기 말 인류 운명에 가장 심각한 어려움"이 될 것이라고 국회에서 연설했다. 그는 인구 통제는 "필수"라고 정책 고문들에게 말하며 "국가 최우선 정책"이라고 했다.[10] 국가에 봉사하는 길은 과거처럼 미국인을 더 만드는 것이 아니었다. 역사 속에서 이 짧은 순간 동안, 모두를 위해 자녀 수를 제한하는 것이 국가를 위한 길이었다.

"아이들이 자랄 세상이 어떨지" 고민한 밀스는 환경으로 인해 출산을 염려하는 새로운 시대를 대표했다. 수백 년간 사상가, 경제학자, 운동가는 한 아이가 지구에 미칠 영향을 염려했지만, 그들이 고민한 문제는 세월에 따라 변했다. 18~19세기 동안 사람들은 천연자원의 부족을 염려했다. 20세기에는 환경오염을 염려했다. 오늘날, 21세기 사람들은 아이들의 '탄소 발자국'과 그것이 초래할 기후변화를 거론한다. 앞서 수십 년, 수백 년간 사람들이 자신의 자녀가 지구에 미칠 영향과 그들이 소비할 자원과 그들이 일으킬 오염을 염려했다면, 밀스의 졸업 연설은 아이가 일으킬 환경 파괴보다는 아이가 앞으로 할 경험과 지구가—온난화, 화재, 홍수와 그가 이미 예상한 생물 다양성의 상실—아이에게 미칠 영향에 더욱 초점을 맞췄다.

기후변화에 대한 염려가 현실로 닥친 가운데, 출산의 윤리성은 지난 50년간 더욱 복잡해졌다. 자녀를 가지면 우리의 환경이 조금 더 나빠질 것이라는 우려는 여전하다. 하지만 환경은 이미 아주 심각한 상태에 직면해 있다. 우리 자녀의 삶은 더욱, 아마 우리의 삶보다 더 나빠질 것이 분명하다. "오늘날 태어나는 모든 아이의 삶은 기후변화에 심각한 영향을 받을 것"이라고 2019년 의학 저널 『랜싯The Lancet』의 한 보고서에서 결론 내렸다.[11] 200년간 여성은 환경적인 이유에서 아이를 갖지 않기로 선택했다. 혹은 선택해야 한다고 느꼈다. 오늘날, 그 선택을 그 어느 때보다 극명하게 느끼는 이는 많다.

❋

토머스 맬서스Thomas Malthus는 영국 남동부 서리의 중산층 가정에서 헨리에타와 대니얼 맬서스 부부의 여섯째 아이로 태어났다. 한 역사학자가 설명했듯이 대니얼 맬서스는 "신사"이자 학자였다. 그는 옥스퍼드 대학교에 진학해 데이비드 흄David Hume이나 장자크 루소Jean-Jacques Rousseau 등 당대 지성인들과 교류했다.[12] 1784년 18세 생일 직후, 토머스 맬서스는 케임브리지 대학교 지저스 칼리지에 수학을 공부하러 갔다. 18세기의 케임브리지는 17세기의 위대한 동문, 아이작 뉴턴Isaac Newton 그림자 아래 있었고, 따라서 순수 수학이 학문적 성공과 명망을 얻는 가장 믿음직한 길이라고 믿었다. 하지만 맬서스는 어린 시절 저녁 식탁에서 토론하던 계몽주의 사상을 너무 많이 엿들으며 자란 탓에 수학이란 인류가 처한 조건을 개선시킬 수 있을 때만 가치가 있다고 생각했다. 그래서 맬서스는 학생들 사이에서 아웃사이더가 되었다. 그는 "자연 속에 실제로 존재하는 것, 현실에서 활용할 수 있는 것에 관심을 가지는 학생으로 평가받았다"고 아버지에게 보낸 편지에 적었다.[13]

맬서스는 케임브리지를 졸업하고 1789년 영국국교회에서 성직자로 임명받았다. 그가 강력히 반대한 프랑스혁명이 일어난 해였다. 그는 고향 서리의 오크우드 예배당에서 부사제로 일했다. 그 시절 대학 교육을 받은 사제는 고향 교회에 은거하며 일요일 아침마다 숙취에서 깨지 못한 무심한 신도들에게 설교를 재활용하며 편안히 지낼 수 있었다. 그러나 철학과 수학 교육을 받은 맬서스는 남달랐다. 또한 당시 그에게 살 곳과 먹을 것을 제공한 부모로부터 재정적으로 완전히 독립하고자 했다. 맬서스는 훗날 널리 읽힐 책을 2년간 집필했다. 밤 시간과 주말을 이용해 서리에서 서서히 일어나는 재앙을 이해하는 데 수학을 이용하는 방법을 연구했던 것이다.

런던에서 산업혁명의 불길을 일으킨 용광로는 목재를 필요로 했고, 서리의 숲은 맬서스 생전에 전부 베여나갔다. 그사이 그 지역의 주민 대부분—도시 공장에 취업하러 가지 않은 이들—은 여전히 농부로서 가족을 먹여 살리기 위해 농작물을 키우며 근근이 연명했다.[14] 맬서스는 이와 비슷한 절박함으로—그의 믿음으로는 굉장히 더 나쁘게—변해버린 프랑스를 불안한 마음으로 바라봤다. 당대 정치경제학자 사이에서는 국가에 인구가 많을수록 경제적 산출도 커지고, 생활수준도 높아진다는 믿음이 퍼져 있었다.[15] 그러나 산업혁명으로 부유해지는 대신 더 가난해진 서리의 상황을 지켜보며, 맬서스는 이 경제 이론을 "자연 속에 실제로 존재하는 것"과 일치시킬 수 없었다.

문제는 사람들이 섹스를 정말 좋아한다는 것이라고, 맬서스는 1798년 발표한 『인구 원칙에 관한 에세이

An Essay on the Principle of Population』에 적었다. 임신할 수 있을 정도로 몸에 영양분을 제공할 수 있거나 경제적으로 자녀를 더 부양할 수 있다는 자신감이 있다면 인간은 자녀를 더 가질 것이다. 풍요의 시기, 새로 태어나는 인간의 수는 그들을 부양할 자원보다 빠르게 증가할 것이고, 식량 같은 필수품의 수요가 공급을 넘어서면 위기가 닥쳐 인구가 지속 가능한 수로 줄어들 것이다. 자원을 놓고 벌이는 전쟁, 기아, 질병 등이 그것이다. 다시 풍요의 시기에 인구가 늘어나면, 다시 위기와 인구 감소가 찾아온다. 사람들이 나서서 환경이 편안하게 유지할 수 있을 정도로 출산을 줄이지 않는 한, 이 순환 고리는 끊임없이 반복될 것이라고 그는 주장했다.

인간이 다른 생명체와 구별되는 점은 출산에 대해 이성적으로 판단할 수 있는 능력이라고 맬서스는 믿었다. "식물과 이성이 없는 동물들은 (……) 종을 증가시키려는 강력한 본능에 따라 움직인다. 그리고 자손을 먹여 살리는 문제에 관한 의심이 이 본능을 가로막지 못한다." 회향처럼 무해한 것도 "다른 식물이 없어지면" "지표면을" 장악할 것이다. 인간만이 이성으로 본능을 제어할 능력을 갖는다. 자녀를 갖기 전에 인간은 그 결과를 내다볼 수 있고, 그러므로 더 냉철하게 바라보아야 한다. "만약 대가족을 가진다면 전력을 다해 노력하여 그들을 지저분한 누더기와 가난, 그로 인해 공동체에서 당할 수모에서 건져낼 수 있다고 확신하는가?" 훌륭한 성직자였던 맬서스조차 그 대답이 '아니오'라면 금욕하고 결혼을 미뤄야 한다고 믿었다. 그는 인간이 자제심—공익을 위해 육체적 욕망을 통제하는 이성—에 의존해야 한다고 믿었으므로, 그의 사고 속에는 피임이나 임신중지는 필요없었다. 자제를 실패하게 되면 정부 정책이 개입해서 결혼의 최소 연령을 지정하거나 결혼 허가를 발부하기 전 부부가 재정적으로 안정되는지 증명해야 한다고 덧붙였다. 맬서스는 섹스를 스스로 금한다면 인간은 비참해지지만, 굶어 죽는 것보다는 훨씬 덜 비참하다고 주장했다.[16]

맬서스의 『인구 원칙에 관한 에세이』가 부모로부터 재정적 독립을 얻기 위해 쓴 책이라는 점에서는 성공적이었다. 1798년 초판본은 빠르게 팔렸고, 그 후 25년간 최소 다섯 차례 재판되었다. 하지만 사람들에게 자녀 수를 줄이도록 설득하는 목표 달성은 그만큼 확실하지 않았다. 맬서스는 그 사상 탓에 많은 친구를 얻지 못했다. 계몽주의의 냉정한 이성보다 감정을 중시하는 시인, 예술가, 사상가가 주도한 낭만주의는 그 감정의 상당 부분을 할애해 맬서스에 대한 강렬한 증오를 표명했다. 영국 낭만주의운동의 창시자 중 한 명인 시인 새뮤얼 테일러 콜리지Samuel Taylor Coleridge는 분노했다. "인간의 무지와 나약함, 사악함이 낳은 모든 이단과 분파와 파벌

중 기독교인, 철학가, 정치인 혹은 시민으로서 인간에게 이 가증스러운 사상만큼 수치스러운 것은 없다고 엄중히 선언하는 바다."[17] 물론 여기서 "가증스러운 사상"은 자녀를 적게 낳아야 한다는 생각이었다. 위대한 낭만주의 시인 퍼시 셸리Percy Shelley는 더욱 간결히 말했다. 맬서스는 "고자이자 폭군"이라고.[18]

맬서스는 1834년에 사망했지만 19세기 중반의 마르크스주의자들도 그를 증오했다. 프리드리히 엥겔스는 맬서스주의를 "사악하고 악명 높은 이론이자 자연과 인류에 대한 구역질 나는 모독" "이웃을 사랑하고 세계 시민을 찬양하는 아름다운 문구를 모두 철폐하는 절망의 체제"라고 말했다.[19] 마르크스도 직설적으로 비난했다. 맬서스는 "헛소리를 쓰는 작가"이며 "과학을 등진 비참한 죄인"이고 "토지를 소유한 귀족 계급의 중개인"이자 "민중의 주된 적"이라고 했으며, 그의 사상은 "피상적"이라는 최악의 평가를 남겼다.[20] 마르크스주의자들의 의견에는 일리가 있었다. 지나치게 많은 인구는 모두에게 위협이 된다고 과학적 용어를 써서 주장하기는 했지만, 맬서스는 주로 가난한 가족이 낳는 자녀의 수를 염려했다. 적은 수의 자녀를 낳아야 한다는 주장을 팔아 비교적 편안하게 산 맬서스와 아내 해리엇에게는 세 명의 자녀가 있었다.

맬서스가 사망한 지 50년 후인 1877년 애니 베전트Annie Besant가 영국 맬서스주의 연맹을 설립한 것을 알았다면, 맬서스는 아마 무덤 속에서 깜짝 놀랐을 것이다. 당시 베전트는 런던을 사로잡은 존경받는 강연자에서 누구나 아는 유명인으로 바꿔놓은 외설스러운 법정 공방의 중심에 있었다.[21] 그해 초, 베전트는 미국인 의사 찰스 놀턴Charles Knowlton 이 쓴 『철학의 열매 혹은 젊은 기혼자들의 내밀한 벗The Fruits of Philosophy, or the Private Companion of Young Married People』의 영국 출간을 주선했다. 이 책에서 놀턴은 많은 부부가 결혼 첫날밤에야 알게 되는 성교의 과정을 솔직하게 설명했고 매우 열린 마음을 가진 빅토리아시대 사람도 진땀 흘릴 정도로 적나라한 그림으로 지시 사항을 담았다. 놀턴은 독자에게 다양한 피임 방법도 제공했다. 여성에게 성교 후 가성 화학물질로 질 세척을 하라는 조언 등이었다. 그런 신성 모독적인 책을 영국에 끌어들인 베전트에게 파멸을 불러온 마지막 요인은 자녀 수가 적은 것이 좋다는 그의 믿음이었다. 부부는 가족 규모를 제한할 수 있거나 자녀를 갖지 않기로 할 때 진정 행복할 수 있다고 놀턴은 주장했다.[22]

베전트와 놀턴은 신맬서스주의자였다. 19세기 말, 맬서스의 사상 중 몇 가지를 채택하고 확장시킨 운동에 가담했다. 신맬서스주의는 삶의 질이 출산을 제한하는 개인의 결정에 달렸다는 데 그와 의견을 같이했다. 그들은 천연자원 수요가 공급을 빠르게 추월한다는 데도 동의했다. 그리고 인구가 적은 세상이 더 행복하고 부유하며, 식량이 풍부한 곳이 되리라는 점에도 동의했다. 하지만 신맬서스주의는 두 가지 중요한 지점에서 의견 차를 가졌다. 우선 그들은 자녀를 많이 가지는 가난한 이들이 빈곤이나 천연자원 부족의 원인이라는 맬서스의 진단에 반대했다. 베전트와 놀턴 그리고 그들과 정치적 입장을 함께한 이들은 마르크스주의의 등장 이후에 살았다. 가난은 사회의 평등 탓이지 개인의 선택 탓이 아니라고 주장했다. 하지만 그들은 개인이 피임하거나 그것에 대한 논의까지 불법화하는 것은 문제 해결에 도움이 되지 않는다고 지적했다.[23] 신맬서스주의자들은 맬서스 생각에 반대했다. 인구는 금욕이 아니라 피임에 의해서 조절된다는 것이었다. 그들은 피임법의 이용과 섹스와 임신, 더 나아가 결혼을 분리할 것을 장려했다. 신맬서스주의자들은 "성적으로는 자유롭되 출산은 신중"하게 할 것을 지지했다. 그러면 삶이 개선될 뿐 아니라 태어나는 아이 수가 줄어들고 제한된 천연자원 수요도 감소할 것이라는 생각이었다.[24]

애니 베전트는 1847년 런던의 중상류층 가정에서 태어났다. 그의 어머니는 아일랜드의 가톨릭 교인이었고 잉글랜드인인 아버지는 더블린에서 교육을 받았다. 베전트와 형제자매는 아일랜드식 가정 규범에 따라 열렬한 식탁 토론에 참여하며 자랐다. 20세에 베전트는 프랭크 베전트라는 성직자와 결혼했다. 곧 두 자녀, 아서와 메이블이 태어났지만 그와 프랭크는 "잘 맞지 않는 부부"였다고 베전트는 훗날 고백했다. 그들은 돈 문제로 자주 싸웠다. 결혼한 여성은 재산이나 자산을 소유할 수 없었으므로 베전트가 활발한 저술 활동과 연설로 벌어들인 인세를 프랭크가 관리했다. 그들은 정치 문제로 싸웠다. 베전트는 도시 빈민의 권리와 삶에 관심을 가졌던 반면, 프랭크는 그들의 영혼과 죽음에 더 관심을 가졌다. 그리고 그들은 종교 문제로 싸웠다. 영국의 제국주의적 정복을 사주하는 교회의 역할은 베전트의 신앙을 뿌리부터 흔들었다. 1873년 베전트는 남편을 두고 아이들을 데리고 런던으로 이사해 여성의 권리부터 가난, 제국주의, 세속주의, 피임의 장점에 이르는 온갖 문제에 대해 강연하는 인기 강사로 일했다.[25]

　　　　콤스톡 법하의 미국에서와 마찬가지로, 온갖 종류의 피임과 그 논의까지도 영국에서는 불법이었다. 『철학의 열매 혹은 젊은 기혼자들의 내밀한 벗』이 영국에서 출간된 직후, 베전트는 종교지도자들이 결성한 영국비행억제회라는 유사 법 집행 기관에 의해 체포되었고, 음란죄로 기소되었다. 영국 정부 당국에는 안된 일이지만, 베전트의 재판은 신맬서스주의자들에게 가장 강력한 홍보가 되었다. 영국인들은 재판 내용을 열심히 공유하며 길거리에서, 식탁에서, 술집에서 피임에 관해 토론했다. 베전트와 함께 기소된, 훗날 최초의 무신론자 국회의원이 될 찰스 브래들로Charles Bradlaugh는 '인구문제'에 대해 공개 법정에서 연설했다. 그들의 강연 사상 최대 규모의 청중 앞에서 여성과 도시 거주자, 노동 계층에게 피임의 장점을 열정적으로 연설한 것이다. 재판이 끝나자 램프의 요정은 이미 병 밖으로 나온 뒤였다. 사람들이 이미 아는 사실을 잊게 하는 것보다 애초에 죄악을 알지 못하게 막는 것이 훨씬 더 쉬운 법이다.[26]

베전트는 결국 금고형은 면했지만, 판사는 무신론자이자 피임을 옹호하는 그가 어머니로서 부적격하다고 판단했다. 판사는 자녀의 영구적인 양육권을 프랭크에게 부여했다.[27] 법정에 의해 정치적인 힘을 잃고 어머니 역할도 상실한 베전트의 관심은 부모가 활발히 논의했던 문제, 영국의 제국주의 통치로 돌아갔다. 그는 아일랜드 통치에 관한 주장을 인도 내 영국 식민주의에 적용시켰고, 인도 독립을 지치지 않고 소리 높여 지지했다. 그리고 1890년대 베전트는 신지학론자가 되어 마르크스주의나 페미니즘과 거리를 두고, 미국에서 시작되었지만 힌두교와 불교 등 아시아 종교에서 끌어온 사상을 바탕으로 하는 소수 종교에 귀의했다. 20세기 초,

베전트는 전 세계 신지학(19세기 말 미국에서 생겨난 종교로서, 신플라톤주의 등 서양 철학과 힌두교, 불교 등 동양 종교를 결합시켰다-옮긴이)운동의 지도자이자—영국 국민임에도—인도 자치연맹 회장, 인도 국회에 선출되어 국회의원이 되었다. 1933년 사망한 그의 시신은 실크로 감싸여 인도 첸나이의 아디아르강 어귀의 장작더미에서 화장됐다. 장작더미에서 연기가 바다로 흘러가는 동안, 수백 명의 조문객이 강둑에서 무릎을 꿇고 기도하며 힌두교 경전인 '바가바드기타'의 구절을 낭송했다.[28]

사망 무렵 베전트는 딸 메이블과 재회했다. 메이블은 로마가톨릭교인으로 잠시 활동한 뒤 신지학론자가 되었다. 하지만 베전트는 딸과 10년 이상 헤어져 지냈다. 오늘날 영국 국립초상화미술관에 메이블 사진이 걸려 있다. 사진 속 메이블은 8세가량으로 군복 스타일의 단추를 두 줄로 달고 정교하게 주름 잡은 드레스를 입고 있다. 카메라를 똑바로 응시하고 있는 그의 사진 아래에는 이렇게 적혀 있다. "메이블 에밀리 베전트. 1878년 5월 23일 어머니의 이단 행위로 (……) 어머니를 잃음."[29]

✿

현대 환경운동을 시작한 공훈은 의외의 사람

에게 돌아갔다. 해양생물학자이자 전국도서협회상 수상자인 레이철 카슨Rachel Carson은 기술과 진보에 대한 미국의 무조건적 숭배가 환경에 해악을 미친다고 경고했다. 1962년 발표한 베스트셀러 『침묵의 봄Silent Spring』(김은령 옮김, 에코리브르, 2024)에서 카슨은 널리 사용하는 살충제 DDT의 위험성을 강하게 주장해 미국 정치인들과 대중의 주목을 함께 받았다. 『침묵의 봄』은 수천 가지 법 제정을 일으킨 책이었다. 출간 후 DDT 사용은 미국에서 금지됐고, 닉슨 대통령은 1970년 환경보호국을 설치했으며, 맑은 공기 법, 야생 보호 법, 전국 환경정책 법, 맑은 물 법, 멸종 위기종 보호 법이 모두 10년 안에 제정됐다.

　　　　스탠퍼드 대학교 연구실에서 폴 R. 에를리히는 『침묵의 봄』의 성공을 유심히 지켜봤다. 에를리히와 시카고 대학교의 사회학자 도널드 보그Donald Bogue 등은 1960년대 초 학술대회 발표와 학회지를 통해 환경에 미치는 인간의 영향에 대해 경고했다. 보그는 인구와 인구 분포에 대한 사회과학 연구를 실시하는 비영리기관인 미국 인구협회 회장이었다. 그는 베이비붐이 이미 미래의 재앙을 일으켰다고 말하곤 했다. "미국의 인구 분포적 사실이 합쳐지면 인구 폭발의 영향을 피했다고 좋아할 것이 아니라 우리가 그 폭발에 가담하고 있음을 깨달아야 한다." 극단적인 조치를 취하지 않으면 인구 증가로 말미암아 미국은 "맬서스의 암초에 부딪힐 것"이다.[30] 에를리히는 사람들이 안일하게 느낀다는 데 동의했다. "두렵습니다." 그는 『룩Look』 잡지와의 인터뷰에서 말했다. "내가 사는 세상이 파괴되고 있습니다. 나는 37세인데 적당히 살기 좋은 세상에서 67세까지 살고 싶지, 10년 뒤에 홀로코스트 같은 상황에서 죽고 싶지 않습니다."[31] 문제는 아무도 그의 말에 귀 기울이지 않는다는 것이었다.

카슨은 DDT처럼 인간이 개발한 기술이 해로울 수 있으며, 그 무분별한 이용이 환경을 해친다는 주장을 설득하는 데 어려움을 겪었다. 에를리히와 보그의 경고는 더욱 받아들이기 어려웠다. 그들의 주장은 DDT 같은 무기 없이도 엄청난 위해를 가할 수 있다는 것이었다. 사람들 자체가 자연 세계에 위협적인 존재였다. 에를리히도 인구가 문제라거나 산아제한이 해결책이라고 생각하고 싶지는 않다고 했다. "어느 날 일어나서 '세상에, 모두 섹스를 멈추게 해야지'라고 말하는 건 아니다. 어쩌다 보니 그런 결론에 이르렀을 뿐이다."[32] 하지만 일단 그 결론에 다다르고 나자 에를리히는 미국과 세계 전체에서 증가하는 인구가 인간과 자연 모두에게 가장 중요한 문제라는 믿음을 떨칠 수 없었다.

『침묵의 봄』의 성공은 에를리히에게 한 가지 아이디어를 제공했다. 카슨은 잘 쓴 책이 인기 없는 정책 변화를 설득할 수 있음을 증명했다. 또 잘 쓴 책이 나오면 자녀 수를 줄이도록 설득할 수 있을 것 같았다.[33] 1965년 스탠퍼드 교수진과 졸업생 모임에서 에를리히는 동료들에게 "레이철 카슨의 지휘를 따르라"고 했다. 또한 과학자들이 "상아탑에서 나와" 대중을 귀 기울이게 하는 것이 시급하다고 말했다.[34] 책이 일반 독자에게 다가가도록 하기 위해 에를리히는 12세의 딸에게 10달러를 주고 『인구 폭탄The Population Bomb』 초고를 읽게 한 뒤 아이가 이해하지 못하거나 지루하다고 여기는 부분은 전부 다시 썼다.[35] 그의 독특한 퇴고 방법은 성공한 듯했다. 시에라 클럽과 밸런타인 출판사가 연합하여 홍보하고, 중학생이 인정한 에를리히의 책은 완판을 거듭해 총 200만 부가 팔렸다.[36]

　　　　『인구 폭탄』 초판 표지 제목 위에는 새파란 글씨로 냉혹한 글귀가 적혀 있다. "인구 통제인가 망각으로의 질주인가?" 왼쪽 아래에는 만화처럼 그린 시한폭탄이 있다. "인구 폭탄의 시계가 째깍거린다." 경고로 가득한 표지를 넘긴 독자들은 암울한 통계와 마주했다. 1930~1960년대까지 세계 인구는 20억에서 40억으로 2배가 되었고 이후 30년 안에 또 2배가 될 것이다. 농업 기술이 향상되어 그 어느 때보다 많은 식량이 생산되지만 농업 생산량을 무한히 증가시킬 수 있을까? 앞으로 10년 동안 해마다 1천만 명이 기아로 사망하고,

그중 대부분은 남반구 '저개발국' 아동일 것이라고 에를리히는 예측했다. 북반구 선진국에서는 인구 과잉 징후가 식량 부족이나 대량 기아로 나타나지 않을 것이다. 그곳에서는 계속해서 늘어나는 자원 수요를 충족시키기 위한 시도로 일어나는 환경 파괴 형태로 나타날 것이다.[37] 결국 인구 증가가 아무리 적거나 느려도, 식량 생산을 증가시키거나 환경 파괴를 제한하는 국가 기술이나 자원이 아무리 뛰어나도, 인구 증가를 영원히 지속시킬 수는 없다고 에를리히는 주장했다.

책을 다 읽은 독자들은 '인구 성장 제로'라는 신생 조직에 가입하라고 초대하는 쿠폰을 발견했다. 이름만 봐도 어떤 목적에서 생긴 단체인지 쉽게 알 수 있었다. ZPG라는 약자로 통용되는 그 조직은 예일 대학교의 곤충학자 찰스 레밍턴Charles Remington과 뉴헤이번 출신의 변호사 리처드 바워스Richard Bowers가 설립했다. 레밍턴과 바워스는 인구 증가가 실존적 위협이라는 에를리히의 믿음에 동참해서 그 입장을 전파하기 위해 "둘만 낳아 잘 기르자" "아기를 만들지 말고 사랑을 나누자" "후손 오염을 멈추자" 등의 표어를 범퍼 스티커로 만들기도 했다. 그들은 워싱턴 디시에 사무소를 열어 정치인들과 접촉했고, 자녀 세액 공제 등 인구 증가를 지원하는 정부 정책들에 대해 돈과 열정을 바쳐 반대하며 영향력을 키워갔다. 1969년 ZPG 회원은 총 100명이었다. 하지만 『인구 폭탄』이 베스트셀러가 된 뒤, 샌타바버라 해안에 1589만 리터에 달하는 원유가 누출되어 남부 캘리포니아 해안의 새, 돌고래, 바다사자 등 해양 동물이 죽었고, 스테퍼니 밀스가 자녀를 갖지 않기로 선언했고, 1970년 지구의 날이 처음 제정된 후로 신입 회원이 꾸준히 쏟아져 들어왔다. 1970년 말 ZPG는 미국 전역 150개 지부에서 2만 명의 회원이 활동했고, 전성기 때는 400개 지부에서 3만 5천 명이 활동했다.[38]

　　　　조직이 성장하는 와중에도 ZPG는 내부 갈등에 시달렸다. 그들은 환경과 무관한 이유에서 "ZPG에 편승하는" 사람들과 싸워야 했다. "그중에는 인종주의자도 있었고", 인구에 대한 우려가 이민 제한으로 귀결될 것을 바라는 "제한주의자도 있었다"고 전임 이사는 회고했다. 이전 50년 동안 맬서스주의는 힘든 시기를 겪었다. 신맬서스주의, 즉 피임법을 통해 개인이 산아를 제한하게 하면 전 인류의 삶의 질과 자원량이 개선될 것이라는 생각에 기댔던 산아제한 개척자 마거릿 생어는 1920년대가 되자 완전한 우생학자가 됐다. 미국 우생학운동에 가담한 그는 문제는 전체 출산 수가 아니라 바람직하지 못한 출산 수라고 믿었다. 생어는 피임과 임신중지를 합법화하면 "부적합한" 여성이 어머니가 되는 것을 막아준다고 했고, 상황에 따라서 정부가 가난하거나 장애가 있는 등 특정 여성의 피임을 강제하는 것도 정당하다고 믿었다.

생어의 산아제한운동은 1933년 미국 우생학회의 지지를 받았다. 사람들이 최선의 삶을 살기 위해서는 공간과 자원이 더 필요하다는 맬서스주의의 주장도 세월이 지나며 반대에 부딪혔다. 독일 동쪽 영역을 침략하고 그곳에서 인종 청소를 실시한—유대인과 집시를 제거하고 살해한 것도 그중 하나다—나치의 주된 논리도 레벤스라움, 즉 독일 민족이 잘 살려면 더 많은 생활 공간이 필요하다는 것이었다.[39] 흑인인권운동 지도자 줄리언 본드 Julian Bond는 이렇게 경고했다. "올바른 관점이 없으면 『인구 폭탄』은 성나고 겁먹은 강력한 인종주의자가 손에 쥐고서 흑인 머리에 내려칠 이론적 망치로 기능하며, 인종 말살을 궁극적으로 정당화하는 책"이 될 수 있다.[40]

한 학자의 말을 빌리자면, 전국적으로 ZPG는 "우생학의 유령을 다락방에 가두어"두려고 노력했다.[41] 이 조직의 전국 지도자들은 지역 사무소가 모든 이민에 반대하는 등 "정신 나간 입장"을 취하면 그것이 ZPG의 공식 입장을 대변하지 않는다는 사실을 명확히 밝히라는 가이드라인을 세웠다.[42] 『인구 폭탄』에서 우생학의 역사를 다루지는 않았지만, 1970년 말이 되자 에를리히는 ZPG가 옹호하는 인구 통제, 다시 말해 모두의 복지를 위해 필요하다고 여기는 인구 통제가 나치주의, 인종차별주의, 제국주의 지지자 사이에서 인기를 얻었음을 여러 차례 인정했다. 인구를 계획하고 통제하려는 이전의 노력이 "백인 인종주의의 음모"였던 경우가 많았다고 에를리히는 연설과 글을 통해 밝혔다. 인구 통제를 지지하는 사람 중 적어도 3분의 1은 "사실 흑인, 빈민, 백인이나 부자가 아닌 사람들의 통제를 의미한다"고 추정했다. 에를리히는 산아제한에 "피부색 차별은 없다"는 이전의 주장을 중단했다.[43]

ZPG 지도층은 미국의 인구 성장이 방만한 인구 정책이나 도시 빈곤, 유색인 여성의 출산 때문이 아니라 교외에 거주하는 부유한 백인 가족의 개별적인 선택 때문이라고 설명하는 당시 인구학자들의 저술에 영향을 받았다. 그들은 가족은 가장 자원 집약적인 아이를 출산한다고 주장했다.[44] 겉보기에는 "작고 귀여운 아이"지만, 백인 중산층 미국 아동은 어마어마한 자원을 쓴다고 1967년 한 연구에서 지적했다. 그 아이는 평생 약 2600만 톤의 물, 8만 리터의 휘발유, 4.6톤의 육류, 12.7톤의 유제품, 4톤의 밀을 소비한다.[45] 백인의 출산과 인구 증가를 일으키는 부유한 백인 부모의 소비주의가 환경 파괴의 주범이라고 ZPG 지도층은 주장했다.

미국의 가족 구조와 그것이 소비와 맺는 관계에 대해 비판한 탓에, ZPG는 다른 베이비붐 비판자들과 자연스레 동맹하게 됐다. 페미니스트, 특히 출산을 제한하거나 완전히 피하는 것이 여성 해방의 핵심이라고 믿는 이들이 그들이었다. 에를리히가 그 연결점을 찾게 한 것은 바로 아내 앤이었다. 그는 캔자스 대학교 대학원 1학년 시절, 프랑스문학과에 재학 중이던 앤을 만났다. 두 사람은 같은 관심사로 인해 친해졌다. 앤은 인구가 자연환경에 주는 부담에 관한 폴의 염려를 함께 나눴다. 하지만 앤은 두 사람 사이에 여성주의 시각을 가져왔다. 1940~1950년대 그가 자랐던 디모인에서는 드물게 그의 할머니는 여성참정권 시위에 참여했고, 어머니와 이모 모두 전문직에 종사했다. 앤은 대학을 졸업하고 자신의 커리어를 가질 의사가 확실했다. 그와 폴은 1954년 12월에 결혼했고, 2개월 후 앤은 임신했다. 두 사람 모두 계획하거나 특별히 바란 일은 아니었다. 딸 리자가 11월에 태어나자 앤은 아이를 돌보기 위해 대학을 중퇴하고 자신이 늘 피하려고 한 가정주부가 됐다. 앤은 대학을 졸업하지 못했지만 세월이 지나면서 다시 천천히 커리어를 가졌다. 처음에는 폴의 박사논문에 삽화를 그렸고, 1961년 나비 관련 과학 서적에 그림 수백 점을 그린 뒤, 결국 폴과 함께 인구의 위험에 관한 숱한 논문과 서적, 연설을 집필했다. 에를리히 부부는 둘째를 가지지 않았다. 한동안은 경제적으로 힘들었고, 인구에 관해 연구하며 앤이 지적으로 보람을 느끼는 커리어를 갖고자 하는 사이, 둘째 출산은 타당성을 잃었다.[46]

　　에를리히 부부의 우연한 임신과 그것이 앤의

삶에 미친 파장을 보면 『인구 폭탄』에 여성의 피임 접근권을 늘려야 한다는 주장이 자주 등장하는 이유를 이해할 수 있다. 그들이 결혼한 1954년은 부부가 피임할 수 있도록 허용하는 미국 대법원 재판, 그리스월드 대 코네티컷 사건이 있기 10년 전이었다. 『인구 폭탄』이 1968년 발표되었을 때도 미혼 남녀에게 피임에 대해 교육하기만 해도 매사추세츠주에서는 체포될 수 있었다. 그 후 50년간 임신중지는 예외 없이 불법이었다. 이런 법은 에를리히 부부가 직접 경험했듯이 여성의 선택권을 제한하는 것만이 아니었다. 그것은 인구 증가에도 공헌했다. ZPG 지도층은 정해진 자녀를 갖기 전까지 여성의 피임을 금지하는 다양한 주 법에 반대하는 등, 출산에 관한 권리를 소리 높여 옹호했다. 그들은 임신중지 권리를 지지하는 이들이 주 의사당에 가서 시위할 수 있도록 버스비를 후원했다. 1970년 이 단체의 셜리 래들Shirley Radl 전무는 새크라멘토에서 캘리포니아주 입법부를 향해 증언했다. "우리의 주된 목표 하나는 모든 사회 구성원에게 자발적으로 가족 크기를 제한할 수단을 제공하는 것입니다. 즉, 임신중지를 포함하여 모든 산아제한의 형태를 쉽게 이용할 수 있게 만드는 것입니다." 래들은 잠시 말을 멈춘 뒤 훗날 로 대 웨이드 사건에서 승리한 주장을 덧붙였다. "자궁은 주인의 것이지, 정부의 것이 아닙니다."[47] 임신중지권 지지운동에서 가장 자주 회자되는 표어를 지은 것은 여성도, 페미니스트도 아닌 개릿 하딘$^{Garret Hardin}$이라는 남성 환경운동가였다. "필요할 때면 임신중지."[48]

  ZPG는 성역할의 재구성이나 미국 가족의 개조가 아닌 인구 감소에 집중했다. 하지만 그들은 여성이라면 어머니가 되어야 한다는 시각이 아무에게도 좋지 않다는 여성운동의 생각에 전적으로 동의했다. 자신의 가치가 어머니라는 지위에서 나온다고 배운 여성에게도, 자녀를 낳아야 하기 때문에 여성이 낳은 아이들의 무게를 감당해야 하는 환경에도, 하나의 지구를 함께 써야 하는 인류 전체에게도 좋지 않다는 것이다. "내가 급진주의자의 입장을 취하는 운동은 단 하나다." 하버드 인구 및 개발 연구소의 설립자이자 인간의 활동이 기후를 적극적으로 변화시킨다고 경고한 최초의 과학자였던 로저 리벨$^{Roger Revelle}$이 말했다. "여성해방운동이 그것이다."[49]

  1970년 3월, 첫 지구의 날을 맞이하기 한 달 전, 시에라 클럽은 환경을 위한 무자녀를 대변하는 스테퍼니 밀스의 글이 실린 논문집을 발표했다. 모성을 여성 최고의 성취라고 여기는 사회에서는 하루 종일 피임약을 나눠 줘도 인구는 늘어갈 것임을 밀스는 알고 있었다. 여성에게는 피임법만 필요한 것이 아니었다. 모성 이외의 선택지도 필요했다. "여성의 역할에 자녀 출산 말고도 훨씬 더 많은 것이 포함되도록 확장되어야 한다."[50] 『인구 폭탄』에서 에를리히도 "여성이 자녀 출산에서 얻는 만족감"에 대한 대안을 제공해야 한다고 강조하며 비슷한 주장을 펼쳤다.[51] 1970년 그는 그러한 대안이 "남성과 더 평등해지고 생활 방식의 선택권도 더 넓어지게 할 것이다. (……) 다양한 전문직이 곧바로 여성에게 열릴 것"이라는 의미라고 했다.[52] 앤 에를리히는 1969년 한 동료에게 보낸 편지에서 좀 더 솔직하게 표현했다. "달리 할 일이 없어서 아이를 또 낳는 여자가 수도 없이 많잖니."[53]

❉

"환경주의적 이유에서 자녀를 갖지 않는다는 입장은 어떤 거니?" 몇 년 전 가족 결혼식 피로연이 열리는 식당 난간에 나란히 서 있다가 이모가 물었다. 이야기를 나누며 우리는 로키산맥을 응시했다. 중서부 출신의 우리는 밤하늘에 솟아 있는 그 험준한 산의 윤곽선에서 눈을 뗄 수 없었다. "내가 젊었을 때 페미니스트 친구들에게는 그것이 아주 중요한 문제였는데." 이모는 내 두 조카의 양어머니고 할머니지만 임신하지 않았다. 그 이유가 인구 증가, 환경오염, 지구온난화 혹은 해수면 상승과 관련이 있는지, 아니면 그저 다른 일을 하고 싶었던 것인지 묻지 않았다. 하지만 후자일 거라고 예상했다. 이모는 정원 관리와 요리에 솜씨가 좋고 가구 복원과 인테리어 기술이 뛰어나며 음악, 미술을 즐기며 내가 동경하는 삶을 살고 있었다. 그때만 해도 환경운동과 여성운동이 자녀를 갖는 문제에 대해 의견을 달리한 이유를 알지 못했다. 그들이 처음에는 동맹했다는 사실조차 모를 정도로 환경운동과 여성운동은 철저하게 갈라섰다.

이모의 질문에 대한 대답은 페미니스트, 환경운동가, 경제학자, 좌우 성향의 정치가를 하나로 모았던 힘이 1970년대에 접어들며 제각기 다른 방향으로 향하기 시작했기 때문이다. 우선, 미국 여성 1인당 출산 수가 최초로 두 명 이하로 떨어지더니 지속적으로 감소하기 시작한 1973년이 되자 인구 과잉이 시급한 문제라고 설득하기 어려워졌다. "둘만 낳아 잘 키우자"라고 적힌 범퍼 스티커는 불필요하게 느껴지기 시작했다. 거의 모두가 이미 그리했으니까.[54] 하지만 더욱 두려운 것은 전 세계 인구 통제의 실험이 전체주의 기미를 띠기 시작한 것이었다. 1965년 린든 존슨Lyndon Johnson 대통령은 당시 대규모 기아 직전에 있었던 인도 정부가 여성의 피임 시술 장려책을 실시하기 전까지는 식량 원조를 하지 않겠다고 발표했다. 서유럽 국가의 압박과 세계은행에서 내놓은 6600만 달러 수표를 받은 인디라 간디Indira Gandhi 정부는 세계 역사상 최대 규모의 피임운동을 벌였다. 인도 정부는 당근과

채찍을 모두 썼다. 지역사회가 할당받은 피임 시술 수를 채울 때까지 보조금 지급 및 건강보험과 전기를 끊고, 정부 서류 발급을 중단하고, 채운 뒤에는 임금을 인상하는 등 온갖 방법을 다 동원했다. 1977년에만 800만 이상의 인도 여성이 피임 시술을 받았다. 대부분 농촌에 거주하는 가난한 하층 계급이었다.[55] 1980년 중국은 한 자녀 법을 제정하고 피임 시술과 의무적 피임 및 임신중지를 실시했고 이를 어길 시 벌금을 부과했다.[56]

　　　　10년 이상 침실과 생식기관에 대한 프라이버시와 자기 결정권을 요구하던 페미니스트들은 환경운동가들이 인구를 줄이기 위한 회유 정책에 반대하지 않고 때로는 진심으로 지지하자 분노했다. ZPG 운동가들은 출산 면허 발부부터 둘째 이후 임신중지의 의무화, 공공 수도에 임신을 방해하는 약을 넣는 것까지 온갖 방법을 제안했다.[57] "우리는 더 이상 출산을 개인 문제로 여길 수 없다." 캘리포니아 데이비스 대학교의 저명한 생태학자이자 환경운동가 월터 E. 하워드 Walter E. Howard는 선언한다. "성교는 좋지만 무분별한 임신은 현재 살고 있는 타인과 앞으로 태어날 타인의 복지에 영향을 미치므로 나쁘다."[58] 1970년대 중반, 페미니스트들은 환경을 위한 적절한 이유에서라도 '인구 통제'는 여성의 신체를 정부가 통제하던 구식 정책을 번드르르하게 이름만 바꾼 것처럼 보

인다고 지적했다.[59]

결국 인구 통제를 위한 환경운동은 우생학의 유령을 계속 다락방에 가두어두지 못했다. "필요할 때면 임신 중지"라는 말을 처음 한 환경운동가 개릿 하딘은 백인 민족주의자였다. 하딘이 환경을 위한 인구 통제에 대해 집필한 수십 권의 책과 논문은 인종차별과 민족주의를 당당히 설파했고 미국인의 수뿐만 아니라 그들의 피부색, 문화적 배경, 언어에도 관여했다.[60] 진보 진영에서는 인구 통제를 거론하는 환경운동을 지지할 수 없었다. 스테퍼니 밀스조차 결국 환경을 위해 아이를 갖지 않는다는 입장에서 물러났다. 1974년 인구 과잉 위험에 대해 연설을 요청받자 밀스는 거절했다. 자녀를 갖지 않기로 한 선택은 "개인적인 문제지, 인구나 생태학적 문제가 아니"라고 했다.[61]

1970년대부터 현재까지 환경운동의 가장 큰 관심사는 기아와 환경오염으로 녹아내리는 빙하, 해수면 상승, 삼림 화재로, 인구와 자원 부족에 관한 맬서스적 우려에서 현대의 기후 과학으로 변했다. 즉 인간의 행동, 특히 탄소 배출이 지구에서 인간이 살기 어렵게 만든다는 것이다. 인간이 환경을 해친다는 과학적 증거는 새로운 것이 아니다. 1965년 여성운동에서 자신을 "급진주의자"로 여겼던 로저 리벨은 존슨 대통령의 행정부로부터 인간이 일으키는 이산화탄소 배출의 잠재력을 연구하라는 요청을 받았다. "2000년이 되면 현재보다 대기 속의 이산화탄소량이 25퍼센트 증가할 것"이라고 그는 결론 내렸다. "이는 대기의 열 균형을 바꿔 기후변화가 (······) 일어날 수 있다."[62] 미국 항공우주국 고다드 우주연구소의 소장이었던 제임스 핸슨James Hansen이 국회에서 지구온난화는 "이미 일어나고 있다"고 증언한 1980년대 말, 이 사실은 더욱 뚜렷해졌다. 당시 청문회가 끝날 때 콜로라도주 민주당 상원의원 티모시 E. 워스Timothy E. Wirth는 핸슨의 증언이 국회의원에게 윤리적 고민거리를 제공했다고 지적했다. "국회는 온난화를 늦추거나 중지할 방법, 이미 피할 수 없는 변화에 대처할 방법을 고려해야 한다."[63] 조지 H. W. 부시 대통령은 기후 정책을 내세워 선거 유세를 했고, 당선 후에는 1992년 유엔 기후변화 협약에 조인했다.

그렇다 하더라도 기후변화는 여전히 미래의 일로, 훗날 대처해야 할 일로 보였다. 1997년 클린턴 행정부가 부시 행정부 시절 서명한 유엔 기후변화 협약을 수정한 교토 의정서에 온실가스 감축을 위한 지지를 요청하자 국회의원들은 머뭇거렸다.[64] 미래가 되어야 일어날 수 있는 일을 논의하는 과학 때문에 오늘날의 사업 이익을 저해하는 조치를 꼭 취해야 할까? 한편 석유회사들은 기후변화를 부정하는 대규모 홍보를 장기간 펼쳐 기후에 대한 우려가 어리석고 편집

증적이며 잘못된 것으로 인식되도록 만들었다.[65]

이러한 노력에도 불구하고 2010년대에 접어들자 기후변화의 현실은 무시할 수 없게 됐다. 기록적인 가뭄, 혹서, 산불, 홍수에 직면하자 환경운동이 다시 폭발적으로 일어났다. 2013년 1만 명의 시위자들이 워싱턴 디시에서 오바마 행정부를 향해 앨버타에서 일리노이와 텍사스의 정유소까지 대평원을 가로질러 캐나다의 원유를 수송하는 송유관인 키스톤 XL 송유관을 차단할 것을 요구했다. 환경 조직 350.org를 설립한 빌 매키번Bill McKibben은 그것을 "미국 역사상 최대 규모의 환경운동 시위"였다고 설명했다.[66] 하지만 환경주의자들은 새로운 에너지에도 불구하고, 그 때문에 많은 젊은이가 선택을 늦추는 것이 아닌가, 혹시 자녀를 갖기에는 이미 너무 늦은 것이 아닌가 생각하게 됐다. 최근 16~25세 젊은이 1만 명을 대상으로 한 전 세계 설문 조사에서 열 명 중 네 명이 기후변화 때문에 자녀 갖기를 두려워한다고 나타났다.[67]

많은 이에게 맬서스가 지적한 인구 과잉으로 인한 자원 부족과 환경 파괴는 여전히 유효하지만, 그가 『인구 원칙에 관한 에세이』를 발표한 이후 200년 동안 주된 우려의 대상은 바뀌었다. 1969년 스테퍼니 밀스부터 1980년대 내 이모의 페미니스트 친구, 오늘날 많은 젊은이에 이르는 여성에게 문제의 핵심은 한 아동에 미치는 환경의 영향이 아니라 아이들이 주어진 세상에서 생존하며 겪게 될 집단적 경험이다. 최근에 작가 미헌 크리스트[Meehan Crist](가 말했듯이 "탄소 중립적 아이"를 가질 방법을 알아낸다 해도 그 아이들은 탄소에 찌든 세상에서 살아야 할 것이다.[68]

부모가 될 이들이 앞으로 자녀가 살아가야 할 세상에서 과연 생존할 능력이 있는지 생각하는 것은 물론 새로운 일도, 우리 시대만의 일도, 우리만이 겪는 위기도 아니다. 파라과이와 볼리비아 국경 지역인 그란차코의 원주민 아요레오족의 삶은 1932년 두 나라 사이에 전쟁이 일어나며 붕괴됐다. 10만 이상의 군인이 해당 지역에 무기와 질병을 가지고 들어왔다. 민족학자들이 마을 여성을 인터뷰한 결과, 전쟁과 그 여파로 인해 아요레오족의 거의 모든 어머니가 영아를 살해했다고 인정했다. 결과적으로 전쟁 중 태어난 신생아의 40퍼센트가 어머니의 손에 죽임당한 것으로 추정됐다. 아요레오족은 아이를 소중히 여기고 사랑하며 영아 살해를 중범죄로 여긴다. 하지만 긴급 상황에서는 공동체의 생존이 우선해야 했고, 인구가 늘어나면 생존 능력에 직접적인 위협이 됐다.[69]

1850년대 유타주 남부 파이우트 지역에 모르몬교도가 이주하면서 전파한 질병으로 인해 파이우트 정착지의 인구 90퍼센트가 사망했을 때도 출산은 급감했다. "우리 민족은 아주 오랫동안 불행했다." 수십 년간 전쟁, 죽음, 상실을 겪은 뒤 1883년 파이우트족 여성은 기록했다. "그들은 수를 늘리는 대신 줄이고자 했다."[70] 기후변화는 늘 새롭게 느껴지고, 그 변화가 유일무이한 측면도 있지만 소외된 공동체 사람들은 전에도 이런 질문에 직면했다. "노예제도와 짐크로 법, 폭행과 차별에 직면했던 멀지 않은 과거의 흑인들도 세상에 아이가 태어날 때마다 떨었다." 메리 아네즈 헤글러 Mary Annaïse Heglar는 최근 이렇게 적었다. "익숙한 이야기가 아닌가?"[71]

경제학자들은 출산이 "경제 동향과 함께 움직인다"고 했다. 즉, 인간은 위기 속에서 자녀를 잘 낳지 않는다는 뜻이다.[72] 인류학자 세라 블래퍼 허르디Sarah Blaffer Hrdy는 인간과 그 밖의 모든 어머니는 자신들이 처한 생태적·역사적 상황에 비추어 자녀를 몇이나, 언제 낳을지 선택한다고 설명했다. 영장류는 식량이 부족하거나 환경이 어려울 때 태어난 아이를 버리는 모습이 관찰되어왔다. 주어진 서식지에서 생존의 부담이 생식 본능이나 모성보다 우선하는 것이다.[73] 자녀가 무사하리라는 생각, 그들을 기다리는 미래에 맡기는 능력은 현대 세계에서 생겨난 것이며 이것 역시 특권층만의 영역이었다. "목숨을 유지하기 위해 전력 질주 중이라면, 아이를 갖지 않는다"라고, 위험 인식이 임신에 영향을 미치는 방식을 연구한 경제학자 리처드 에번스Richard Evans는 『뉴욕 타임스』
와의 인터뷰에서 말했다.[74]

최근 미국 정계의 양 진영에서는 환경 때문에
자녀를 갖지 않는다는 생각을 부조리하고, 패배주의적이며,
위험하다고 무시해왔다. 2019년 인스타그램 동영상에서 뉴욕
주 하원의원 알렉산드리아 오카시오코르테스Alexandra Ocasio-
Cortex가 기후 과학이 예측하는 미래 때문에 젊은이들이 "아직
도 아이를 가져도 되는 것인가 하는 적법한 질문을 갖게 된
다"고 했을 때, 폭스 뉴스의 진행자들은 그가 "무자녀 정책"
혹은 "문명 자살"을 옹호한다고 비난했다.[75] 『뉴욕 타임스』는
진보 성향 작가들의 사설을 후원해왔는데, 이는 대체로 기후
변화 현실을 인정하면서도 아이들이 제공하는 "희망"에 의지
해 미래 환경에 관한 우려를 묵살했다. "세상은 지독한 곳이
될 수 있다." 2021년 봄, 『뉴욕 타임스』에서 영국 철학자 톰
와이먼Tom Whyman이 한 말이다. "하지만 아이를 가지면 그 세
상에 새로운 것을 소개하게 된다." 그렇게 함으로써 "상황은
상당히 나아질 수 있다"고 썼다.[76] 미래에 관한 우려와 새로운
생명이 현재 가져올 수 있는 기쁨과 경이를 저울질하는 것은
윤리적으로 가장 복잡한 계산일 것이다.

하지만 환경에 대한 우려에서 출산을 미루거나
피하는 것은 역사적으로 볼 때 부조리하지도 특별히 새롭지도

않다. 두려운 미래에 직면하는 경험은 우리가 처음이 아니며, 자녀를 줄이는 대응도 우리가 결코 처음은 아니다. 200년이 넘는 세월 동안 토머스 맬서스부터 폴 R. 에를리히, 스테퍼니 밀스, 현재 열 명의 청년 중 네 명에 이르는 사람들이 자녀가 환경에 미칠 영향과 악화된 환경이 자녀에게 미칠 영향을 생각해왔다. 그리고 200년이 넘는 세월 동안 그들은 가장 힘든 선택을 해오고 있다. 자녀를 갖지 않는 선택이 바로 그것이다.

우리는
할 수 없으므로

05

Peggy O'Donnell Heffington

Without Children: The Long History of Not Being a Mother

2014년 4월, 브리짓 애덤스^{Brigitte Adams}라는 여성이 『블룸버그 비즈니스위크^{Bloomberg Businessweek}』 표지에 등장했다. 어깨 길이 의 금발을 깔끔하게 가르마 타서 넘기고 긴소매 검정 드레스 에 고급 하이힐 차림의 그는 훌륭한 사업가로 보였다. 애덤스 는 뉴욕 허드슨밸리의 명문 학교인 배서 대학교를 졸업했다. 그는 이탈리아어를 유창하게 했고, 유명 테크놀러지 회사에 서 마케팅 경력을 10년 이상 쌓았다. 그리고 1만 9천 달러를 들여 난자를 냉동했다. 잡지 표지에는 "난자를 냉동하고 커리 어는 자유롭게"라는 헤드라인이 적혀 있었다. "새로운 임신 시술이 모든 것을 갖고자 하는 여성에게 더 많은 선택지를 제공한다." 애덤스와 함께 이 기사에는 맨해튼의 한 의사, 로스앤젤레스의 한 변호사, 월가의 한 투자은행 간부, 작가의 이야기가 실렸다. 모두 힘든 일을 하면서 임신에 대한 불안을 느끼는 이들이었다. "부담감을 줄이고 싶었어요." 의사 수잔 라조이Suzann LaJoie가 말했다. "남성에게는 생물학적 시계가 없으니, 난자 냉동으로 약간은 공정한 경쟁의 장이 열렸다고 느꼈죠." 투자은행 간부 에밀리는 난자를 냉동하기 위해 "차 한 대 값보다는 많지만 집 한 채 값보다는 적은 돈"을 썼으며, 이 경험으로 "힘을 얻은" 것 같다고 응답했다. 하지만 그의 어머니는 그다지 반기지 않았다. "엄마는 농담처럼 이렇게 말했어요. '네가 경영학을 전공하고 일주일에 100시간 일하느라 사람 만날 시간은 없지만 난자를 냉동할 돈을 벌어서 다행이구나.'" 하지만 『블룸버그 비즈니스위크』의 기자가 '난자 냉동 세대'라고 부르는 이들에게, 비용과 효용성에 대한 분석은 타당했다. "난자를 냉동하면 당당히 행동할 수 있죠. 그건 직장과 연애에서 모두 도움이 됩니다." 기사에 등장한 한 여성이 말했다.

애덤스는 30대 후반에 이혼한 뒤 난자를 냉동하기로 했다. 39세는 "절망 수준"이라고 회고했다. 자녀를 가질 마지막 기회라고 느꼈기 때문이다. 애덤스는 난자 냉동으로 소중한 시간을 살 수 있다고 생각했고, 그 시술로 놀라운 자유를 느꼈다고 했다. 생물학적 시계에서 벗어나 몇 년 더 커리어에 집중하고 결혼 상대를 만난 뒤에도 가족을 꾸릴 수 있을 것 같았다. "확실한 건 아니죠." 애덤스도 인정했다. "하지만 그 정도 도박은 하고 싶어요."[1] 훗날 한 기자가 말했듯이 『블룸버그 비즈니스위크』 표지에 실린 애덤스의 사진은 그를 "난자 냉동의 대표 인물"로 만들었다.[2]

1970년대 말 처음 등장한 시험관 시술은 난임으로 고통당하는 여성에게 혁명이나 다름없었다. '시험관'은 과학자들이 실험실의 실험용 접시에서 수정이 일어나게 하는 방법을 발견했다는 엄청난 사실을 가리킨다. 1978년 영국에서 최초의 시험관아기가 태어나기 전, 태어난 모든 인간은 살아 있는 인체에서 수정되었다. 시험관에서 수정이 가능하다는 사실이 증명되자 시험관 시술 산업은 폭발적으로 성장했다. "시험관 시술은 대형 산업이다." 1994년 미국 소아과학회 저널의 헤드라인은 조금은 불길하게 느껴졌다. 이 논문은 어떤 의학 분야든지 수익성이 생기면 "기업가들이 해당 분야에 등장해 그 분야의 규모를 넓히고 투자자들을 만족시키기 위해서 환자를 두고 경쟁하고 환자 한 사람당 치료비를 더 벌고자 한다"고 경고했다.[3]

이 말은 예언처럼 실현됐다. 난자 냉동 기술은 등장과 동시에 투자자와 벤처 자본을 끌어들였고, 2018년에 접어들자 97퍼센트의 난임센터에서 배아 보존 서비스를 제공했다. 난자 냉동은(자녀를 가질 준비가 되지 않았기 때문에) 현재나(준비가 되었을 때 도움 없이 임신할 수 있거나 자녀를 가지지 않기로 선택할 수 있으므로) 미래에 난임센터 이용자가 되지 않을 사람을 이용자로 바꾸어놓았다. 애덤스가 알게 됐듯이 처음 난자 채취 비용이 높을 뿐 아니라 냉동 난자 저장에는 매년 1천 달러 이상이 든다. 물론 냉동 난자의 존재는 그것을 사용하기 위해 더욱 비싼 시술 비용을 치러야 하는 가능성을 열어둔다. 한 경제학자 집단은 이를 난임 산업의 "이론적 전환"이라고 불렀다. 시술소는 현재의 난임에 비싼 해결책을 제공할 뿐 아니라 여성이 장래의 난임에 대한 해결책을 돈으로 살수 있게 한다.[4] 전 세계에서 시험관 시술과 관련한 난자 냉동, 난자 및 정자 기증, 대리모 등 난임 치료는 수십억 달러 규모의 산업이 되었다. 무엇이 정상이고, 자연스러운 가족인지 역사가 알려주듯, 생물학적 핵가족에 대한 강한 열망도 한 가지 이유다.

난자 냉동의 대표 주자로서 애덤스의 입지는 짧았다. 45세 생일을 앞두고 애덤스는 난자를 이용하기로 결정했다. 아직 배우자를 만나지 못했지만, 정자를 기증받아 모성을 추구할 수 있을 만큼 커리어를 쌓은 뒤였다. 거기서부터 일이 틀어지기 시작했다. 냉동한 난자 열한 개 중에서 두 개는 냉동 과정에서 생존하지 못했고, 세 개는 수정에 실패했으며, 다섯 개는 유전적으로 '비정상' 배아가 됐다고 시술소에서 알렸다. 마지막 남은 정상 수정 배아를 자궁에 이식했지만 착상에 실패했다. 애덤스는 임신하지 못했고 자녀를 갖지 못하리라는 말을 듣고 "짐승처럼" 비명을 질렀다고 기자에게 말했다. 그는 노트북 컴퓨터를 벽에 내던지고 바닥에 털썩 주저앉았다. "제 평생 최악의 날이었어요. 너무 많은 감정이 북받쳤어요. 슬펐고 화가 났어요." 그리고 이렇게 덧붙였다. "'왜 내게 이런 일이 생기지?' '내가 뭘 잘못했지?' 스스로에게 질문했어요."[5]

고통과 슬픔 속에서 애덤스에게 처음 든 생각은—그와 같은 입장이 된 많은 여성과 마찬가지로—자책이었다. 미디어에서는 난임이 "도시 직장 여성의 질병", 여성의 선택이나 여성해방으로 생겨난 병이라는 인식을 대중에게 자주 심어주었다. 난임을 겪는 여성들은 20대와 30대를 교육이나 직장에서의 성공, 저축과 연금 등을 우선시하고, 삶을 즐기느라 남자를 만나 정착하고 아이를 낳지 않는다고 여겼다. 그리고 자녀를 갖고 싶다고 깨닫는 순간은 생물학적 시계가 마지막을 알리고 난 이후라는 것이다. 시험관 시술 환자 평균이 실제로 전형적인 도시 직장 여성—백인(85.5퍼센트), 평균 이상의 경제력(3분의 2가 연간 수입 10만 달러 이상), 고학력(72퍼센트가 대학 졸업자로 인구 전체의 2배), 30대 중반 이상—이라는 사실을 보면, 난임이 스스로 불러온 슬픔이라는 믿음을 반박하지 못했다.[6] 난임이 일으키는 고통에 공감하는 사람들조차 커리어로 인한 임신 시기의 지연, 비의도적인 무자녀를 연결시켰다. "난임은 여성 혁명에서 생겨난 뜻밖의 부산물이었다"고 사회학자 마거릿 J. 샌덜로스키Margarete J. Sandelowski는 말했다.[7]

물론 난임은 20세기 후반 여성운동보다 훨씬 더 오래된 것이었다. 「창세기」에 등장하는 여성 넷 중 셋—사라, 리브가, 라헬—이 난임으로 오랜 세월 고통받았다. 라헬이 처음으로 한 말은 남편 야곱에 대한 요구다. "내게 자식을 낳게 하라. 그러지 않으면 죽겠노라."[8] 사라가 등장하자마자 알게 된 사실은 그가 자녀를 가질 수 없다는 것이다.[9] 「사무엘서」에서 한나는 남편 엘가나와의 사이에서 자녀를 갖지 못하는 것으로 고통받는다. "한나여 어찌하여 울며 어찌하여 먹지 아니하며 어찌하여 그대의 마음이 슬프냐. 내가 그대에게 열 아들보다 낫지 아니하느냐?" 엘가나가 몹시 슬퍼하는 아내에게 묻는다. 필사적인 한나는 엘가나를 따라 실로로 성지순례를 가서 열렬히 자녀를 구하는 기도를 올린다. 한 제사장이 그가 혼잣말을 하는 것을 보고 술에 취했느냐고 비난한다. "네가 언제까지 취하여 있겠느냐 포도주를 끊으라." 제사장이 야단친다. "내 주여, 그렇지 아니하나이다." 한나가 대답한다. "나는 마음이 슬픈 여자라 포도주나 독주를 마신 것이 아니오. 여호와 앞에서 내 심정을 통한 것뿐이오니."[10] 다행히 신은 한나가 취하지 않았음을 알았다. 한나와 엘가나는 집으로 돌아가 동침한다. 그날 밤 한나는 아들을 임신하고, '주께 청한 아이'이기 때문에 사무엘이라고 이름 짓는다. 아이가 젖을 떼자마자 한나는 사무엘을 실로로 데려가면서 세 살된 수소 한 마리에 밀가루와 포도주를 잔뜩 싣고 갔다. 그곳에서 소를 잡고 아들을 제사장에게 맡긴 뒤 집으로 돌아오며 한나가 말한다. "이 아이를 위하여 내가 기도하였더니, 내가구하여 기도한 바를 여호와께서 내게 허락하신지라. 그러므로 나도 그를 여호와께 드리되 그의 평생을 여호와께 드리나이다." 성경의 화자는 이렇게 전한다.[11]

"부모 역할의 실험을 잘 마쳤군." 현재의 독자는 빈정거릴 수도 있다. "보낸 사람에게 돌려보낸다니." 하지만 1712년에 청교도 목사 벤저민 워즈워스Benjamin Wadsworth는 보스턴의 한 여성에게 이 이야기를 전하며 다른 교훈을 설교했다. 자궁을 여는 것은 신의 결정이다. 임신이나 난임은 신의 뜻이라는 것이다.[12] 신이 모성을 허락하지 않았다고 생각하면 상상할 수 없는 고통을 느끼는 이도 있었다. 19세기 매사추세츠주 우스터에 살던 샐리 블리스Sally Bliss는 결혼한 지 8년이 지나도 아이가 없자 절망에 빠졌다. 자기 목을 찔러 자살한 남자의 장례식에 참석한 뒤, 일기에 이렇게 적었다. "나도 곧 그렇게 할지도 모르겠다."[13] 또한 이것으로 마음의 평화를 얻는 사람도 있었다. 신이 정한 일이라면, 결국 자신이 할 수 있는 일은 없는 것이다.

난임은 의학적으로나 역사적으로나 기이한 일이다. 질병통제예방센터는 난임을 남녀가 1년간 규칙적으로 피임 없이 성관계를 가져도 임신하지 못하는 경우로 정의한다.[14] 어떤 이에게 이는 실존적 위기이자 진정한 비극이며, 비용이 많이 들며, 침습적이고 고통스러운 치료를 요하는 질병이다. 한편, 피임 없이 이성 간 성관계를 1년간 하고도 임신을 피한 것을 굉장한 행운으로 여기는 이도 있다. 그렇다면 난임은 해당된 사람이 질병이라고 여기는 경우에만 질병이 되는 유일한 질병이다. 그것은 또한 한 사람의 배경에 따라 진단이 달라지는 질병이기도 하다. 사회학자 샐리 매킨타이어 Sally Macintyre는 여성에게 "두 가지 종류의 현실"이 있다고 했다. 비혼 여성의 경우 "임신과 출산은 비정상이고 바람직하지 못하며 아이를 가지려는 욕망은 일탈적이고 이기적이며 해명이 필요하다". 기혼 여성에게는 그 반대가 해당된다. "임신과 출산은 정상적이고 바람직하며 자녀를 갖지 않으려는 욕망은—그리고 자녀를 갖지 않았다는 사실만으로도—일탈적이고 해명이 필요하다."[15] 미국 역사를 통틀어, 기혼 여성과 비혼 여성은 정확히 똑같은 생리학적 문제—나팔관이 막히거나, 난자 수가 적거나, 배란이 억제되는 경우—를 가질 수 있지만, 그중 한쪽만이 난임이며 의료—혹은 과거에는 신의—의 개입이 필요하다고 여겼던 것이다.

　　　그리고 미국 역사 대부분을 통해 신이나 과학의 개입은 그다지 효과적이지 못했다. 18세기 혹은 19세기 초 임신할 수 없었던 미국 여성을 가리켜 아무것도 자라지 않는 밭처럼 척박하다고 했다. 그런 여성은 기도했을 것이다. 금식도 했을 것이다. 선행하고, 한나가 실로에서 했듯이 신에게 자신도 자녀를 가질 가치가 있다고 설득하려고 애쓰며 참회했을 것이다. 18세기까지도 자녀를 갖지 못한 여성은 마녀라는 의심이 존재했으므로, 조용히 산파나 다른 여성에게 신의 도움을 대신할 약초를 알아보기도 했을 것이다. 의사로부터 식생활이나 운동에 관해 조언을 듣거나 남편과의 성관계 횟수를 줄이되 질을 높이라는 말도 들었을 것이다. 그 시대 의사들은 양보다 질이 중요하다고 믿었다. 널리 읽히던 성의학서 『아리스토텔레스의 마스터피스Aristotle's Masterpiece』는 남편들에게 이렇게 가르쳤다. "여성은 자주 하는 것보다는 제대로 하는 것을 선택한다. 그리고 이 경우, 잘하면서 자주 하기는 어렵다." 유럽과 아메리카 정착지에서 난임을 연구하던 의사들은 양쪽의 성적 쾌감이 임신에 필요하다고 거의 보편적으로 믿었다. 남성이 정자를 생산하려면 오르가슴이 필요하고—배란의 과정을 잘 이해하는 사람이 없던 시절—여성도 여성의 씨앗을 생산하려면 오르가슴이 필요하다는 것이 논리적이라고 여겼다. 임신을 위해서 "자궁이 쾌감을 느끼는 상태여야 한다"고 1708년 영국 의사 존 마튼John Marten은 기록했다.[16]

1781년 자격이 의심스러운 스코틀랜드인 제임스 그레이엄James Graham은 이러한 사고방식에 대해 가장 극단적인 입장을 취했다. 그레이엄은 자칭 의사였다. 그는 18세기 중반 에든버러 대학교에서 의학을 공부했지만 역사학자들은 그가 졸업했다는 증거를 찾지 못했다.[17] 그는 미국의 독립 이전 정착지에서 의료 행위를 하면서 오컬트에 손을 댔으며, 벤저민 프랭클린Benjamin Franklin의 전기 실험에도 매료되었다.[18] 독립운동이 활발해지면서 그는 런던으로 돌아가 트라팔가 광장 근처 번화가 팰몰에 진료소를 차렸다. 그리고 자신의 진료소를 다산하는 결혼의 신전이라고 불렀다. 자녀가 없는 런던의 부유한 부부들은 50파운드나 되는 거금을 내고 그 신전에서 하룻밤을 보내며 그레이엄의 걸작, 그가 '천상의 침대'라고 부르는 '의료, 자기, 음악, 전기'를 활용한 발명품을 경험했다. 그레이엄은 의뢰인들을 예술 작품과 히포크라테스와 큐피드상, 반짝이는 거울, 색색의 램프로 화려하지만 고상하게 장식한 방으로 초대했다. 최고급 향수의 향이 풍기고 천장에서는 은과 크리스털로 장식된 거대한 샹들리에가 반짝였으며 최고급 밀랍 촛불이 타고 있었다. 방 한가운데 놓인 진동침대를 둘러싸고 있는 약 700킬로그램 자석은 에로틱한 매혹을 더했다. 그는 의뢰인들에게 임신을 보장했다.[19] "천상의 침대에서 즐기는 탁월한 황홀경은 경이롭다. 사랑의 기쁨에 이토록 강렬하게 자극을 받으면 척박한 몸도 반드시 열매를 맺는다"고 그레이엄은 장담했다.[20] "나는 (……) 단순한 의사가 아니라 영혼의 치료자"라고 즐겨 말하기도 했다.[21]

　　　　　1840년대 실제 의사는 다른 치료법을 시도했다. 그것은 정보였다. 의사 프레더릭 홀릭Frederick Hollick은 미국 전역을 돌며 굉장한 인기를 모은 강연을 할 때 해부학적으로 정확한 프랑스제 인형을 가지고 다녀 유명해졌다. 홀릭과 그의 인형은 1840년대 5년간 필라델피아에서 26회 강연했고, 볼티모어, 워싱턴 디시, 세인트루이스, 신시내티, 루이빌, 피츠버그, 하트퍼드와 매사추세츠주의 다양한 지역에서 좌담회를 가졌다. 그는 뉴올리언스행 증기선에서 승객 요청에 따라 즉석 강연도 했다. 홀릭의 강연 주제는 여성의 오르가슴, 생리 주기, 임신 과정, 여성 해부학 기초 등 빅토리아시대 사람들이 금기시한 것들이었다. 그의 강연을 매번 꽉 채운 여성에게 이는 신세계였다. "많은 이가 홀릭의 마네킹을 처음 보고 정신을 잃었다"고 한 일간지에서 보도했다.[22] 1860년 홀릭은『결혼 안내서, 세대의 자연사 The Marriage Guide, or Natural History of Generation』를 발표해 신체의 어느 부위가 어디로 가는지 등을 일상의 언어로 솔직하게 설명했다. 그는 부부가 방법만 제대로 이해해도 임신 가능성이 급격히 높아진다고 생각했다. 하지만 홀릭도 그런 정보만으로는 치료에 한계가 있음을 인정했다. 부부가 모든 것을 제대로 하고도 임신되지 않는 경우, 그는 더 해줄 조언이 없었다. "일반적으로 말해서 의사는 그런 문제에 대해 아는 바가 거의 없다"고 인정했다.[23] 19세기 말까지 기도와 진동 침대, 기존 정보에 대한 검토 이외에 의사들은 임신되지 않는 여성에게 제공할 것이 별로 없었다. "모든 여성이 어머니가 되는 것이 자연의 의도라고 여기는 것은 착각이다." 한 의학 교과서가 설명했다. "자궁에 근본적인 문제가 있어서 어떤 기술로도 고칠 수 없고, 사후까지 끝내 원인을 알 수 없는 경우도 있다."[24]

난임 치료는 1885년, 윤리적으로 의문스럽기는 하지만 작은 진보를 이뤘다. 한 부유한 상인이 당시 필라델피아에서 가장 명망 있는 의사 윌리엄 팬코스트 William Pancoast에게 진료를 받기 위해 샌섬 스트리트 병원을 찾았다. 팬코스트는 새로운 세대의 의료인으로서 결국 여성의 신체를 고칠 도구가 있을지도 모른다는 생각을 갖고 있었다. 상인의 궁금

증은 간단했다. "어째서 우리 집에는 아이가 없을까요?" 상인이 보기에 그럴 까닭이 없었다. 그의 아내는 그보다 열 살 어렸고, 펜실베이니아주의 "부유하고 탁월한 퀘이커 집안에서 태어난 사람"으로 "완벽하게 건강"했다. 신이나 의사가 보기에도 어머니가 될 자격이 충분하다고 여겨지는 여성이었다. 흥미를 느낀 팬코스트는 상인의 아내를 진료실로 불렀고, 그는 진료대 가운데에 누워 의사의 제자들에게 에워싸였다. 과학 탐구의 이름으로 빅토리아시대의 사려 분별은 잠시 잊고 남자들은 그의 생식기를 철저히 검사했다. 하지만 19세기 의사들이 난임을 일으킬 수 있다고 여긴 신체 질병은 발견되지 않았다. 자궁경관에 상처나 염증도 없었고, 너무 죄거나 느슨하지도 않았으며, 난소에도 병변은 없었고 자궁은 제 위치에 정상 크기로 있었다.

당황한 팬코스트는 조금 남다른 방법을 취했다. 그는 상인에게 관심을 돌렸다. 19세기 중반 미국 의사 대부분은 남성이 발기불능이 아닌 한 난임의 원인이 될 수 없다고 믿었다. 상인 역시 건강 상태가 좋았고, 훌륭한 가정의 아들이며 평생 큰 병에 걸린 적 없었다. 유일한 예외는 어린 시절 '가벼운 임질'에 걸렸던 것이다. '문란한 성생활'의 불운한 결과였다. 팬코스트는 퍼뜩 떠오른 것이 있어서 또 한 번 특이한 조치를 취했다. 정액 표본을 요청한 것이다. 팬코스트는 상인의 정액을 현미경으로 관찰하며 임신이 되기 위해 필요한 작은 올챙이를 찾았다. 그러나 하나도 없었다. 우리가 잘 알고 있듯이 난임은 임질 치료를 하지 않을 때도 생길 수 있다. 그는 상인에게 "정자가 하나도 없는" 상태라고 진단을 내렸다.

문제가 분명해지자 팬코스트와 수련생들은 어떻게 도움을 줄지 궁리했다. 결국 한 명이 저질스러운 농담을 했다. "이 문제의 해결책은 대리인을 구하는 것뿐입니다!" 학생들이 웃는 동안, 팬코스트 머릿속에 기적의 치료법이 떠올랐다. 그는 상인의 아내를 다시 불러들여 추가로 침습성 검사가 필요하다고 했다. 그를 마취한 뒤 고무 주사기와 가장 잘생긴 수련생을 골랐다. 9개월 뒤, 상인의 아내는 건강한 아들을 낳았다. 부부는 기뻐했지만 팬코스트는 속임수를 쓴 것에 죄책감을 느꼈다. 아이가 태어난 직후 그는 아이의 아버지를 찾아가 모든 것을 털어놓았다. 상인은 아들이 친자가 아니라는 사실에 화내기는커녕 껄껄 웃었다. 상인은 아내에게 이 사실을 비밀로 한다면 아무것도 문제 삼지 않겠다고 말했다. 팬코스트는 동의했고 여섯 명의 수련생에게도 절대 비밀을 지킬 것을 맹세하게 했다. 모든 것은 순조로웠다. 상인과 아내는 행복했고 아이는 잘 자라 뉴욕에서 성공적인 사업가가 됐다.

"세 사람은 비밀을 지킬 수 있다. 그중 둘이

죽는다면 말이다." 벤저민 프랭클린의 유명한 말이다. 윌리엄 팬코스트는 1897년 사망했지만, 그의 수련생들 사이의 비밀—보기에 따라서는 크나큰 윤리적 위반 혹은 의학사의 중대한 돌파구—은 남았다. 의사 A. D. 하드$^{A.D.Hard}$가 가장 먼저 발설했다. 1909년 하드는 『의료계$^{Medical World}$』 저널 편집자에게 "인공 임신"이라는 놀라운 제목을 달아서 두 장의 편지를 보냈다. 그는 첫 줄에 폭탄을 터뜨렸다. "팬코스트 교수님이 최초의 인공 임신을 시킨 지 25년이 지났습니다." 그 글은 이 사건을 자세히 설명했다. 검사와 "가벼운" 임질, 마취 그리고 "대리인"까지.[25]

        하드의 글은 의료계에 큰 논란을 일으켰다. 그것이 의학적 돌파구가 되었기 때문이 아니다. "최초의 인공수정"은 "윤리적 측면에서 악몽이었다"고 생물 윤리학자 엘리자베스 유코$^{Elizabeth Yuko}$가 한마디로 요약했다.[26] "당신의 스승이 그 여성이 의식을 갖고 있을 때 유혹했다면 천 배는 더 명예로웠을 겁니다"라고 『의료계』 1909년 6월호에 발표된 서신에서 의사 C. L. 에그버트$^{C.L.Egbert}$는 외쳤다. "그것도 아니라면, 그가 의식이 없을 때 성교한 것이 더 명예로웠을 겁니다." 에그버트는 하드에게 "신의 계명"을 읽어보라고 했다. "형제여, 거기서 거짓된 성교의 문제에 대해 충분히 알 수 있을 겁니다."[27] 그 시술 자체보다는 시술이 함의하는 바에 관심을 갖는 이도 있었다. 인공수정은 신성한 결혼을 깨뜨리는 행위라고 우려하는 이도 있었다. 의사는 자신을 신과 혼동하지 않도록 주의해야 한다고 경고하는 이도 있었다.[28]

이어서 『의료계』에 실린 서신에서 하드는 이후 시술은 여성의 동의서를 받고 실시해야 한다고 인정했다. 하지만 여성이 원하는 바보다는 진정한 이해 당사자, 즉 사회가 더 중요하다고 주장했다. 상인과 아내—하드가 보기에 인종적으로나 경제적으로나 미국 사회에 꼭 필요한 이들—에게 자녀가 없었고, 그 시술 이후 그들은 성공한 아들을 갖게 됐다. "나는 작년에 그와 악수를 나눴습니다." 누군가가 자신의 진심을 의심할까 봐 이렇게 덧붙였다. 상인의 아내처럼 부유한 백인 부인이 어머니가 된다면 사회에 이익이 될 수밖에 없다고 그는 믿었다. 당연히 그런 결과를 위해서라면 불미스러운 비밀을 감추고 신성한 결혼에 약간의 해를 끼쳐도 무방했다. 미국인들이 불편한 감정과 감상을 극복하고 나면, "잘 고른 정자를 이용한 인공수정은 인종을 개선시키는 시술로 인정받게 될 것"이라고 주장했다.[29]

1910년대에 이르자 그 '인종 개선'이 반드시 필요하다고 여기는 사람이 많아졌다. 미국에서 태어난 백인 개신교도 여성의 건강이 그들의 할머니보다 크게 나빠졌다는 의견이 지배적이었다.[30] 출산율 저하도 이 이론의 강력한 증거였다. 복잡한 도시 생활이 여성 난임을 일으킨다고 우려하는 이도 있었다. 유행 탓이라는 이도 있었다. 세련된 부인들이 집 안 곳곳에 드러누울 소파를 둘 뿐 아니라, 당시 유행하던 극단적으로 몸을 죄는 코르셋이 "자궁 교란"을 일으킨다는 것이었다.[31] 혹은 신문을 읽어 여성이 지나치게 흥분하기 때문이라는 주장도 있었다. 고향에서 도시로의 이주로 인한 피로감 때문에, 남편이 사업에서 감당해야 하는 위험에 대한 불안 때문에, 집 밖에서 일하는 동안 받은 스트레스가 평생 가기 때문이라고도 했다.[32]

　　　　교육이 그중 최악으로 보였다. 미국 산부인과학회 조지 엥겔만George Engelmann 회장은 대졸 여성의 출산율이 가장 낮다고 했다. 대학 학업이 "신경 피로"를 일으켜 고등교육을 받은 여성의 난임을 일으키는 분명한 증거라는 것이었다.[33] 1900년 산부인과학회 연례 대회 기조연설에서 그는 사고 활동과 출산은 상호배타적이라는 사실이 증명됐다고 했다.[34] "여학생 한 명이 고등학교까지 교육받는 데 드는 비용에 한 명의 아이가 태어나지 못하게 된 것도 포함시켜야 한다 해도 과장이 아닐지 모른다"고 뉴욕시 주간지 『인디펜던트The Independent』 사설에서 동의했다.[35] 19세기 미국의 경제를 팽창시킨 원동력—도시화, 이동성, 산업, 교육, 자본주의—이 미국 태생의 백인 여성이 가진 섬세한 기질과 복잡한 생식기관을 망쳐놓은 듯 보였다.

미국이 상상하는 모습대로 계속되기를 바라는 백인 중산층 개신교도 미국인에게 "모성의 업적"이 이처럼 쇠퇴하는 것은 실존적 위협이 됐다.[36] 가족당 자녀를 둘만 낳는 인종은 "인구 감소가 너무나 급속히 일어나 2, 3세대 안에 멸종하게 될 것"이라고 1905년 전국어머니협회에서 시어도어 루스벨트 대통령은 모든 수학적 논리를 무시하는 발언을 했다. 그리고 "그런 원칙을 실시하는—즉, 인종 전체의 멸종을 일으키는—인종이 존재에 부적합하다는 사실을 결과적으로 증명한다면" 좋은 일이 될 것이라고 루스벨트는 위협조로 덧붙였다.[37]

"인구 부족은 우리 미국인들이 두려워할 대상이 아니다." 1924년 사회과학자이자 우생학자 에드워드 올스워스 로스Edward Alsworth Ross는 『센추리 매거진Century Magazine』에 이렇게 썼다. "우리는 관 한 개에 두 개의 요람을 채우고 있으며, 요람의 수는 늘어나고 있다."[38] 19세기에 미국 출산율은 떨어졌지만, 그래도 인구는 폭발적으로 증가했다. 1790년 첫 인구조사에서 미국인 수는 400만에 못 미쳤다. 1900년 인구조사 결과는 7600만에 달했다.[39] 출산율이 상당히 줄었지만, 미국 여성은 여전히 평균 3~4명의 자녀를 가졌고, 이는 인구 증가를 지속하기에 충분한 수였다. 문제는 수가 아니었다. "우

리가 염려해야 하는 문제는 질적 변화"라고 로스는 말한다.[40]

          "우생학eugenics"이란 단어는 그리스어의 "좋다" 와 "근원" 혹은 "출생"을 조합한 것이다. "좋은 출생"에 대한 집착은 1869년 찰스 다윈의 사촌인 영국의 지식인 프랜시스 골턴Francis Galton 연구에서 시작됐다. 골턴은 영국 상류층의 우월성—지능, 위생 관념, 준법정신 등—을 관찰하고 그것이 유전된다고 판단했다. 상류층이 자녀를 더 많이 낳으면 양질의 영국인이 늘어나고 양질의 영국인이 늘어나면 영국이 더 좋아질 것이라고 생각했다.[41] "좋은 출생"이라는 생각이 대서양을 건너 미국에 다다랐을 때는 짐크로 법이 백인과 흑인을 구분 짓고, 수십 년간 계속된 이민 증가에 선을 그어둔 상태였다. 백인이 아닌 미국인과 이민자들이 향후 미국의 인종 구성을 결정할 것이라는 우려가 확산되었고, 당연히 어떤 이들의 탄생이 다른 경우보다 바람직하다는 골턴의 생각은 그곳에서 비옥한 토양을 만났다. 1891년 사우스캐롤라이나주의 산부인과 의사 개일러드 토머스Gaillard Thomas는 "문명화한" 여성에게서 난임을 일으키는 "문명 생활의 무가치한 습관"이 "북미 원주민 여자" 혹은 "남부의 흑인 여자"에게는 영향을 미치지 않는다고 경고했다.[42] 인디애나주는 1907년 미국 최초로 의무 피임법을 통과시켰고, 서른 곳의 다른 주도 뒤따르면서 흑인, 원주민, 이민자 사회 그리고 백인 빈민, 정신질환자에게 정부에서 지원하는 피임 수술 및 산아제한을 시작했다. 아돌프 히틀러는 훗날 나치의 우생학 정책을 정당화하는 전례로 이 프로그램을 지적하게 된다.[43]

　　"바람직하지 못하다"고 여기는 출산을 제한하는 것은 부정적 우생학이다. 이 동전의 반대 면은 긍정적 우생학이다. "바람직한" 출산을 증가시키기 위한 정책과 조치를 말한다. 하드처럼 여성에게서 난임을 일으키는 현대 상황에 의학적으로 대응할 방법에 집중하는 이도 있었다. 하지만 20세기에 접어들면서 미국의 일부 과학자는 더욱 으스스한 시나리오를 생각하기 시작했다. 결국, 미국 백인 여성의 신체와 자궁이 가장 건강하다는 것이다. 그저 사용하지 않는 것뿐이었다. "고등교육을 받고 안절부절못하는 심미적인 미국 여성들은 집단적으로 임신을 꺼리는 윤리적 성향이 체질화됐다"고 1909년 한 산부인과 의사가 『메디컬 타임스Medical Times』에 발표했다.[44] 의사 C. G. 차일드C. G. Child는 더욱 무신경하게 말했다. "뚱뚱한 여성" "학자" "공적인 일을 하는 여성" "무심한 여성"이 인구 위기에 "궁극적인 책임"이 있다.[45] 투표권과 법적 권리를 쟁취하고 교육과 취업에 전념하느라 여성은 자궁 채우기를 게을리하여 "국가적 발전 저해"에 직접적인 책임이 있다.[46] 19세기에는 여성이 의도적으로 임신을 피하는 것인지, 단순히 교육, 독서, 유행 등을 우선시하느라 임신 가능성이 낮아지는지를 두고 의견이 갈라졌다. 그러나 어느 쪽이든, 그 때나 지금이나 한 가지 문제에 대해서는 모두가 동의했다. 여성의 탓이라는 것이다.

21세기 기술 발전에도 난임이 사라지지 않는 데는 의학적인 이유가 있다. 그중에는 새로운 인간을 임신하고 키우는 생식 과정이 인체가 하는 일 중 가장 복잡한 것이라는 점도 있다. 하지만 역사적인 이유도 있다. 난임을 해결하려는 사람들에게는 늘 다른 동기가 있었다. 19세기 미국은 신의 의지거나 자연이 부여한 가련한 상태인 난임이 현대 생활의 스트레스로 생겨나 숙련된 의사의 치료가 필요한 병이 되어가는 과정을 지켜봤다. 하지만 자녀 없는 여성을 어머니로 바꾸려던 19세기 의사들은 단순히 난소나 자궁의 기능을 이해하고 고치려고 하지 않았다. 그들은 몇 가지 문제를 사회적 질병으로 간주하고 고치려고 했다. 근대성과 교육이 백인 여성의 연약한 신체에 미치는 부정적 영향, 그리고 유색인과 이민자 여성에 비해 백인 여성의 낮은 출산율이 그것이었다. 난임 치료의 목적은 의학적 질병을 고치는 것이 아니라 "인종을 개선하는 시술"을 창조하는 것임을, 하드는 이해시키고자 했다.

오늘날 인종과 출산뿐 아니라 경제와 계급에 이르는 이 모든 문제가 바베이도스 난임센터에서 충돌한다. 이 시술소는 바베이도스 최대 도시 외곽, 크라이스트처치 시내

시스턴 하우스라는 웅장하고 역사적인 저택에 자리 잡고 있다. 야자수와 열대식물이 난임센터 주위를 에워싸고 있으며, 건물의 높다란 창문이 방문객에게 반짝이는 카리브해와 부드러운 백사장 전망을 제공한다.[47] 이 시술소의 웹사이트 광고의 말을 빌리자면 현재 전 세계 사람들이 "천국에서 최고의 시험관 시술"을 받기 위해 시스턴 하우스를 찾는다. 하지만 난임센터가 있기에는 이상한 위치다. 시스턴 하우스는 과거 사탕수수 농장 한가운데 있는 식민지 시대의 건물이다. 바베이도스는 영국 최초의 진정한 노예 식민지로서 대영제국이 동산 노예제도(한 인간과 그 후손을 재산으로 소유하고, 매매하고, 보수 없이 노동을 시킬 수 있는 제도-옮긴이)를 착안하고 그 한계를 시험한 곳이다. 다양한 형태의 노예제도는 인류 역사만큼 오래되었지만, 동산 노예제도는 규모와 범위에 있어서 특히 잔인한 유럽의 발명품이었다. 노예로 사슬에 묶여 카리브해에 온 아프리카인들은 인간성을 박탈당하고 그들이 낳는 자녀와 함께 평생 소유물, 즉 자산으로 분류됐다. 1661년 노예법은 영국령 바베이도스의 노예 아프리카인들이 주인의 마음에 따라 사고팔 수 있는 자산, "실질적 재산"으로 명시했다. 첫 노예 아프리카인들은 1630년대 브리지타운에 도착했고 수십 만이 뒤따라 도착해 끝없이 설탕과 럼을 원하는 유럽인들을 먹이기 위해 작열하는 카리브해의 태양 아래 사탕수수

밭의 열악한 환경에서 일하다가 죽어갔다.[48]

　　　　오늘날 시스턴 하우스 1층의 밝고 쾌적한 대기실은 미국과 유럽에서 건너온 난임 커플을 맞이한다. "바베이도스 난임센터는 뛰어난 시험관 시술 성공률과 저렴한 가격, 열대 파라다이스에서 스트레스 없는 치료를 제공합니다." 이곳 홈페이지 안내문이다. 오래전부터 외국 성형외과 의사들은 매력적인 홍보 자료와 저렴한 가격을 미끼로 미국인들을 카리브해, 멕시코, 인도, 동유럽으로 꾀어냈다. 이처럼 최근에는 외국에서 난임 치료를 받는 경우가 늘어났다. "난임 시술 관광"은 정식으로 시술을 받을 수 없는 환자들에게 기회를 제공하기도 한다. 예를 들어, 이탈리아는 동성 결혼을 인정하지 않고 난임 시술을 받기 위해서는 결혼한 부부여야 하기 때문에 이탈리아의 레즈비언 커플은 시술받기 위해 에스파냐를 찾는다. 바베이도스 난임센터는 다른 이유, 비용 때문에 시술받지 못하는 "대체로 백인 유럽인 혹은 미국인"을 주요 고객으로 한다고 한 인류학자가 설명했다.[49] 아름다운 환경 외에도 웹사이트는 절감되는 비용을 강조한다. 바베이도스 난임센터에서는 시험관 시술 비용이 미국의 3분의 1에서 절반 사이다.

　　　　미국에서 시험관 시술 1회 비용은 평균 1만 2천~1만 7천 달러이며 보험회사에서 시술비 일부를 보장해

주는 14개 주에 거주하지 않는 경우, 난자 냉동이나 시험관 시술 등에는 많은 비용이 필요하다.[50] 한 연구에 따르면, 비용으로 인해 임신에 어려움을 겪는 여성 중 3분의 1만이 치료는 고사하고 의사에게 이 문제를 상의할 수 있다고 한다.[51] 당연히 그들은 경제적으로 더 부유하고, 높은 교육을 받은 백인인 경우가 많다.[52] 흑인 여성이 백인 여성보다 난임을 경험할 가능성이 훨씬 높지만, 최근 한 연구에 따르면 미국 내 시험관 시술 환자의 85퍼센트가 백인이다.[53]

전 세계적으로 보조 생식 기술은 가장 필요로 하는 사람이 가장 이용하기 어렵다. 남아프리카와 중앙아프리카 여성은 북반구 전체는 물론, 북아프리카 여성보다도 훨씬 높은 비율로 난임을 겪고 있다. 박테리아와 기생충 감염 방치, 이전 출산으로 인한 후유증 등 다양한 이유가 있다. 가령 짐바브웨에서 실시한 한 연구에서 이미 한 자녀를 가진 여성이 겪는 2차 난임이 전체 62퍼센트를 차지하는 것으로 밝혀져 분만 과정에 이후 출산을 방해하는 요소가 있음을 시사했다. 연구자들은 이 지역을 "난임 벨트"라고 불렀고 인류학자들은 그곳 여성이 날마다 겪는 고통을 기록했다. "자녀를 가질 수 없는 여성은 남편에게 거부당하고 사회에서 외면당해 추방자로 살면서 열등하고 쓸모없는 존재로 간주된다"고 한 보고서는 결론 내렸다.[54] 또 다른 연구조사자 집단은 이

지역의 난임이 "사회적 죽음"으로 경험된다고 관찰했다.[55] 필요와 수요에도 불구하고 난임 벨트에는 난임 시술소나 치료소가 거의 전무하다. 일부 국제원조구호기구에게 HIV/AIDS, 말라리아, 임산부 사망이라는 삼중 위협에 비하면 난임은 우선순위가 낮은 문제다. 하지만 난임이 인구 과잉에 손쉬운 해결책이라고 여기는 기구도 있다. "난임율이 높으면 전체 출산율과 인구 증가율을 줄이는 효과가 있으므로 자녀 출산 능력이 높아지면 출산율을 낮추려는 노력에 방해가 될 수 있다." 2004년 세계보건기구 보고서 내용이다. "예를 들어, 사하라 이남 아프리카 지역에서 난임율이 '정상' 수준으로 낮아지면 그 지역의 출산율이 15퍼센트 증가할 것이다."[56] 즉, 이처럼 출산율이 높은 지역에서 몇몇 여성이 아이를 갖지 못하는 것이 정말 큰 문제인가?

미국에서든 아프리카에서든, 난임을 경험한 여성의 대답은 물론 '그렇다'이다. 연구 조사에 따르면 난임 진단을 받은 여성은 암 진단을 받은 경우와 유사한 스트레스, 불안, 우울을 겪는다.[57] 난임 시술로 임신에 성공하거나 결국 자녀를 입양한 여성도 자신이 정상이라고 느끼지 못한다는 다양한 연구가 있다. 어머니가 됐다는 사회적 사실만으로는 어머니가 되지 못한 과정에서 경험한 고통이나 트라우마를 완전히 지우지 못한다는 뜻이다.[58] 내게는 여러 해 동안 먹는 것을 전부 살피고 성생활을 완전히 바꾸고 끝없는 자가 주사와 호르몬제 투여로 심한 기분 변화와 신체 변화를 겪으며 수만 달러의 카드 빚을 지는 등, 생물학적 자녀를 갖기 위해 어떤 일도 감수하려는 친구들이 있다. 그들이 얼마나 큰 고통을 겪고 얼마나 간절한지 직접 지켜봤기에 왜 그런 희생을 하는지 이해한다.

그렇기에 나는 외부인처럼 느껴지기도 한다. 나는 어린 시절 크고 허름한 집에서 생물학적으로 무관한 가족과 함께 살았다. 우리는 네 가지 성을 갖고 있었다. 여섯 명의 어른이 자녀인 우리의 생물학적 탄생에 관여했고, 함께 우리를 양육했다. 내가 언니라고 부르는 여자가 나보다 4개월 먼저 태어난 것을 알면 사람들은 아직도 혼란스러워한다. 내게는 의붓 형제자매 둘과 입양된 형제가 있지만, 우리가 유전자나 부모를 공유하지 않는다는 사실을 밝힐 필요가 없을 때는 굳이 그렇게 부르지 않는다. "나는 남동생 결혼식에 갈 거야" "언니의 아이들을 어서 보고 싶어"라고 말할 것이다. 어머니는 코치나 미술 교사, 친구 부모님에게서 전화를 받고 "'아이 이름'의 어머니 되세요?"라는 질문을 받으면 "네, 그런 셈이죠" 하고 거침없이 대답했다. 이렇게 자라다 보니 가족은 여러 가지 방식으로 만들어진다고 믿게 됐다. 다른 여자아이들은 언젠가 아이 태동을 느끼는 꿈을 꿨는지 모르지만, 나는 고등학생이 되었을 무렵 입양의 장점을 확고히 믿게 됐다. 적어도 17세의 내게는 그렇게 보였다. 1년 가까이 다른 생명체에게 몸을 내주지 않아도 되고, 임신으로 달라진 체형 때문에 새 옷을 살 필요도, 운동을 방해받을 필요도 없으니까. 어느 날 짠! 하고 아기를 끌어안기 전까지 정상적으로 지낼 수 있다. 남자들이 자녀를 가질 때와 비슷한 경험일 것이다.

과거 미국에서도 많은 사람이 입양을 그렇게 경험했다. 『옥스퍼드 영어 사전The Oxford English Dictionary』은 "입양"의 의미가 오늘날처럼 한 사람을 전에 없던 관계로 법적 혹은 비공식적으로 받아들이는 행위로 쓰이기 시작한 시기를 14세기로 본다.[59] 미국에서는 이 행위의 "법적" 부분은 19세기 초반, 미국인이 핵가족과 어느 아이가 어느 부모에게 속하는지 아는 것의 중요성을 강조하던 시기에 생겨난 것이다. 그 이전에는 아동과 그 아동을 양육할 성인의 관계를 규정하는 데 법정과 공동체가 놀라울 만큼 무관심했다. 가령 17세기 매사추세츠주에서 베시아 로스롭Bethia Lothrop은 남편 토머스가 아이를 품에 안고 돌아오자 어머니가 됐다. 그 아이는 토머스 사촌의 딸이지만 부모가 죽고 고아가 되었으며 키워줄 사람이 없어서 이웃집을 전전했다. 로스롭 부부는 그 아이의 딱한 처지가 가여워서 받아들였을 수도 있지만, 베시아는 훗날 그 아이를 부모처럼 사랑했다고 말한다. 베시아와 토머스는 저녁때면 난롯가에 앉아 그 아이를 보며 아이가 자신들의 집에 올 때까지 "이곳저곳 전전하게 만든 신의 섭리"에 감사했다. 로스롭 부부의 입양에는 법정도, 법도, 서류 작업도 개입하지 않았다. 토머스가 필립 왕 전쟁에서 죽은 후에야 이 문제는 법정으로 갔다. 그의 재산을 탐내는 친척들이 딸로서 아이의 입지에 의문을 제기한 것이다. 토머스는 유언장을 남기지 않았지만, 베시아는 토머스가 상속인으로 원한 상대가 아이라고 주장했다. "제 남편은 아이에게 상냥하고 자상한 아버지였습니다." 그는 판사에게 탄원했다. "남편은 저를 아내로 맞았듯이 이 아이를 진심을 다해 양녀로 받아들인 것으로 알고 있습니다." 법정은 로스롭 부부가 그 아이를 키웠다는 이유만으로 자녀라는 사실에 동의했고 베시아에게 토머스의 재산으로 아이를 키우도록 허가했다.[60]

물론 오늘날 입양 과정은 베시아 로스롭이 어머니가 되는 과정이나 내 10대 시절과 같은 손쉬운 가족 형성 개념과는 다르다. 우선 입양에는 돈이 많이 든다. 아동복지정보 소식지에 따르면, 미국 내 입양에는 평균 1만 5천~4만 5천 달러, 국제 입양에는 2만~5만 달러가 든다.[61] 또한 입양 절차에 몇 년씩 걸린다. 한 학자의 조사에 따르면 입양 기관은 난임을 겪는 사람들에게 홍보를 꺼린다. 종종 생물학적으로 부모가 될 수 없어 슬퍼하는 사람들이 입양 자녀를 잘 받아들일 수 있을까 염려하는 탓이다. 이런 고민과 점점 확장되어가는 시험관 시술 산업이 더해지면서 처음부터 입양을 고려하지 않는 경우가 많아졌다.[62] 또한 가장 어려운 부분으로, 입양 윤리에 최근 많은 관심이 모아져 입양아가 자신에 대한 정보를 알 권리, 생부모의 권리, 성과 인종에 근거한 입양 부모에 대한 차별, 민족 간 인종 간 입양에서의 잠재적 피해 등에 관한 문제가 제기되고 있다. 아마도 이런 이유로 미국의 매년 입양 수는 2007~2014년 사이 17퍼센트 감소했고 그 후로도 계속 줄어들고 있다.[63] 이와 같은 입양 감소가 시험관 시술과 배아 보존 등 생식 보조 기술의 발전과 맞아떨어진다고 지적한 연구자도 있다.[64] 마찬가지로 엄청난 비용, 복잡한 윤리 문제, 생물학적 모성을 오랫동안 선호한 사회 속에서, 난임을 마주한 여성은 입양을 "내 아이를 갖는 것만큼 좋지는 않은" 생물학적 자녀를 갖는 것에 대한 "차선책"으로 보게 됐다.[65]

시험관 시술이 난임 해결 방법으로 선호되고, 윤리적 문제가 덜 복잡한 방법으로 여겨진다는 사실은 아이러니다. 우리가 기억하기에 출산 윤리에 대한 논쟁의 중심에는 임신중지가 있었다. 1980년대 등장해 1990년대 가속된 난임센터 폭탄 테러, 의사 살해, 수십만 명의 시위로 인해 배아에 관해서는 임신중지보다 더 뜨거운 정치 이슈를 상상할 수 없게 됐다. 하지만 1970년대 초에는 시험관 시술에 관한 실험이 비슷한 논쟁거리였다. 실험실 시험관에서 인간 배아를 창조해 언젠가 인간이 되기를 바란다니? 많은 사람에게 끔찍한 일로 여겨졌다. 시험관 시술이 인간 복제나 맞춤형 아이처럼 인간 생식에 관한 다른 실험의 포문을 열 것인가? 그건 신의 행세와 비슷하지 않은가? 1973년 대법원이 임신중지를 합법화한 뒤, 미국의 임신중지 반대운동은 시험관 시술—그들은 이것 역시 인간 배아를 파괴한다고 지적했다—을 겨냥했고 1974년 국회가 배아 및 태아 연구 금지법을 통과하도록 설득했다. 한편 과학자와 의사들은 그 배아에서 자라난 아이가 가진 위험을 강조했다. 한 과학자는 『워싱턴 포스트Washington Post』에 이렇게 썼다. "염려스러운 점은, 이 실험이나 유사한 실험이 잘못될 경우 과학 발전 전반에 미치는 영향이다. 사회가 정말로 우리에게 충분한 허가를 한 것인가?"[66]

1978년 7월 25일 이후, 사회는 거의 만장일치로 허가했다. 그날, 영국 랭커셔주의 올덤 종합병원에서 여자아이가 태어났다. 루이즈 브라운Louise Brown은 2.6킬로그램의 체중으로 열 개의 손가락과 열 개의 발가락, 통통한 뺨, 두 개의 튼튼하고 작은 폐를 갖고 울음을 터뜨렸다. 이 사실은 수천 년간 부모들에게 기쁨과 안도감을 가져다줬지만, 루이즈의 부모와 아이를 받은 의사는 9개월간 졸이던 마음을 놓을 수 있었다. 루이즈 브라운은 시험관 시술로 태어난 최초의 아이였다. 루이즈의 탄생 소식은 빠르게 전 세계로 퍼졌다. "슈퍼 베이비"라고 『런던 이브닝 뉴스London Evening News』는 전했다.[67] "딸입니다. 아주 건강합니다." 『뉴욕 데일리 뉴스New York Daily News』는 전면 기사로 축하했다.[68]

"내게 어떤 문제라도 있었다면, 시험관 시술의 종말이 닥쳤을 것이다." 루이즈 브라운은 최근 회고했다.[69] 하지만 그에게는 아무런 문제가 없었고, 루이즈의 완벽한 탄생은 하룻밤 사이에 시험관 시술에 대한 미국인의 저항을 씻어냈다. 그의 탄생 며칠 만에 미국 전역의 과학자들은 지미 카터 대통령 행정부하에서 태아 연구 관련 문제를 논의하도록 설치된 보건복지교육부 윤리권고위원회에 시험관 시술 연구 중단을 해제하라고 외쳐댔다. 1년 뒤 과학자들은 "배아가 폐기되더라도" 배아 연구를 실시할 수 있게 됐다. 밴더필트 대학교 연구원 피에르 수파트Pierre Soupart는 시험관 시술의 "유전자 위험을 확인"하기 위해 인간 배아 400개를 수정하고 검사한 뒤 폐기하도록 국립보건원으로부터 37만 5천 달러를 받았다.[70]

시험관 시술은 미국에서 가장 중요하게 여기는 두 가지 이상 사이의 비좁은 공간에 자리 잡고 있다. 한편으로는 200년간 받들어온 생물학적 핵가족에 대한 존중 사상 그리고 인간 생명은 태어나기 전부터 해칠 수 없는 것이라는 지난 50년간 전면에 내세웠던 임신중지 반대운동의 신조가 그것이다. 시험관 시술에 대한 대중의 인식 측면에서 전자가 후자를 이겼다는 사실은 생물학적 핵가족이 얼마나 큰 힘을 발휘하는지, 생물학적 자녀를 갖는다는 기대가 여성에게 얼마나 큰 힘을 발휘하는지 드러낸다. 두 가지 경우 모두 그 과정에서 수정란을 폐기할 수 있지만, 2021년 퓨 리서치센터 설문 조사에서 임신중지는 윤리적으로 잘못되었다고 믿는다고 응답한 미국인은 절반 가까이 된 반면, 시험관 시술에 대해서는 12퍼센트만이 그렇게 응답했다.[71] 앨라배마주 상원의원이자 "태어나지 않은 생명의 신성함"을 지키기 위해 해당 주에서 사실상 모든 임신중지를 금지한 인간 생명 보호법을 후원한 클라이드 챔블리스Clyde Chambliss는 시험관 시술에서 생긴 배아를 폐기하는 것은 문제없다고 밝혔다. "실험실의 난자는 해당되지 않는다. 그것은 여성 안에 있는 것이 아니다. 여성이 임신한 것이 아니다."[72]

　"시험관 시술에서 무엇을 반대할 수 있는지 설명하기가 훨씬 더 어렵다." 전국 임신중지 반대 단체인 프로-라이프 액션 연맹의 공동 설립자 앤 샤이들러Ann Scheidler는 인정했다.[73] 임신중지 시술을 하려는 여성에게서 무엇을 반대하는지 설명하기가 훨씬 더 쉽다. 임신중지 시술을 하려는 대부분의 여성이 이미 어머니거나—질병통제예방센터에 따르면 임신중지 시술을 받는 여성 열 명 중 여섯 명이 이미 자녀가 있다—많은 이가 후에 어머니가 되지만 보통 임신중지는 모성을 피하려는 시도로 간주된다.[74] 반대로 "시험관 시술은 여성의 어머니 역할을 거스르지 않는다"라고 럿거스 대학교 법학과 마고 캐플런^{Margo Kaplan} 교수는 설명했다.[75] 평균적인 시험관 시술 환자는 대학 교육을 받은 부유한 30대 백인 기혼 여성이며 어머니가 되고 싶어 한다.[76] 다시 말해, 그는 빈 자궁으로 150년 이상 권력자들을 염려시킨 바로 그 여성이며, 그들의 건강 악화나 "임신을 꺼리는 기질"이 "국가적 퇴보"를 일으킨다고 지적받았던 대상이다.[77] 수정하는 순간 인간 생명의 신성함을 획득한다고 주장하던 이들이 보기에도, 자녀 없는 여성을 생물학적 어머니로 만들어주는 시험관 시술의 경우에는 목적이 수단을 어느 정도 정당화한다고 여기게 됐다.

비록 큰 비용이 들고 육체적으로 부담이 되더라도 자녀와 같은 유전자를 갖고 싶은 욕망 때문에 난임 치료는 수십억 달러 규모의 산업이 됐다. 이 욕망은 너무나 당연하고 강력해서 설명이 필요 없어 보인다. 그러나 필요 여부와 상관없이 설명은 존재한다. 19세기 후반에서 20세기, 미국인이 핵가족에 전념하면서 가족과 사회 전체에게 자녀가 어디서 왔는지가 더욱 중요해졌다. 난임을 겪는 여성 개인이 꽹장한 고통과 슬픔을 경험하는 것은 물론 사실이다. 큰 희생을 감수하면서 치료하려는 고통이다. 우리가 생물학적 자녀를 원하고 가져야 한다는 기대—그리고 그렇지 못하면 결함이 있다는 믿음—는 역사와 사회가 우리 모두에게 부과한 기대인 것도 사실이다.

1944년에 나온 명료한 제목의 교과서 『질 자궁 절제술Vaginal Hysterectomy』은 여성의 자궁을 제거해야 할 때와 제거하는 법을 가르치는 책이다. 이 책에서 필라델피아 조지프 프라이스 병원의 외과 과장 제임스 윌리엄 케네디James William Kennedy와 맥길 대학교 산부인과학 조교수 아치볼드 도널드 캠벨Archibald Donald Campbell은 수 세기 동안 여성이 알고 있던 사실을 적었다. "자궁의 가치는 난임과 임신 가능성으로 측정해야 한다."[78] 자궁이 임신할 가능성이 있으면 여성이 고통을 겪거나 자녀를 원하지 않더라도 그 제거를 피하기 위해 의사들이 할 수 있는 일을 해야 한다고 그들은 조언한다. 즉, 임신과 출산 행위가 여성과 신체 부위를 가치 있게 만든다는 것이다. 성경에 등장하는 사라는 90대에 아이를 가질 것이라는 신의 예언에 웃었지만, 결국 어리석은 사람은 그 자신이었다. 그가 성서에 등장하게 된 것은 그때의 임신 덕분이다. 창세기 다른 부분에서 라헬이 결국 요셉의 아들을 낳고 나서 느끼는 가장 주된 감정은 기쁨이 아니라 안도감이다. "하느님이 내 부끄러움을 씻으셨다"고 라헬은 말한다.[79] 사무엘을 임신하고 낳은 것이 너무나 만족스러워 젖을 떼자마자 하느님에게 맡기는 한나가 있다. "난자를 냉동하고 커리어의 자유를 얻기" 위해 큰돈을 지불하는 도박이 실패하자 자책하는 브리짓 애덤스가 있다. 그리고 그들 사이에 사회의 동정, 의심, 경멸, 비난에 더욱 심해진 고통을 겪은 숱한 여성이 있다.

물론 홀릭의 마네킹과 그레이엄의 진동 침대 이후로 기술은 발전했고 우리가 냉동 난자를 이용하거나 시험관으로 인간을 만들 수 있다는 사실은 진정 경이롭다. 그렇더라도 시험관 시술 같은 난임 치료의 성공률은 상대적으로 낮다. 2019년 질병통제예방센터에서 실시한 난임센터 설문 조사에 따르면 37세 이하 여성 절반이 시험관 시술을 여러 차례 받은 뒤 아이를 가졌고 38세 이후 성공률은 뚝 떨어졌다.[80] 하지만 시험관 시술의 존재 자체가 우리가 스스로 이야기하는 출산의 서사를 마무리해준다. (1965년 기혼 여성과 1972년 모든 여성에게 피임을 합법화한) 그리스월드 대 코네티컷과 아이젠슈타드 대 베어드 재판, (1973년부터 2022년 번복되기 전까지 임신중지 시술을 헌법이 보장하는 권리로 만든) 로 대 웨이드 재판의 대법원 판결과 함께, 모든 여성은 자녀를 갖지 않기로 선택할 수 있다고 믿게 됐다. 난자 냉동과 시험관 시술 등의 기술과 함께 여성은 원하면 자녀를 갖기로 선택할 수도 있는 것처럼 보였다. 자녀 없는 여성에게 이것은 타인들이 자녀 없는 여성의 삶에 대하여 갖는 시선이 엄청나게 바뀌었다는 뜻이기도 하다. 수백 년 동안, 실제로는 자녀 없이 살기로 선택한 것인데도 난임이라고 동정받은 여성이 몇 명이나 될지 한 역사학자가 질문했다.[81] 오늘날 우리는 반대의 질문을 할 수 있다. 사실은 어머니가 되고 싶은데도 즐겁게, 의도적으로 자녀 없이 산다고 여겨지는 여성은 몇 명이나 될까?

자녀를 필사적으로 원하는 여성의 품에 아이를 안겨준다고 약속하는 것은 시험관 시술만이 아니다. 공식적·비공식적 입양, 임시 보호 양육, 공동체 양육은 수백 년 동안 자녀 없는 가정에 자녀를 안겨줬다. 시험관 시술이 실제로 약속하는 것은 여성을 생물학적 어머니로 만들어 자궁에 가치를 회복시켜준다는 것이다. 문제는, 그것이 그 약속을 지키지 못할 때가 있고, 그 실패로 인해 여성은 선택지가 적었던 과거보다 더욱 실패한 존재처럼 느낄지도 모른다. 많은 여성에게 시험관 시술은 신이나 과학, 혹은 둘 다의 선물이다. 하지만 다른 여성에게 그것은 불어나는 카드 빚과 자가 주사를 하고 남은 주사기가 가득 든 봉투만 남긴 허상의 근원이다. 또 다른 이에게 그것은 필연적인 이유로 손에 닿을 수 없는 대상이다. 난임이라는 수수께끼를 풀기 위한 200년간의 탐구는 여전히 다 해결되지 못했다. 그러므로 오늘날 여성에게 왜 자녀가 없는지 묻는다면, 한 가지 답은 가장 분명하면서도 가장 쉽게 무시되는 것이다. 자녀를 가질 수 없기 때문에. 혹은 비싼 생식 보조 기술을 쓸 수 없기 때문이거나 브리짓 애덤스가 인생 최악의 날에 알게 됐듯이, 그 방법을 쓰더라도 여전히 가질 수 없기 때문이다.

06

우리는
다른 삶을
원하기 때문에

Peggy O'Donnell Heffington

Without Children: The Long History of Not Being a Mother

1974년 마샤 드럿데이비스Marcia Drut-Davis라는 여성이 미국 전역에 50년 이상 방영된 CBS 방송국의 수사 뉴스 프로그램 〈60분60 Minutes〉에 출연했다. 드럿데이비스는 32세의 롱아일랜드 지역 교사였고 기타를 들고 곡을 쓰는 워런이라는 남자와 결혼했다. 하지만 전형적으로 보이는 백인 중산층 삶 이면에 워런과 마샤는 누구에게도, 오랫동안 서로에게도 말하기 두려운 비밀이 있었다. 자녀를 원하지 않는다는 사실이었다. 신혼 초 그들은 그 문제를 아예 거론하지 않았다. 한동안 경제 사정이 불안했고, 둘 다 일을 좋아했기 때문이다. 하지만 엘런 펙Ellen Peck이 1971년 출간한 자녀 없는 삶의 장점에 관한 책『아이라는 덫The Baby Trap』을 읽고서 드럿데이비스는 깨달음을 얻었다. "이야기 좀 해." 그는 그 책을 워런에게 건네며 말했다. 그들은 마음속 깊이 감춰둔 비밀을 두려워서 털어놓지 못했음을 깨달았다. 『아이라는 덫』을 손에 들자 모든 것이 쏟아져 나왔다. "우린 서로에게 말했어요. '휴, 맞아, 우린 아이를 원하지 않아.'" 부부 사이에 안도감이 자리 잡았지만, 내면의 평화는 곧 새로운 두려움으로 바뀌었다. 다른 사람에게 말하는 것이 두려웠던 것이다. "우리는 솔직하게 '우리의 선택이야. 우리는 이대로 행복해. 우리를 축복해줘'라고 말할 수 없었어요." 그날 밤, CBS 방송국에서 그들은 전국의 시청자를 향해 그렇게 말했다.[1]

　　　　이론적으로 〈60분〉 방송의 의도는 간단했다. 마샤와 워런이 부모에게 자녀 가질 계획이 없다고 알리는 장면을 찍는 것이었다. 실제로는 악몽이었다. 마샤와 워런이 방송에 내보낼 진지한 대화를 촬영하자고 부르자, 워런의 부모는 아들과 며느리가 공산주의자이거나 마약 거래상이라고 고백할까 봐 염려했다. 결국 드럿데이비스는 비밀로 간직하는 편이 나았겠다고 회고했다. 그의 예상보다 훨씬 더 큰 파장을 일으켰기 때문이다. 촬영은 "두 시간 동안 고역"이었다. 그의 시아버지는 워런을 키우면서 뭘 잘못했는지, 어떻게 그렇게 이기적인 아들을 낳았는지 모르겠다고 큰 소리로 말했다. 그의 시어머니는 흐느끼면서 자녀를 갖고 싶지 않으면 왜 워런과 결혼했느냐고 드럿데이비스에게 묻기도 했다.[2] 방송된 프로그램에서는 두 시간 동안의 힘겨운 대화와 상세한 설명은 몇 분간의 장면으로 요약됐다. 그동안 워런은 단 한 번 입을 열어 아버지에게 뭐라고 속삭였을 뿐이다. "그래서, 내가 못된 년이 됐죠." 드럿데이비스가 훗날 말했다.[3] 이 프로그램은 그들의 대화와 함께 젊고 자녀 없는 부부는 당연히 그럴 거라고 모두가 생각하는, 이기적이고 돈 많이 드는 여가를 즐기는 모습과 함께 방영했다. 개인 비행기와 요트를 타고 자신에게 돈을 펑펑 쓰는 모습이었다. 40년 가까이 〈60분〉의 앵커를 맡은 전설적인 뉴스 기자 마이크 월러스Mike Wallace는 방송 내용에 대해 시청자에게 사과하며 프로그램을 마쳤다. "어머니의 날이 방송을 보내드린 비뚤어진 행동을 용서하십시오. 안녕히 계십시오, 시청자 여러분."[4]

그러자 분노의 폭주가 시작됐다고 드럿데이비스는 기억한다. 그의 시어머니는 울음을 그치고 화가 나서 공격적인 시를 짓기 시작했다. CBS 인터뷰가 방송된 다음 날, 마샤와 워런이 일어나보니 시 한 편이 문 밑에 끼어 있었다. 그 시에는 이렇게 쓰여 있었다. "누구에게 너희 재산을 남길 테냐? 도둑놈과 중독자들, 시시한 놈들. (……) 우리 애들은, 결혼은 했지만 사실은 친구 사이다." 그 프로그램이 방송

된 후 드럿데이비스는 교사직에서 해직당하고 15년간 블랙리스트에 올라 기간제 교사 일도 하지 못했다. 그들 부부를 죽이겠다는 협박도 받았다. 그들의 개도 죽이겠다는 협박을 받았다. 롱아일랜드의 고등학교 졸업반 학생들에게 자녀를 가질지, 가진다면 언제 가질지 선택하는 문제에 관해 연설하도록—당시 롱아일랜드 10대 임신이 급속도로 증가하고 있었다—초청받았을 때, 드럿데이비스는 경찰의 호위를 받아 밖에 모인 시위대 사이를 지나야 했다.[5] "악마의 누이가 오늘 연설한다." 시위대의 플래카드 내용이었다. "아이를 증오하는 자들은 쫓아내라." "아이는 축복이다." 한 이웃은 "신을 모르고 아이를 미워하는 년"이 같은 동네 산다니 유감이라는 익명의 편지를 보냈다. "여자가 아이를 원하지 않는 것은 부자연스러운 일이니, 넌 여자라고 말하지 말아야 해."[6]

격렬한 후폭풍에 드럿데이비스는 크게 놀랐다. "그때는 출산 장려 정책이 뭔지, 편집이 뭔지 몰랐어요. 그 프로그램이 방송되기 전까지는 아무것도 몰랐죠."[7] 『옥스퍼드 영어 사전』은 출산 장려 정책을 "대가족을 갖는 행위를 특히 국가가 옹호, 장려하는 것"이라고 정의한다. 그 "옹호, 장려"가 제2차 세계대전 이후 미국을 가득 채우는 바람에 드럿데이비스는 자신이 맞닥뜨린 순간에도 그 정체를 몰랐다. 그의 시어머니가 쓴 시는 특히 이상한 사례였지만, 그것은 캠벨

사의 광고 문구처럼 어디에나 존재했다. "엄마가 만들기 전에는 수프가 아니야!" "그게 사실이라면, 내가 어제 점심으로 만든 건 대체 뭐였지?" 드럿데이비스는 남편에게 빈정대며 물었다.[8] 때로 출산 장려 정책은 자녀 양육 비용을 상쇄해주는 세금 감면과 충분한 출산휴가나, 프랑스와 스웨덴 같은 국가의 산후 지원 등으로 가족에게 도움이 되기도 한다. 19세기 말 이후 미국에서, 1930년대 나치 독일에서, 1970년대까지 소련에서 있었던 출산 장려 정책과 함께한 산아제한과 임신중지 시술 금지 같은 경우는 따르지 않는 사람을 처벌하는 데 더 집중했다.

1950~1960년대 미국 여성은 젊은 나이에 결혼하고 젊은 나이에 아이를 낳아서 1세기 동안 지속된 미국의 출산율 감소 추세를 돌려놓았다. 한 역사학자가 말했듯이 제2차 세계대전 이후 생물학적 핵가족을 만드는 것은 "전국적인 집착의 대상"이 됐다. "민족과 자아의 유일한 구원"이었다.[9] 1970년대에 접어들면서 드럿데이비스와 펙 같은 여성들은 자기 세대의 구원은 어떤 모습일지 다시 생각하고 있었다. 1970년 네덜란드 페미니스트들이 산부인과학회 앞에서 시위했다. 그들은 북해에서 불어오는 찬 바람 속에서 외투를 들어올려 몸통에 지워지지 않는 마커로 쓴 표어를 드러냈다. "내 배의 주인은 나다." 이듬해 독일 페미니스트들은 베를린에서

시위했다. "아이를 가질 것인가, 가지지 않을 것인가?" 그들은 외쳤다. "선택은 우리만의 것이다." 한 역사학자는 그들을 "거부의 세대"라고 불렀다.[10]

거부에는 결과가 따랐다. 드럿데이비스가 유명세를 얻은 〈60분〉, 네덜란드와 독일의 페미니스트, 펙의 책은 출산 장려 정책의 추한 본모습을 드러냈다. 국가가 후원하는 것은 출산이 아니라 자녀를 갖지 않는 여성에 대한 분노였다. 그리고 1970~1980년대 "아이를 갖지 않기로 선택"했다거나 "자발적 무자녀"라고 하던 여성, 자녀를 원하지 않는다고 당당하고 솔직하게 말하는 여성에 대한 유난히 격렬한 분노였다. 직장이나 재정 문제, 가족의 지원이 없어서 혹은 지구에 대한 의무감이나 임신에 어려움이 있어서 자녀를 갖지 않는다고 설명하기도 어렵지만, 아마 가장 어려운 것은 그저 자녀 없이 살고 싶다고 설명하는 것이다.

그러나 이런 바람은 새로운 것이 아니다. 11세기 말 무렵, 영국 헌팅던에서 베아트릭스라는 귀족 여성이 낳은 딸은 자라서 자녀 없는 삶을 원하게 된다. 베아트릭스와 남편 오티는 딸을 시오도라라고 이름 지었지만, 그 이름은 오래가지 않았다. 역사는 시오도라를 크리스티나, 그리스어로 크리스토스, 즉 "크리스천"이나 "그리스도의 추종자"라는 단어에서 온 이름으로 기억한다. 그의 부모에게 시오도라였던 크리스티나는 자궁 속에서도 특별한 존재였다. 베아트릭스가 임신 중이었을 때 근처 수도원에서 새하얀 비둘기가 그의 방 창가로 곧장 날아왔다. 그곳에서 비둘기는 날개를 접고 베아트릭스의 소맷부리로 들어와 7일이나 함께 있었다. 일주일 내내 움직이지 않았던 베아트릭스는 "처음에는 무릎에, 그다음에는 품에 편안히 자리 잡은" 그 새를 부드럽게 쓰다듬었다. 그 새가 결국 날아가자 베아트릭스에게는 확신과 마음의 평화가 남았다. 배 속의 아이는 "신에게 큰 기쁨이 될 것"이라고 주위 사람들에게 말했다. 예수도 주위에 비둘기가 있었던 적이 있으며, 그 새는 성령이었다고 말이다. 그러므로 이것은 좋은 소식일 수밖에 없다고. 시오도라/크리스티나가 태어난 날, 베아트릭스는 하루 종일 교회에 있었고—진통이 오면 초기에는 그렇게 한다—"아이를 보게 됐다는 희망을 가지고 용감하게 진통을" 겪어냈다. 태어난 아이는 아름다웠고, 신의 축복을 받았다고 믿었다.

어린 시절 시오도라에게는 특이한 구석이 있었다. 예를 들면 그는 "허락되지 않는 행동을 해야 한다고 여기면 항상 연약한 자기 몸을 회초리로 때렸다." 밤마다 침대에 누워, 아무도 듣지 못한다고 믿고서 "보이는 사람에게 말하듯이" 예수에게 말을 걸었다. 함께 방을 쓰는 형제자매는 잠을 자려고 그의 착각을 바로잡아주었고, 조용한 기도 방법을 알아낼 때까지 놀려댔다. 14세 때 시오도라는 평생 처녀로 살겠다고 공식적으로 맹세했다. "하느님 말고는 이 땅에 제가 원하는 사람은 없습니다." 그는 결혼하지 않기로, 남자의 손길을 받지도 않겠다고 약속했다. 그리고 그 결과, 그는 자녀도 갖지 않았다.

딸이 신에게 어떤 약속을 했든지, 부유한 상인이었던 시어도라의 부모는 자녀의 결혼을 다른 가족과 동맹을 맺고 사업을 발전시키며, 사회적 지위를 향상시킬 기회로 여겼다. 시어도라 같은 집안에서 태어난 여성은 대체로 가족이 정해준 남자와 결혼하고 전통적인 삶을 살았다. 가사를 돌보고, 남편을 섬기며, 자녀를 갖는 것이다. 수녀원에 가는 이도 있었다. 부모에게 돈이 떨어지거나 지참금을 낼 마음이 없어지는 경우 중세 상류층 가족의 어린 딸들이 겪는 운명이었다. 불행히도 베아트릭스와 오티는 돈이 많았고 딸을 수녀로 만들 생각이 없었다. 그들은 딸을 버트리드라는 이름을 가진 귀족 청년과 결혼시키기로 했다. 시어도라는 기쁘지 않았다. "저는 독신으로 살고 싶어요. 처녀로 살기로 맹세했으니까요." 그는 부모에게 이렇게 말했다.

결혼식 날 밤, 시어도라의 부모는 버트리드를 딸의 방으로 밀어 넣고 문을 잠갔다. 이튿날 아침 딸이 처녀가 아닌 모습으로 환히 웃기를 바라며 문을 연 그들은 시어도라가 밤새 신랑에게 순결의 미덕을 설교했다는 사실을 알고 깜짝 놀랐다. 이튿날 밤 버트리드가 초야를 치르려고 두 번째로 시어도라의 방으로 들어가자, 시어도라는 태피스트리 뒤에 숨었다. 화가 난 부모는 사제를 불러 딸에게 결혼과 모성의 가치를 설득하려고 했다. 사제는 시어도라에게 "처녀만이 구원받는다고 생각하지 마세요. 우리가 잘 알듯이 많은 처녀가 죽어 사라지지만, 가족의 어머니는 구원받으니까요"라고 설명했다. "가족의 어머니들이 구원받는다면, 처녀는 더욱 쉽게 구원받겠죠." 시어도라가 받아쳤다. 그는 사제가 성경을 근거로 주장하는 것마다 자신의 신앙적 논리로 반박했고, 결국 사제는 포기하고 어깨를 으쓱이며 시어도라의 부모에게 돌아갔다. 시어도라는 집에서 달아나 이름을 크리스티나로 바꾸고 수도승들과 숨어서 지내며 처녀로 살겠다는 맹세가 농담이 아니란 것을 부모가 깨달을 때까지 기다렸다. 결국 그의 아버지는 결혼을 무효로 하도록 허락했다. 남편으로부터 벗어난 크리스티나는 마케이트의 성녀 크리스티나, 예수의 신부, 성 올반스 수녀원의 수녀, 학자, 여성 사제 단체의 지도자가 됐다.[11]

크리스티나의 생애에 대해 우리가 갖고 있는 기록은 성인전으로, 가톨릭교회에서 해당 인물을 신성시해야 한다고 주장하기 위해 쓰이는 전기다. 그렇기 때문에 성인

전은 상상력의 한계를 넘는 신앙과 선행을 등장시키며 과장하는 경향이 있다. 성인전 속 남자들은 굶으면서도 큰돈을 나눠 주고 침묵 서약을 하거나 성서에 나오는 선지자들을 따라서 사막에서 혼자 살거나 오랜 시간 벌거벗고 지낸다.[12] 여성이 등장하는 성인전은 일찍이 순결 서약을 하고 힘이 강하거나 속임수를 쓰는 남자로부터 그 맹세를 지키기 위해 영웅적인 행동을 반복한다. 크리스티나의 경우처럼, 시험 중 하나는 결혼이다. 물론 자신의 욕정뿐 아니라 그의 신체에 법적·종교적 권리를 갖는 남자의 정욕도 물리쳐야 한다. 21세기 독자에게 크리스티나의 성인전은 신께 한 맹세처럼 강력한 구실이 있어도 결혼과 모성이라는 전통적인 길을 피하기가 얼마나 어려웠는지 알려준다. 900년 뒤 드럿데이비스의 경우처럼, 자녀 없이 살겠다는 크리스티나의 결정에 주위 사람들은 슬퍼하고, 거부하고, 신랄하게 증오했다.

그런 고생 끝에 그들이 얻은 삶은 가치 있었다. 예를 들어 12세기 독일 베네딕트 수도회 수녀원장 힐데가르트 폰빙겐Hildegard Von Bingen은 유명한 신비주의자이자 시인, 작곡가로서 식물학 논문부터 의학 교과서, 유럽 최초의 음악극『미덕의 명령Ordo Virtutum』에 이르는 온갖 것을 집필했다. 그는 교황, 왕 그리고 적어도 한 명의 신성로마제국 황제에게 조언했다. 크리스티나처럼 힐데가르트도 귀족으로 태어나 교육

받았지만 그런 신분이라고 해도 여성이 교황이나 황제에게 조언할 수 있는 경우는 드물었다. 힐데가르트는 순결 서약과 결혼을 거부한 덕분에 지적이고 영향력 있는 삶을 살 수 있었다.[13] 크리스티나는 순결 맹세를 통해 중세 영국 귀족 여성 앞에 놓인 전통적인 길에서 벗어날 수 있었다. 선택을 후회하기는커녕 크리스티나는 스승이 되어 여성 추종자들에게 같은 선택을 하도록 권장했다.

물론 기독교에서 모성은 높은 위상을 차지한다. 4세기경부터 예수를 잉태하고 출산하고 키운 여성 마리아는 "천국의 여왕"으로 받들어졌다. 하지만 종교에 관심을 갖는 여성들은 마리아의 다른 측면, 순결을 봤다. 마리아는 예수의 어머니였지만 신이 아들을 잉태하게 할 때 처녀였으며, 그 사실은 오랜 세월 주일학교 학생들에게 혼란을 줬다. 로마 제국부터 적어도 19세기 미국에 이르기까지, 종교적 삶은 여성에게 사회적으로 용납 가능한 대안적 삶을 제공했다. 순결을 통해 자궁을 비운 채, 그들은 자신만의 정의에 따라서 공동체를 위해 자선과 종교적 봉사를 하는 모성을 창조했다. "카르멜회 회원으로서 우리의 임무는 수천 명의 영혼을 구원해 어머니가 되어주는 복음주의 일꾼이 되는 것이다."[14] 19세기 프랑스의 수녀 테레즈 드리지외Thérèse de Lisieux가 자매에게 보내는 편지에 적은 내용이다.

크리스티나처럼 엘런 펙도 제자를 모아 비전통적인 삶을 살도록 이끌었다. 펙은 마샤 드럿데이비스에게 자녀 없는 삶을 알게 해준 책, 『아이라는 덫』의 저자였다. 드럿데이비스처럼 펙도 황금시간대 티브이에서 큰 충격을 일으켰다. 1971년 펙은 당시 가장 인기 있는 프로그램이었던 〈투나잇 쇼Tonight Show〉에 출연했다. 자니 카슨의 반짝이는 나무 책상 옆에 앉은 펙의 외모는 굉장히 매력적이었다. 그는 화려했다. 긴 금발에 앞머리를 짧게 자르고, 검은 아이라이너로 또렷하게 보이는 파란 눈, 브리짓 바르도와 자주 비교되는 각진 턱과 광대뼈의 소유자였다.[15] 하지만 그가 외모로 얻은 호감은 곧 전부 사라졌다. 생방송 방청객이 화가 나서 야유하는 동안 카슨은 계속 미소를 지었고 수백만의 미국 시청자들은 펙이 의도적 무자녀 혹은 그의 말을 빌리자면 양육으로부터 자유로운 삶을 주장하는 모습을 지켜봤다.[16]

펙도 드럿데이비스처럼 교사였다. 그는 메릴랜드주 볼티모어 핌리코 중학교에서 8학년 영어를 가르쳤다. 그 학교 졸업생 페이스북 페이지를 보면 미니스커트를 즐겨 입는 젊고 멋진 교사로 기억하는 듯하다. 그는 학생 복장 규칙에도 어긋났을 만큼 짧은 스커트를 입고 수업을 했다고 한다. "남자들은 다 그 선생님에게 반했어!" 한 졸업생은 회고한다. 또한 그는 탁월한 문법 교사였던 모양이다. 한 졸업생은 펙의 수업 덕분에 10학년 교사와의 담판에서 이겼다고 떠올렸지만, 그 점은 스커트 길이만큼 잘 기억되지는 않았다.[17] 1969년에 펙이 처음 쓴 책, 『10대 소년의 마음을 사로잡는 법 그리고 그다음에 할 일 How to Get a Teenage Boy and What to Do with Him When You Get Him』은 10대 소녀를 위한 뷰티, 연애, 패션 안내서로서 그를 가장 멋진 언니로 자리 잡게 했다. 2년 뒤, 『아이라는 덫』으로 미국 전역에서 유명해졌다. 초판 1만 부는 단 열흘 만에 다 팔렸다.[18]

우리 사회에서 "아이를 강조하는 만큼 성인은 무시된다. 여성은 (인류를 확산하는) 목적의 수단으로 간주되어 아름답고, 활기차고, 가치 있는 그 자체로 인정받지 못한다. 남성은 단순한 제공자로 간주되어 인간으로 존중받지 못한다"고 『아이라는 덫』은 지적한다.[19] 불행히도 이같이 합리적이고 유용하기까지 한 사회 비판은 여러 독자가 제대로 읽어보지도 않고 돌아서게 만드는 사소한 에피소드 아래에 감춰져 있다. 『아이라는 덫』의 첫 60페이지는 펙이 남편과 한 외국 여행 이야기다. "남프랑스 길가에서 트러플 햄과 과일, 브리오슈 빵, 얼음처럼 차가운 샴페인"으로 피크닉을 하고, "부르고뉴 농촌의 동굴에서 샹베르탱 와인을 맛보고" 프랑스 리비에라의 피카소 미술관과 "루체른, 파리, 제네바, 바르비종"의 사설 미술관을 돌아보는 이야기다. "우리는 마르크 샤갈을 만났다"고 그는 가볍게 덧붙인다.[20] 펙은 이런 모험이 자녀를 가지지 않음으로써 아낀 돈으로 가능했다고 암시하며 그들이 그저 부유한 것일 수도 있다는 추측을 털어버린다. "내가 만나본 여자 중에서 자녀가 없는 이들은 거의 예외 없이 예쁘고, 대화도 잘하고, 지각 있으며, 활기차고, 재미있고, 만족하며 산다"는 지나친 일반화도 등장한다.[21] 또한 "서른 살이지만 열여덟 살처럼" 보이고 그때그때 만나는 유부남과 함께 아조레스제도로 여행 가는 취미가 있는 로리 이야기도 등장한다. 물론 그에게 구애하는 유부남에게는 모두 자녀가 있었다. "물론 그 남자들에겐 아이가 있죠." 로리가 펙에게 말했다. "자녀가 없는 남자들은 여전히 아내를 사랑하거든요."[22]

엘런 펙에게는 비호감이 되는 특별한 재주가 있었다고만 해두자. 가령 1972년 어머니의 날, 그는 모성이라는 관습에 부고를 띄우는 글을 『뉴욕 타임스』에 실었다. "한때는 자녀를 가질 훌륭하고 유효한 이유가 있었다. 한때는 그것을 피할 수 없었다. 한때는 달리 할 일이 없었다. 한때는 인간의 생존이 인간의 출산에 달려 있었다." 이제는 더 이상 그렇지 않다고 적었다. 여성에게는 호르몬 피임약이 존재하고, 여러 가지 다른 기회가 존재하며, 지구는 40억이라는 인구의 무게에 고통받고 있었다. "1970년대 초 언젠가" 모성은 죽었다고 펙은 진지하게 선언했다. "오늘날 부모가 되는 것은 성년

이 되는 것의 정반대로 보인다"는 그의 주장은 분명 보수주의
자와 전통주의자를 적으로 돌렸다. 하지만 페미니스트 사이
에서도 호감을 얻지 못했다.[23]

      1970년대 초 페미니스트들은 펙과는 반대
로 모성을 방패처럼 사용했다. 어머니로서의 입지가 여성운
동을 설득력 있고 존경할 만한 것으로 만든다고 믿었다. 역
사상 많은 페미니스트들이 어머니였다는 사실이 페미니스
트는 "적의로 가득한 성격 나쁜 여자"라는 것이 편견임을 보
여준다고 베티 프리던Betty Friedan은 『여성성의 신화The Feminine
Mystique』에 적었다.[24] 그 시대 많은 이에게 자녀 없는 여성은
문제의 증후처럼 보일 뿐이었다. 그들은 직장과 가정에서 여
성을 지원하지 못하는 사회적 실패의 증거였다. 모든 여성이
어머니가 되어야 하는가 혹은 모든 여성이 어머니가 되고 싶
어 하느냐는 문제보다는 모성을 어렵게 만드는 가부장제의
틀에서 그것을 회복시키는 데 훨씬 더 많은 에너지가 투입됐
다. 남성 의사와 병원 분만을 여성이 중심이 되는 자연스러
운 분만 과정으로 바꾸고, 공공장소에서 모유 수유할 권리
를 요구하고, 유급 출산휴가나 국공립 주간 보육 시설 등 일
하는 엄마를 가능하게 만드는 정책을 옹호하는 것이었다. 『미
즈Ms.』 잡지에 실린 『아이라는 덫』 리뷰에서 엘런 윌리스Ellen
Willis는 펙이 "거만하다"고 비난하며 그의 "자발적 무자녀"라

는 생각이 페미니스트의 목표와 상충된다고 주장했다. "자발적 무자녀"라는 말이 모성은 어리석어서 그것을 피할 수 없는 여성의 것이라는 암시를 준다는 것이다.[25]

강제 불임화 시술을 위해 전략적으로 설치한 공공 산아제한 시술소부터 원주민 자녀를 가족과 분리해 유럽-미국 문화에 '동화'시키기 위한 기숙학교 설치에 이르기까지, 유색인 공동체에서 출산을 제한하기 위해서 지난 100년간 유지해온 정부 운영 프로그램 때문에 해당 공동체 출신의 흑인 페미니스트들은 백인 여성만큼 쉽게 모성을 버리지 못했다. 어머니가 될 권리, 양육할 권리는 그들의 핵심적인 정치적 입장이었다. 1969년에 발표한 논문에서 뉴욕 허드슨밸리의 흑인 여성 단체는 모성이 백인 여성의 생각처럼 억압적 제도가 아니라 권력의 근원이라고 주장했다. "숙주를 받아들이고 종의 미래를 탄생시키는 여성의 몸은 그 자체로 강력하다"고 그들은 썼다.[26] 모성의 가치를 대놓고 거부하고 자녀 없는 삶의 호화로움을 기뻐하는 펙은 이러한 페미니스트들의 입장과 대치됐다. 『볼티모어 선Baltimore Sun』의 기자가 펙에게 페미니스트 전체와의 관계에 대해서 질문하자, 펙은 "살짝 미소를 지으며" 말을 잠시 멈췄다가 입을 열었다. "제가 애석하다고 여기는 페미니스트들이 있죠."[27]

펙의 주장은 일반 대중에게도 설득력이 없었

다. 그가 설파하는 자녀 없는 삶의 장점—구체적으로 더 나은 성생활, 더 많은 수입, 더 잦은 휴가, 그와 남편이 한 것처럼 외딴 카리브해 섬에 별장을 지을 수 있는 능력—은 그다지 공감을 자아내지 못했다.[28] 1971년 NBC 방송국에 모인 자니 카슨의 〈투나잇 쇼〉 생방송 방청객도 이런 이유를 잘 받아들이지 않았다. "펙이 출연하기도 전에 방청객의 공격을 받을 줄 알았습니다. 결혼하고 아이를 키우는 것보다 인생에는 많은 것이 있을 수 있다고 말한 셈이니까요." 카슨은 몇 년 뒤 인터뷰에서 그때를 회고했다. "펙 대 어머니 전체, 미국 국기와 음악가 케이트 스미스, 명견 래시를 합친 집단의 대결 같았죠."[29]

1974년 펙이 세운 조직, 전국비부모회(NON)는 8월 1일로 지정한 비부모의 날에 화려한 행사를 열었다. 그날의 행사는 뉴욕 센트럴파크에서 열렸고 머리부터 발끝까지 은색 스판덱스 옷을 입은 여성 세 명이 플루트 연주에 맞추어 춤을 추는 "비출산 의식"을 했다. 행사의 클라이맥스는 과학소설 작가 아이작 아시모프 Isaac Asimov가 젊은 남녀의 머리에 월계관을 씌워주며 "올해의 비부모"로 세운 순간이었다. 그해의 비부모는 앰버서더로 활동하면서 훌륭한 비부모들을 대중에 소개하고 자녀 없는 삶이 얼마나 좋은지 홍보하는 일을 맡았다.

그해의 비어머니는 바로 스테퍼니 밀스로 5년 전 졸업 연설로 유명해진 "잠재적 어머니였던 인물"이었다. 그 사이 밀스는 『피임의 즐거움The Joy of Birth Control』이라는 짧은 책을 쓰고 자신을 유명인으로 만들어준 환경주의적 무자녀와는 거리를 뒀다. 비부모의 날 전날 파티에서 펙은—"맨발에 흰 드레스를 정령처럼 차려입은" 모습이었다—밀스를 초대해 비부모의 삶이 사회에 이바지하는 바를 발표해달라고 부탁했다. 하지만 밀스는 거절했다. 졸업 연설 이후, 그는 자녀를 가지지 않는 것이 가장 즐거운 삶을 살게 해준다는 것을 알게 됐을 뿐이라고 설명했다. "하지만 전에 했던 이야기 몇 가지를 말씀해주실 수 없을까요?" 펙이 간절히 요청했다. "'우리는 자녀를 낳아서 사라지고 있다'처럼 멋진 말을요?" 하지만 밀스는 "아니요"라고 말했다.

그해의 비아버지는 댄 웨이크필드Dan Wakefield라는 소설가였다. 그 역시 실망스러웠다. 그는 애초에 상 받기를 꺼렸고, 부모가 아닌 삶이 축하할 것인지 비부모가 차별의 대상인지 잘 모르겠다고 펙에게 말했다. 웨이크필드의 양가 감정은 수상 소감에서도 드러났다. 그는 이튿날 센트럴파크에서 말했다. "저는 우주비행사가 될 능력도, 아이들의 아버지가 될 만한 자질도 없는 사람입니다." 또 이렇게 덧붙였다. "그렇다고 해서 제가 부족한 인간이라고 생각하지 않습니다." 하지만 웨이크필드는 펙, 드렛데이비스, 밀스 이전과 이후의 자녀 없는 여성들이 이미 알고 있던 사실을 곧 깨달았다. 자녀가 없으면 부족한 인간이라고 여기는 사람이 많다는 것이다. "신문에서 네가 올해의 비아버지로 뽑혔다는 기사를 보고 어땠는지 알아?" 한 친구가 그 행사에 관한 연합뉴스 기사를 읽고 웨이크필드에게 물었다. "신문에서 가장 친한 친구가 나치라는 기사를 읽은 기분이었어." 부모가 되지 않는 것은 "알고 보니 민감한 주제였다"고 웨이크필드는 결국 인정했다.[30]

ZPG 전무 셜리 래들이 엘런 펙과 동맹을 맺은 것은 이러한 선입견 때문이었다. 1970년대 초 래들은 할 일이 많았다. 그는 전국의 주 국회의원에게 임신중지 법을 합법화할 것을 촉구했고, 갈라서기 시작하던 환경주의자-페미니스트 동맹을 화해시키려고 노력했다. 그는 인구 증가가 일으키는 암울한 생태 문제에 대해 하루 종일 이야기할 수 있었지만, 사람들이 아이를 갖지 않는다고 친구를 나치라고 부른다면 아무런 효과가 없음을 잘 알고 있었다. 래들은 어머니였지만 어머니가 된 것을 후회한다고 솔직히 말했다. 자녀를 사랑하지만 자녀 양육을 좋아하지 않는다고 설명했다. 자녀를 가지면 기쁨과 충족감, 신성한 목적의식이 생긴다고 배웠지만, 어머니 역할이 "증오, 적대감, 분노"의 근원이며 가족을 일으키기보다는 결혼 생활을 파괴하는 것임을 알게 됐다. 그는 펙의 조직, NON에서 공동 회장을 맡았다. 펙과 힘을 합친 래들은 자녀를 갖지 않는 것이 그 자체로 선택이 되기를 바랐다. 아이를 낳지 않는다고 해서 나치라고 불리지 않을 뿐 아니라 미래에 대한 염려나 환경을 위한 의무에서 선택하는 것도 아니어야 한다고 생각했다. 래들과 펙은 자녀를 낳지 않는 것이 그저 원하기 때문에 할 수 있는 일로 만들고자 했다.[31]

펙과 래들이 운전대를 잡은 NON은 하나의 적과 마주했다. 자녀도, 부모도 아닌 미국 사회에 만연한 출생주의 이념이 그것이었다. 출생주의는 결혼을 자녀를 만들기 위한 계약으로 축소시키고 여성에게 잠재적 어머니와 실제 어머니라는 두 개의 정체성만 부여한다고 주장했다. NON은 자녀를 낳지 않는 것은 분명한 정체성이며 타인과 공유할 수 있다는 급진적 주장을 펼쳤다. 외부인은 계속해서 NON을 증오하고 사탄 숭배니 "해로운 황새"니 하는 온갖 말로 비난했다.[32] 하지만 가입한 많은 이에게 NON은 인생을 바꾸는 조직이었다. NON 회원은 다른 사람들이 학교에 자녀를 데리러 가는 시간에 모여서 술을 마셨고, 성인만 출입할 수 있는 리조트에서 함께 휴가를 즐겼으며, 서로의 선택과 삶의 방식을 인정하고 격려했다. "이것은 내가 평생 기다려온 운동입니다." 67세의 한 여성이 1975년 NON 연례 대회에서 연설했다. "나는 부모님께 손주를 낳아드리지 못했다는 죄책감에 시달렸고, 자녀를 가져서 사회에 이바지해야 한다고 믿는 사람들의 비난을 받았습니다. 이런 단체가 할 수 있는 일은 자녀를 원하지 않는 사람들이 느끼는 죄책감과 자의식을 덜어내는 것입니다."[33] NON을 발견한 것은 마샤 드럿데이비스와 그의 남편 워런에게도 큰 변화를 선사했다. 드럿데이비스가 회고록에 적었다. "우리는 이제 자녀 없는 부부라고 생각하지 않게 됐다. 우리는 자발적 무자녀 가족이었다."[34]

드럿데이비스와 펙, NON의 여러 회원에게 용어의 작은 변화는 큰 효과를 발휘했다. "자녀가 없는"이라는 표현은 결핍을, 그들의 가정이 가족이 아님을, 여성으로서 자질 부족이라는 암시를 줬다. "자발적 무자녀"는 1970년대 초에 대체 용어로 등장했다. 누가 만든 말인지는 아무도 모르는 듯하지만, 『아이라는 덫』과 NON에서 발간한 팸플릿과 홍보 자료에 자주 등장했다. 1970년대 중반, 이 표현은 학술 논문에도 등장했다.[35] "무자녀"를 "자발적 무자녀"로 대체하는 것이 자녀 양육을 포함하지 않는 삶을 정상화하고 찬양하는 작업의 핵심이라고 NON 지도층과 회원들은 믿었다. "무자녀"가 가련한 결핍을 암시한다면, "자발적 무자녀"는 선택한 일처럼 보였다. 자발적이라는 말이 원래보다 향상된 것을 의미하기도 했다. 무자녀 부부를 자발적 무자녀 가족으로 바꾼 계기는 "자발적 무자녀"를 반긴 사람들에게 변화를 경험하게 했다.

그렇다 하더라도 NON은 회원 수도 적고 눈에 띄지도 않았다. 1982년 공식 해산했을 때의 회원 수는 겨우 2천 명 남짓이었다. 사실상 전부 백인이었고 최소한 중산층에 기혼 이성애자였다.[36] 여러 NON 회원에게 "자발적 무자녀"는 굉장히 구체적인 의미를 가졌다. 무제한 뷔페 같은 선택지에서 고른 삶, 즐거움과 안도감이 반반으로 구성된 삶이었다. 드라마에 나오는 클리버 부부처럼 되고 싶은가, 리비에라에서 샴페인을 마시고 싶은가? 자녀를 갖지 못한 것이 난임 때문이든, 상대를 찾기 어려워서든, 직업을 우선해서든, 재정 문제 때문이든, 그곳에는 고통이 없었다. 이상하게도 다른 종류의 비전통적인 사고방식은 그렇지 않았다. 1960~1970년대 미국 사회에서 일어난 여성해방, 민권, 노동, 사회정의, 환경운동과 달리, 전국비부모회는 중요한 사회적 변화를 모색하지 않았다. 그들은 가정을 해체하는 것도, 가정 내 성역할을 재정비하는 것도, 미국 체제의 특혜와 부정을 근본적으로 변화시키는 것도 원하지 않았다. 펙 같은 자발적 무자녀 운동가들은 출산을 강요하는 것만 비판했을 뿐, 자녀 없이 점잖은 중산층, 상류층이 될 권리를 주장했다.[37]

미국 역사에서 NON은 자녀를 갖지 않는 삶을 찬양한 것보다는 보수파 정치 입장과는 무관한 보수주의 입장을 가진 단체였다. 18세기에 앤 리Ann Lee라는 여성이 비출산운동을 시작했지만, 그의 목표는 보수적인 것과는 거리가 멀었다. 그는 모든 것을 불태우고자 했다. 리는 1742년 영국 맨체스터의 노동자 계급 가정에서 태어났다. 16세 때 그는 기도하면서 황홀경에 빠져 몸을 흔들고 경련하는 셰이킹 퀘이커 분파에 들어갔다. 그들은 몸을 떠는 것이 성령이 몸에서 죄악을 씻어내는 결과라고 믿었다. 하지만 리는 한 걸음 더 나아갔다. 그는 차츰 생겨난 신도들에게 완벽한 성스러움과 완벽한 정결을 얻는 방법은 부부간의 성교와 출산을 위한 성교를 포함한 모든 성관계를 포기하는 것이라고 가르쳤다. 리는 신도들에게 "육체의 결혼을 버리지 않으면 어린 양과 결혼할 수 없으며, 그리스도의 부활에 동참할 수 없다. 그리스도의 부활에 동참할 자격이 있는 사람은 결혼하지도, 그에 굴복하지도 않는다"고 가르쳤다.[38] 리는 훗날 신도들과 후대인에게 마더 앤 리로 알려지지만, 생물학적 의미에서 어머니가 되는 데는 관심이 없었다. 그리고 다른 사람들도 모성이라는 관습에 대해 재고해야 한다고 여겼다.

리는 아주 어려서부터 성생활, 특히 자신의 성생활을 불쾌하다고 느꼈고, 마케이트의 크리스티나와 마찬가지로 독신으로 살게 해달라고 아버지에게 간절히 요청했다. 그러나 리는 영국이 종교 개혁을 겪은 이후 태어났으므로 크리스티나처럼 가톨릭 수녀가 되기는 어려웠다. 하지만 11세기의 크리스티나와 마찬가지로 리는 신을 섬기는 영적 지도자가 되어 수녀뿐 아니라 모두에게 평생 금욕의 미덕을 설교하고자 했다. 하지만 리의 아버지는 그런 생각에 설득되지 않았고, 리는 19세의 나이로 에이브러햄 스탠리Abraham Stanley라는 남자와 결혼하게 됐다. 당연히 그 결혼은 행복하지 않았다. 앤과 에이브러햄은 서로 증오했다. 리에게 의무로 주어진 성관계로 인해 상황은 악화됐다. 그는 고통스럽고 위험한 임신과 출산을 네 차례 겪었지만 자녀는 모두 영아 시절 사망했다. 출산 경험에서 얻은 신체적·감정적 상처로 인해 앤은 자신의 생각이 옳다는 데 더욱 확신을 가졌다. 성행위란 징그럽고 불결할 뿐 아니라 신이 탐탁지 않게 여기는 것이었다. 그것은 여성의 신체를 망가뜨리고, 삶을 위협하며, 삶의 선택지를 제한했다.[39]

　　"악마처럼 춤을 추며 이상한 언어로 고함을 쳐" 안식일을 위반하는 것부터 여성의 설교에 대한 성공회의 엄격한 금지를 위반한 것, 신성 모독에 이르기까지 다양한 종교법 위반으로 영국 당국은 리를 여러 차례 체포해서 감금했다.[40] 리는 네 시간 동안 72개 언어로 말하면서 체포를 방해한 적도 있다고 했다. 환상 속에서 불붙은 나무가 리에게 교회를 미국으로 옮기라고 지시했다. 미국에서는 더 자유롭게 활동할 수 있다고 판단한 리와 남편 에이브러햄, 그리고 가장 충직한 추종자 일곱 명은 1774년 뉴욕시에 도착했다. 도착하자 에이브러햄은 그들을 버렸지만 리는 개의치 않았다. 리는 남은 신도들과 함께 올바니 인근에 땅을 빌렸다. 그리고 18세기 말 미국 종교계에 생겨나던 여러 교파의 실험적인 공동체 생활 중에서 두각을 드러냈다.[41]

리의 셰이커 공동체가 지닌 차별점 한 가지는 완전한 양성평등의 원칙이었다. 그는 신도들에게 아담과 이브의 이야기가 주는 교훈이 여성이 욕망 앞에서 나약하고 순종할 줄 모르며 무력해서 남성의 도움이 계속 필요하다는 것이 아니라고 가르쳤다. 신은 아담과 이브가 인간으로서 지은 죄를 동등하게 용서했고, 그렇기에 그들은 신 앞에서 동등한 위치를 갖는다고 설교했다. 이런 믿음에서 리는 결혼에 반대했다. 결혼제도는 남편이 아내를 "소유"하게 하는데, 리는 이것이 신이 원하는 양성평등에 위배된다고 믿었다. 구원에 이르기 위해서는 남성은 "우월감과 소유욕"을 극복해야 하고, 여성은 "열등감과 굴복"을 극복해야 한다고 셰이커 교리는 가르쳤다. 셰이커 공동체는 남녀 모두에게 권위와 권력을 부여했다.[42]

셰이커교인들은 엄격한 금욕 정책을 세웠고, 그것을 지키기 위해 정한 정교한 규칙에 따라 살았다. 셰이커교 남녀는 단둘이서 대화할 수 없었고 어린아이는 어른의 감독 없이 목욕할 수 없었다. 계단에서 서로 지나치게 되면 여성은 옆으로 비켜서야 하는데, 남성을 공경해서가 아니라 신체가 남성에게 닿지 않게 하기 위해서였다. "함께 있을 때, 본능이 흥분하는 것을 느끼면 서로에게서 곧바로 피하고 더러운 영혼과 싸우라"고 그들의 교리는 가르쳤다.[43] 물론 성에 대해 이처럼 엄격한 규칙 때문에 새로운 셰이커교도는 생길 수 없었다. 공동체를 늘릴 방법은 포교뿐이었다.

　　　　"함께합시다! 성교도 자녀도 친밀한 관계도 가질 수 없습니다!"라고 외치는 것이 그다지 좋은 홍보는 아닐지 모르지만, 리와 셰이커교도는 포교에 큰 어려움을 겪지 않았다. 그들은 여성, 특히 결혼해서 성관계를 갖고 자녀를 낳아야 한다는 기대를 받는 젊은 여성을 끌어들였다. 20세 이하 셰이커교인의 남녀 성비는 동일했다. 그러나 20~45세, 자녀 출산과 양육 시기에는 여성이 남성보다 세 배 가까이 많았다. 셰이커 공동체는 리와 같은 영혼을 가진 이들, 자녀를 출산하는 연령이지만 대안을 원하는 여성의 피난처다. 자녀 출산 금지—그리고 자녀 양육에 수반되는 여러 가지 가사로부터의 자유—는 억제제가 되기는커녕 셰이커 교리에 동참하는 여성을 끌어들이는 유인책이 되었는지도 모른다.[44] 몇몇 추산에 따르면 1860년대 전성기에는 북동부와 중서부 약 20개 공동체에 4천~6천 명의 셰이커교인이 살았다. 그러나

1900년 무렵 그 수는 855명으로 줄어들었고, 대부분 노인이었다. 개종자 수는 세월의 흐름을 따라잡지 못했고, 출산으로 새로운 회원을 만들지 않자 결국 아무도 남지 않았다.[45]

셰이커교 전성기에서 100년이 지난 1970년대 초, 새로운 분리주의를 실천하는 공동체가 등장해 성관계를 제거하는 데서 한 걸음 더 나아갔다. 그들은 남성을 완전히 제거했다. 1960년대 대변동을 일으킨 여성운동은 미국 여성이 양성 불평등과 억압에 눈뜨게 했다. 또한 문화와 법이 그러한 불평등과 억압을 받드는 사회에서는 살고 싶지 않다는 생각을 가진 여성도 생겼다. 레즈비언 분리주의자들은 미국과 캐나다 전역에 여성의 땅 공동체를 세우고 주택과 토지를 사들여 모든 여성은 받아들이되 남성과 남자아이는 받지 않았다. 거터 다익스는 버클리에 적을 두고, 래디컬레즈비언은 뉴욕시에 적을 두었다. 퓨리스는 워싱턴 디시에, 고곤스는 시애틀에 적을 두었다. 오리건주 남서부의 대규모 토지를 매입하여 오리건 토지 신탁을 설립했다. 한 단체는 맨해튼의 여성 전용 협동조합, 뉴욕 레즈비언 식량 동맹을 세웠다. 밴을 모는 비건 단체는 밴 다익스라는 이름을 붙이고 미국의 모든 레즈비언이 그 이름을 성으로 채택하기를 바랐다. 이들은 1970년대 내내 이곳저곳을 다니며 여성의 땅 공동체의 북미 경계선을 그었다. "우리는 어딜 가나 있었죠." 2009년 러마 밴 다이크Lamar Van Dyke가 기자에게 말했다. "노스캐롤라이나, 플로리다, 텍사스, 아칸소, 뉴멕시코, 애리조나에서 여성의 땅 공동체를 찾을 수 있었고, 캘리포니아와 오리건에는 여성의 땅 공동체가 아주 많았어요. 사실 여성의 땅 공동체만 찾아다녀도 전국을 돌 수 있었죠. (……) 온 세상에 가득했어요." 그 운동이 정점에 달했을 때, 여성의 땅에 사는 사람은 미국 전체에 "수천 명"에 달했다고 한 레즈비언 역사연구자가 추산했다.[46]

레즈비언 분리주의는 미국 여성운동의 급진적인 새 시대를 대표했다. 베티 프리던이 1966년 전국여성기구를 창립했을 때, 그 단체의 목적은 "여성이 결혼과 모성과 일을 쉽게 연결시키는 것을 방해하는 환경"을 바꾸는 것이라고 분명히 밝혔다. 이것은 "혁명적인 시각이었지만(여전히 그렇다!) 모든 여성의 삶에 결혼"—특히 남성과의 결혼—"자녀가 그 순서로 포함되지 않을 것이며, 그래야 하는 것도 아니라는 인식은 전혀 없었다"고 작가 리베카 트레이스터Rebecca Traister는 지적했다.[47] 그것은 전략적이기도 했다. 여성이 여전히 아내와 어머니가 되기를 원하고, 커리어 역시 원한다는 메시지는 정치적으로 안전했다. 그렇다면 결혼과 모성을 원하지 않는 여성은 위협이었다. 1969년 프리던은 이 운동에 참여하는 레즈비언을 "연보라색 위협"—공산주의와 그것이 미국 사회에 가하는 위협을 가리키던 냉전 시대의 "적색 위협"을 참조한 표현—이라고 불렀다. 여성운동 내 레즈비언이 존재하면, 적이 그들의 정치적 주장을 무시할 수 있게 된다고 그는 믿었다. 적은 페미니스트가 정치적·법적 평등이나 일하는 어머니를 위한 지원을 요청하는 것이 아니라 남성을 증오하는 것이라고 말할 수 있게 된다는 것이다.[48]

그러나 퓨리스와 래디컬레즈비언 등의 단체는 남성과의 성관계와 연애를 거부하는 것이 여성운동에 위협이 되지 않는다고 믿었다. 반대로 여성운동의 일관성에 필요한 요소로 봤다. 1970년 래디컬레즈비언 회원들은 "연보라색 위협"이라고 가슴에 적은 보라색 티셔츠를 입고서 전국여성기구의 제2차 여성연합회 무대에 쳐들어갔다. 그들은 "우리는 모두 레즈비언이다!"와 "레즈비언주의는 여성해방 계획이다" 등의 표어를 들었다. 레즈비언이 되는 것은 "성적 지향의 문제가 아니고 정치적 선택이며 모든 여성이 스스로를 여성으로 확인하고 남성 우월주의를 종식시키기 위해서는 그 선택을 해야 한다"고 1972년 퓨리스는 성명서를 통해 선언했다.[49] 오늘날 우리는 성이란 한 사람의 정체성에 내재한 일부라고 이해하지만, 1970년대 일부 페미니스트에게는 다른 여성과의 성관계와 연애를 추구하는 것만이 정치적 견해대로 사는 방법이었다. "레즈비언은 자신을 해방하기 위한 투쟁에서 사적 문제와 정치적 문제를 통합한 여성이다. (……) 레즈비언은 그 자체로 저항의 선봉이다"라고 1973년 질 존스턴^{Jill Johnston}이 저서 『레즈비언의 국가^{Lesbian Nation}』에서 주장했다.[50]

선봉이 되려면 남성을 쫓아내는 것만으로는 부족했다. 여성의 땅이나 그 밖의 레즈비언 분리주의 공동체에 참가하는 여성은 합류 전, 자녀를 이미 가진 경우가 아니라면 생물학적 모성을 포기해야 했다. 연방법으로 정자 기증자가 친권을 가질 수 없다고 명시한 1973년까지 기증 정자를 이용한 인공수정은 미국에서 법적으로 불가능했고, 1990년대 초까지 드물었다.[51] 그러나 참가자 중에는 모성을 배제하는 것을 핵심으로 여기는 경우도 있었다. 성스러운 관습으로부터 벗어나 자신에 대한 기대에 의문을 제기하며, 사회 기준을 무시하는 것이 그들 공동체의 존재 이유였다. 러마 밴 다이크의 말대로 "우리는 원하는 것을 뭐든지 하고 살았다".[52]

❊

초기 NON은 자녀 없는 삶을 확인시켰을 뿐 아니라 큰 관심을 모으는 데도 성공했다. 전성기에 회원이 3천 명에 불과했던 조직치고 NON은 미디어의 굉장한 관심을 얻었다. 『코스모폴리탄』부터 『글래머^{Glamour}』, 『타임』, 『뉴스위크^{Newsweek}』, 『뉴욕 타임스』, 『뉴요커^{New Yorker}』, 〈60분〉, 〈투데이

쇼〉에 이르기까지 온갖 곳에 특집 기사 수백 편이 실렸다. 불행히도 대부분은 부정적인 내용이었다. "결국에는 자발적 무자녀 성인을 사회적 영웅으로 만드는 조직이 설립됐다"고 『보스턴 글로브Boston Globe』에 풍자적인 기사가 실렸다. 어머니의 날과 아버지의 날은 "얼간이의 날이라는 기념일로 통합됐다"고 그 기사의 기자는 비꼬듯이 말했다.[53] 『타임』에서 NON에 공감하는 기자도 그들의 "미성숙하고" "유치한 무자녀 옹호"를 한탄했다. "이 조직에 대한 문화적 편견이 너무 강해서 무자녀를 자유롭게 선택할 수 없게 됐다. 그들은 이기적이고, 천박하고, 강박적이라고 손가락질받으리라는 것을 알고 있다"고 그 기자는 인정했다. NON의 최선이 "아무도 재미없다"라는 표어라든가, 펙이 "자유로운 삶에 방해가 되기 때문에 모성을 폄하하는 것"이 아쉽다는 논평도 있었다.[54]

홍보 전략에 어려움을 겪던 NON은 1974년 엘런 펙을 캐럴 베이커Carole Baker로 교체했다. 두 명의 10대 아들이 있는 그의 존재는 NON의 평판을 개선할 뿐 아니라 메시지 확산에 도움이 되어 후원자들의 마음에 드는 조직이 되도록 만들었다. 1976년 베이커는 환경과 인구 과잉을 위한 조직에 많은 기부를 한 자선단체, 록펠러형제재단에 접촉했다. NON은 출생주의 정책에 맞서 싸우고자 한다고, 베이커는 록펠러 대표들에게 연설했다. 미국인에게 부모가 되는 것은 의

무가 아니라 선택이라고 교육하면 부모가 아닌 이들의 삶이 향상되고 많은 이가 여전히 우려하는 인구 증가를 늦추는 데 도움이 될 것이라고 했다. 록펠러형제재단은 출생주의 정책의 부정적 영향에 대해서는 NON과 같은 우려를 했지만, 이들의 전략에는 동조하지 못했다. "자녀와 가족의 문제에 대해서 미국인들은 아직 오랫동안 받들어온 전통을 무시하는 유머 감각을 지니지 못했"다고 그들은 회의가 끝난 뒤 베이커에게 메모를 남겼다. 록펠러형제재단은 출생주의 정책에 맞서 싸우는 NON의 노력을 지지하지만, "보다 전문적인 홍보 방식의 변화와 이미지 쇄신이 필요하다"는 데 동의해야 한다는 조건을 내세웠다. 베이커는 그 조건에 모두 동의했다. NON은 센트럴파크에서 스판덱스 옷을 입고 추던 "비출산 의식" 댄스와 같은 "'구호'는 그만두고 진지하고 학술적이며 편견 없는 접근 방식을 유지하겠다"고 약속했다.[55]

      NON은 록펠러형제재단에서 받은 돈으로 출생주의 정책이 일상생활에 무의식적으로 침투하는 방식을 폭로하는 티브이와 라디오 광고를 제작했다. 그러한 광고 중 한 편에서는 부동산업자가 젊은 부부에게 집을 보여준다. 부동산업자가 방 하나는 아기방, 또 하나는 놀이방으로 좋을 것이라고 설명하자, 부부는 각자의 서재를 떠올린다. 자녀를 가지지 않을 것이라면 "시내 콘도미니엄을 보여줄 수 있다"고 부동산업자가 잘라 말한다. 또 하나의 광고에서 한 부부가 심한 다툼을 한 뒤 심각한 표정으로 말없이 앉아 있다. 남편이 조심스레 말한다. "혹시 아이가 있으면 상황이 나을지도 몰라." 영상이 멈추고 불길한 음성의 내레이션이 흐른다. "글쎄올시다."[56] 또 한 편의 광고에서 신혼부부가 신혼여행에서 돌아오니 거실에 유모차가 으스스한 모습으로 나타난다. "부모가 되라는 압박을 너무 받다 보니 애초에 선택의 여지가 있다는 것을 잊기 쉽습니다"라는 내레이션이 흐른다. 1978년 NON 이사회는 명칭을 전국선택적부모연맹으로 바꿔 부모라는 입지와 상관없이 모든 사람이 후원자가 되도록 했다. "우리는 자녀에 반대하지 않습니다. 그렇게 생각하지 마세요." 베이커는 기자들에게 강조했다. "우리는 그저 부부가 자녀를 가질 것인지에 대해 선택권을 갖기를 원할 뿐입니다."[57]

  NON 혹은 전국선택적부모연맹이 1970년대 중반 이미지 쇄신에 나선 것은 특별히 놀라운 일은 아니다. 임신중지 권리가 "개인 선택의 자유"를 위한 논쟁에서 이긴 직후였기 때문이다. 지금은 상상할 수 없는 일이지만, 적어도 처음에는 이러한 논리가 페미니스트에게만큼이나 일부 보수주의자에게도 효과적이었다. 로 대 웨이드 재판의 결과를 대법원에서 발표한 지 일주일 뒤 『침례교 신문Baptist Press』—미국 내 최대 규모 개신교 대변자, "남부 침례교 협의회의 뉴스 서비스"—이 판결을 독자에게 설명하는 기사를 냈다. "임신중지 혹은 이런 문제에 대한 남부 침례교의 공식 입장은 없다." 하지만 "임신중지를 하거나 출산을 하는 결정은 이제 법에 따르는 것이 아니라 양심과 선택의 문제가 될 수 있다"고 찬성하는 어조로 덧붙였다.[58] 그 주 『침례교 신문』에 실린 또 다른 기사는 대법원에서 임신중지 권리에 찬성한 변호사 중 한 명이었던 린다 커피Linda Coffee와의 인터뷰를 실었다. 커피는 남부 침례교도로 자랐고 독자들에게 이 재판을 자유와 선택이라는 보수주의 시각으로 보도록 장려했다. 커피는 이 판결이 기독교인으로서 자신이 개인적으로 선택하는 것 이상의 헌법적 자유를 허용할 것이라고 설명했다.[59] 신도를 늘리고자 하는 전국선택적부모연맹은 남부 침례교와 가족 계획 연맹이 함께 쓰는 단어를 채택할 수밖에 없었다.

우리가 너무나 잘 알고 있듯이, 이런 지지의 순간은 오래가지 못했다. 전국선택적부모연맹은 1982년 비부모의 날로 정한 8월 1일에 공식 해산했다. 이 단체의 마지막 소식지는 재정 문제를 원인으로 들었지만, 불안한 재정은 훨씬 더 큰 문제의 징후였을 뿐이다. 자녀를 갖지 않는다는 그들의 입장은 호시절에도 정치적 입지가 약했는데 당시는 레이건의 80년대, 즉 개인의 자유보다 더 큰 가치를 갖는 것은 "전통적인" 미국 가치관뿐이었던 시절이었다. 화려하게 살며 모성을 가차 없이 거부한 펙, 멋들어진 홍보를 진행한 베이커, 자녀 없는 삶을 지지한 NON은 핵가족이 애국적 이상이 된 나라에서 발붙일 곳을 찾지 못했다.

그렇다 하더라도 NON의 활동은 비난받는 와중에도 많은 것을 바꿔놓았다. 비록 "선택적 무자녀"라든가 "비부모" 같은 단어를 신문에 실어 사람들이 모닝커피를 마시면서 읽고는 어이없다는 표정을 짓는 데 그쳤다 하더라도 말이다. 부모가 되는 것이 성년이 되는 데 반드시 필요한 단계라고 보는 문화 속에서 부모 되기를 거부하는 선택을 공개적으로 인정한 NON으로부터 큰 힘을 얻은 이도 있었다. 하지만 그 밖의 사람들에게 NON이 남긴 것은 좀 더 복잡했다. 오늘날까지도 NON이 내린 선택적 무자녀의 정의는 부모가 아닌 이 중에서 소수만을 가리킨다. 질병통제예방센터에서 실시한 설문 조사에 따르면, 자녀가 없는 이 중 6퍼센트만이 NON의 상상처럼 "의도적으로 자녀를 갖지 않았다". 자녀를 갖지 않기로 능동적으로 선택하고 그 선택을 중심으로 산 경우는 극소수에 그친다.[60] 그 밖의 우리가 자녀를 갖지 않은 이유는 난임 또는 대학원 졸업, 커리어, 적당한 상대 찾기, 주택 마련이나 은퇴를 위한 저축, 나이 든 부모 보살피기, 대학 학자금 갚기 등 생존에 필요한 일들을 우선시하다 보니 어쩔 수 없이 얻은 결과다. 선택적 무자녀 운동은 선택—자녀로부터 자

유롭게 살자는 선택!―만을 강조하여 그 밖의 요인을 무시하
였다.

❀

자녀 없이 사는 삶은 캐런 멀론 라이트^{Karen}

Malone Wright의 선택은 아니었다. 2010년 라이트는 고향 오하이
오주 클리브랜드에서 회사 커뮤니케이션과 디지털 마케팅 경
력을 20년 넘게 이어나가며 행복한 결혼 생활과 성공적인 커
리어를 갖고 있었다. 50대의 나이로 자녀가 없었던 그는 본인
도 외동딸로서 늘 꿈꾸던 떠들썩한 대가족을 갖지 못해 아쉬
워했다. 인터넷에서는 그와 같은 경험을 나눌 사람이 없었다.
비슷한 또래의 빈둥지증후군을 앓는 여성도, 입양으로 부모
가 되려는 사람이나 무자녀를 선택한 사람도 그와는 달랐다.
난임 커뮤니티도 마찬가지였다. 상실을 슬퍼하거나 오래전 라
이트가 포기한 희망을 품고 있는 여성이 가득한 그곳은 "너
무 슬펐다". 적절한 공동체를 찾지 못한 라이트는 자신이 만
들기로 결심했다. 이듬해 그는 전국적으로 정기 대회, 팟캐스
트, 오프라인 모임을 갖는 온라인 정보 커뮤니티 낫맘을 열었
다. 낫맘의 구호는 "선택 혹은 우연"이었고 단체는 이 모토를
진지하게 받아들인다. "우리는 자녀를 원한 적 없는 여성, 자

녀를 원한 적 있는 여성, 출산한 적은 없지만 의붓자녀나 어린 친척을 소중히 여기는 이들을 포용합니다. 우리는 같은 도로에서 갈라진 다른 길 위에 있습니다."[61] 2013년 클리브랜드에서 열린 낫맘 지도자 대회의 기조연설을 맡은 케이스 웨스턴 대학교 산부인과학 교수 마저리 그린필드Marjorie Greenfield는 여러 참석자를 보고 놀랐다. 다양한 연령대의 즐겁게 무자녀를 선택한 이와 시험관 시술을 포기한 뒤 슬퍼하는 이가 대화하고, 울고, 점심을 함께하는 자리였다.[62] NON이 배타적인 조직이었다면 낫맘은 자녀를 갖지 않는 모든 이를 아우르는 곳이었다. 그곳에는 자녀를 갖지 않기로 선택한 사람들과 자녀가 없는 사람들, 출산 여부로 정체성을 규정하는 것이 지루하다거나 잘난 체라고 혹은 환원적이라고 여기기 때문에—이것이 애초에 모성에 끌리지 않았던 이유가 될 수도 있다—어느 쪽과도 동일시하지 않는 사람들이 모두 모였다.

　　　　2014년 『허프포스트HuffPost』에 실은 글에서 제니퍼 애니스턴Jennifer Aniston은 이런 불만, 즉 자녀를 갖거나 갖지 않은 것만 가지고 여성을 규정하는 데 불만을 표명했다. "말해두자면 난 임신하지 않았다. 그 질문이 진저리 난다." 애니스턴이 이렇게 썼다. 2008년 브래드 피트와의 이혼 이후 자녀를 갖지 못한 것 때문에 그는 평생 행복했다는 많은 증거가 있는데도 인터넷 역사에 가장 오래 남은 "슬픈 제니퍼"라는 밈이 생겨났다. 애니스턴은 자신의 출산 여부가 자신에 대해서 가장 흥미로운 점이라는 사실이 진저리 난다고 밝혔다. "우리는 온전한 존재가 되기 위해 결혼하거나 엄마가 될 필요는 없다. 우리는 '오래오래 행복하게 사는 삶'을 스스로 정할 수 있다."[63]

11세기의 수녀들, 셰이커교인들, 레즈비언과 제니퍼 애니스턴에게는 당연히 별로 비슷한 점이 없다. 하지만 한 가지 공통점은 있다. 그들은 모두 결혼, 자녀, 핵가족 등 전통적인 기대와 다른 삶을 원했다. 그들의 삶은 자녀를 갖지 않기로 한 선택만으로 정의할 수 없다. 그것은 자녀를 갖지 않음으로써 가능해진 삶을 사는 선택이었다.

1986년 시몬 드 보부아르는 평생 함께한 장폴 사르트르가 사망한 지 6년째 되는 날을 여덟 시간 앞두고 오랫동안 폐렴에 시달리다가 사망했다. 전 세계인이 부고를 통해 그를 "다작"했고 "탁월"하며 "도발적인" 여성운동의 "핵심 철학자"로 기렸다.[64] 그는 파리 몽파르나스 공동묘지 사르트르 옆에 묻히며 살아서는 동의할 수도, 동의하지도 않을 일을 했다. 영원히 그의 옆자리에 눕는 것이었다.[65] 죽음이 그의 예리한 지력과 반박, 정치적 견해를 지워나가는 동안, 그는 아내뿐 아니라 어머니도 됐다. 수많은 기사와 부고에서 그를 여성운동의 어머니, 해방된 모든 여성의 어머니라고 선언한 것이다. 파리의 여성 예술 및 정치운동의 시청각 아카이브를 위한 시몬 드 보부아르 시청각센터의 설립자들은 한 성명서에서 "우리는 이제 모두 고아가 됐다"고 말했다.[66] 사망 7개월 전, 한 기자는 보부아르에게 전 세계 페미니스트와 여성운동에 어머니상으로 간주되는 데 대한 소감을 물었다. "터무니없는 비유죠." 보부아르는 웃으며 말했다. "사람들은 어머니 말을 도통 듣지 않으니까요."[67]

전기기사는 주방에서 내 전등을 고치며 〈쉬운 사
랑〉을 노래한다.

남극 둘레의 바다 얼음이 기록적으로 낮아지고 이
제 뉴스에서는 한 남자가 품에 아기를 안고서
키이우의 거리를 질주한다. 전쟁이라는 단어가
모든 곳에 등장한다. 땅이 데워진다. 텍사스에서
는 한 아이가 슬픔으로 환해진다. 모든 것이 터질
것만 같다.

아침이면 내 배는 또 아기를 달란다. 온몸에서 갈
망이 새어 나온다. 아직 그 누구도 내 몸에게 세상

이야기를 해주지 않았다. 그가 듣는 것은 옆방에서 누군가가, 아직 노래하는 소리뿐이다.

—조이 설리번, 『서쪽으로 여행하는 법Instructions for Traveling West』에서

1976년 앤 랜더스라는 필명으로 칼럼을 쓰던 에피 리더러Eppi Lederer는 당시 미국에서 가장 시급한 문제를 오랫동안 다룬 그조차도 놀랄 만한 편지 한 통을 받았다. "간단한 편지였다." 랜더스는 그해 여름 『좋은 가정Good Housekeeping』에 실은 칼럼에 적었다. "곧 결혼할 젊은 남녀가 조언을 구했다. 그들은 결정을 내리지 못했다. 가족을 가질지 말지 도저히 마음을 정할 수 없었던 것이다." 자녀를 미워하는 것처럼 보이는 친구가 주변에 너무 많다고 편지를 보낸 이는 말했다. 친구들은 그들의 자유와 경제적 여유를 부러워했다. 그들이 아는 한 부부는 둘째가 태어난 뒤 다시는 아이를 갖지 않도록 자궁관묶기와 정관절제술을 함께 받았다. "앤 랜더스 씨, 이런 걸 보면 궁금해집니다. 힘들어도 부모 될 가치가 있는 건가요? 짐과 저는 서로를 매우 사랑합니다. 그 무엇도 이 관계를 망치지 않았으면 합니다. 우리 주위에는 가족으로 엮이기 전에 훨씬 더 행복했던 부부가 너무 많아요." 랜더스는 그 질문을 수많은 독자에게 던졌다. "과거로 돌아갈 수 있다면 자

녀를 가질 겁니까?" 1만 통의 답신이 미국 전역에서 날아왔고 그중 70퍼센트가 아니라고 답해 랜더스는 "두려움"을 느꼈다.[1]

그 누구도 이와 같은 결과—부모 열 명 중 일곱 명이 출산을 돌이키고 싶을 만큼 후회하는 것—를 다시 낼 수는 없었다. 그해 말 『뉴스데이Newsday』는 독자들에게 같은 질문을 했다. 헤드라인은 "91퍼센트가 자녀를 갖겠다고 응답"했다고 결과를 발표하며, "앤 랜더스, 잘 보시오"라고 덧붙였다.[2] 2013년 갤럽 설문 조사에서 미국 부모 중 7퍼센트 정도만이 과거로 돌아갈 수 있다면 자녀를 갖지 않겠다고 응답했다.[3] 따라서 자녀를 가진 것을 후회하는 부모 비율은 확실히 70퍼센트가 되지 않지만, (앤 랜더스, 잘 보시오) 0도 아니다.

노르웨이의 사회학자 토마스 한센Thomas Hansen은 자녀 없는 사람들에 관한 세 가지 주요 선입견—그는 이것을 "대중의 이론"이라고 부른다—에는 논리적인 결함이 있다고 지적했다. 우선 그 선입견은 다음과 같다. 1.아이들은 사람들을 행복하게 하므로, 자녀 없는 사람들은 부모보다 행복하지 못하다. 2.자녀 없는 사람들은 외롭고 허무한 삶을 살므로 부모보다 행복하지 못하다. 3.자녀 없는 사람들은 즐거움과 자유, 친구들과 즐기는 시간, 연애, 여행, 고급 주택과 음식을 자녀 양육보다 우선시한다. 마지막 내용은 "상당히 행복한 집단의 모습을 보여주는 듯하다"고 그는 냉소적으로 덧붙인다. 이를 뒷받침하는 연구도 있다. 적어도 30년간 미국과 선진국에서 자녀 없는 이들이 부모보다 행복하다는 사실을 여러 연구가 증명해왔다.[4] 최근 연구에 따르면 자녀가 어려서 시간과 에너지, 돈이 가장 많이 드는 시기의 부모만 덜 행복한 것이 아니다. 미국의 빈둥지증후군을 겪는 이들 역시 비슷한 연령의 비부모보다 행복도가 낮다. 미국 성인을 연구하는 연구자들은 어떤 종류의 부모도—양육권이 있든 없든, 생물학적 부모든, 입양 부모든 의붓부모든 어린 자녀를 가졌든 성년 자녀를 가졌든—비부모보다 더 행복하다고 느낀다고 보고하는 경우는 없음을 알 수 있었다. 미국에서는 부모들이 자녀 없는 사람보다 12퍼센트 덜 행복하다고 보고한다. 이것은 선진국 중에서 부모와 비부모 사이의 행복 격차가 가장 큰 경우다.[5]

밝혀두자면 이런 결과는 사실 자녀 때문이 아니다. 자녀로 인해 지칠 수는 있지만 그들은 즐겁고, 호기심 많고, 귀엽고, 활달한 존재이며 현재 삶에 활력을 주고 우리의 미래를 대표한다. 부모는 자녀 양육이 목적의식과 만족감, 정체성, 의미 있는 사회적 관계를 선사한다고 한다.[6] 부모가 비부모에 비해 행복도가 낮을 수 있지만, 다른 연구에 따르면 자녀가 있는 사람이 더 큰 목적의식과 의미를 가지며 삶에 더 만족한다고 한다.[7]

문제는 자녀가 아니다. 문제는 부모가 자녀를 양육하며 살아야 하는 사회다. "자녀를 가지면서 얻는 보람보다 현재 자녀 양육에서 생기는 스트레스가 더 크다"고 최근 연구자들은 설명했다. 구체적으로 말해 보람보다는, 부모가 일할 수 있도록 하는 보육비 지원이라든가 부모가 자녀와 시간을 보내도록 하는 유급휴가 등의 정책이 없는 국가에서 자녀 양육의 스트레스는 더 크다. 출산휴가나 건강보험 보장 등의 다른 지원 정책이 없어도, 보육비 지원과 유급 병가 및 휴가 등의 두 가지 정책만으로도 부모와 비부모 사이의 행복 격차가 완전히 사라질 수 있다. 프랑스, 핀란드, 노르웨이, 스웨덴 등 이런 정책이 있는 국가에서 부모는 비부모보다 높게는 8퍼센트 이상 더 행복하다. "여러 국가의 정책을 보면 부모들이 행복에 있어서 갖는 취약성을 최대 100퍼센트까지 설명해준다"고 연구자들은 결론지었다.[8]

양쪽 정치 진영이 모두 미국의 출산율 저하를 우려하는데도 불구하고, 사회는 자녀 양육을 불행한 일로 만드는 정책을 수정하려고 노력하지 않는다. 1993년 12주의 무급 출산휴가를 보장하는 가족 보건 휴가법에 보호받지 못하는 미국 여성이 절반 가까이 된다.[9] 노동통계청에 따르면 미국 근로자 중 23퍼센트만이 기간과 상관없이 유급 출산휴가를 쓸 수 있다.[10] 2021년 말 민주당에서 하원, 상원, 백악관을 장악한 상태에서도 국회의원들은 근로 여성 전원이 아니라 다수에게 겨우 4주간의 유급 출산휴가를 제공하는 법조차 통과시키지 못했다. 비교하자면, UCLA 세계정책분석센터 자료에 따르면 정부가 명령하는 유급 출산휴가의 세계 평균은 29주다.[11] 강아지를 입양해본 사람이라면 단 1년 만에 성년이 되는 포유류인 개도 보통 8주까지는 어미에게서 떼어내지 않는다는 사실을 알 것이다.

그리고 출산휴가만의 문제가 아니다. 건강보험은 여전히 취업 여부에 따라 생겼다가 사라지며, 그 수준과 비용은 고용주의 마음에 따라 결정된다. 노인 돌봄은 돈을 낼 수 있을 때만 존재한다. 즉, 자녀 임신을 생각하기 전에 늙어가는 부모를 직접 보살펴야 하는 사람이 많다는 뜻이다.[12] 로 대 웨이드 판결을 뒤집기로 한 2022년 대법원의 결정으로 인해 절반 이상의 주에서 자신과 자녀에게 좋지 않은 일이 생기면 임신을 중지시킬 수 있는 여성의 권한을 크게 축소시켰고, 모성 사망률이 대부분의 선진국보다 이미 뒤처진 나라에서 임신과 출산은 더욱 위험해졌다.[13] 직장은 주머니에 넣은 휴대전화의 형태로 집까지 따라와 저녁 시간과 주말에도 시간과 관심을 요구한다. 수십 년간 임금은 동결 상태이며 보육과 주택 비용, 학자금 대출은 그 어느 때보다 감당하기 어려워지고 있다. 미국에서는 교내 총기 사건이 빈번해서 전국 학교에서 총기 난사 대피 훈련을 정기적으로 실시한다. 조지아 공대 연구 결과에 따르면 훈련 자체가 트라우마를 일으킬 수 있다고 한다. 불안, 우울, 그 밖의 정신질환 증상이 이 훈련을 한 아동에게 더 많이 나타난다.[14] 그리고 2021년 여름 미국과 캐나다 서부의 거대한 산불이 시카고에서 뉴욕시, 뉴햄프셔의 화이트 마운틴에 이르는 하늘을 시커멓게 물들였을 때나, 2022년 여름 알래스카주 툰드라지대의 화재가 페어뱅크스에서 놈까지 이어지고, 폭우가 켄터키와 미주리주의 도시 전체를 쓸어버리는 와중에도 신문 헤드라인에 오르지 못하는 기후 문제가 있다. 현대 생활의 압박과 불안, 위험을 설명하지 못하는 것에 비추어, 부모가 되지 않기로 하는 결정은 매우 합리적이다. 오히려 자녀를 가지기로 하는 결정에 설명이 필요할 수도 있다.

　　　　"우리가 선택을 정당화해야 한다는 기대가 있다. 사람들은 '왜 안 낳아?'라고 묻는다." 구엔 더글러스^{Guen Douglas}는 베를린에 스튜디오를 소유한 캐나다 태생의 타투이스트다. 그는 베를린에서 파트너와 갈색 점박이 닥스훈트 루드비그와 함께 살고 있다. 더글러스는 영국 사진작가 조에 노블^{Zoe Noble}이 정리한 자녀 없는 여성의 인물 사진과 이야기 연작, 〈우리는 무자녀를 선택했다〉에 등장하는 41명의 여성 중 하나다. "왜 우리는 이렇게 묻지 않을까?" 더글러스가 이야기를 이어나갔다. "'왜 자녀를 갖기로 했어?' 그게 더 중대한 질문이다. 당신에게 자원과 감정적 능력이 있는가? 혹은 아이를 낳아야 한다고 생각해서 그냥 한번 질러본 것인가? 할 일 목록에 있기 때문에 아이 낳는 친구를 많이 본다. 세계 인구가 넘쳐나고 기후 위기가 닥쳤다. 누군가가 자녀를 갖지 않는다고 하면 '잘했네' 하고 넘어가야 한다."[15]

하지만 우리는 그냥 넘기기가 어렵다. 핵가족이 유일한 가족 모델 역할을 해온 것도 한 가지 이유다. 결혼한 부모와 그들이 도움 없이 양육하는 생물학적 자녀가 바로 그 모델이다. "망가진 가족"이나 내가 자란 "혼합 가족" "대가족" 등 널리 쓰는 용어가 존재한다는 사실은, 망가지지도 혼합되지도 않은 제한적인 가족만 가족이라는 뜻이다. 이것은 그림처럼 완벽한 가족의 모습을 가장 값나가는 상품으로 여기는, 이윤 추구가 절정에 달한 인스타그램 등의 소셜미디어 플랫폼에서 우리가 보는 가족이다. "인스타그램은 핵가족 홍보 그 자체다." 캐스린 지저모턴Kathryn Jezer-Morton은 지적했다. "그것은 보육이 공동체 내에서 함께하는 것임을, 많은 가족이 서로 의존해서 자녀를 양육한다는 것을 완전히 삭제한다." 지저모턴은 몬트리올 콩코디아 대학교 사회학과 박사과정 학생이다. 그의 논문은 자신의 가정과 결혼 생활, 자녀를 소셜미디어에 등장시킴으로써 매우 수익성 높은 사업을 꾸려나가며 점점 더 확장하는 여성의 세계, "마마스피어"를 연구한다. 그 사업의 맥락에서 "그 모습 안에 핵가족만 들어간다면 이미지를 통제하기가 더 용이하다. 가령 일주일에 두 번, 아이들을 봐주는 이웃 재닌에게 사진에서 멋지게 나오도록 머리를 하고 오라고 청하지는 않을 테니까?" 그 결과 "대부분 마마스피어에서는 가족생활이 완전히 반역사적으로 재현"되고, 보는 사람이 선망하게끔 만드는 모습이 완성된다.[16]

그러나 가족 단위의 고립은 현실 생활에서 뒤죽박죽인, 인스타그램과 전혀 어울리지 않는 삶에서도 존재한다. 지난 200년간 이뤄진 미국의 핵가족화는 우리가 사는 동안 더욱 강화되었다. 현대 생활로 인해 모든 이에게 여유가 없어진 탓도 있다. 최근 한 설문 조사에서 밀레니얼 세대 다섯 명 중 한 명 이상이 파트너나 직계 가족 이외에 단 한 명의 친구도 없다고 응답했다. 이는 베이비붐 세대나 X세대보다 훨씬 높은 응답 수다. 세 명 중 한 명은 새 친구 사귀기가 어렵다고 응답했다. 공통된 이유는? "친구 사귀기엔 너무 바빠요."[17] 특히 자녀가 있는 부모의 경우 친구 관계는 모두를 매일 먹이고, 입히고, 최소한의 물질적·감정적 욕구를 만족시키는 가족 생존을 위해 희생해왔다. "가족에게 붙잡혀서 배우자를 최우선으로 하게 될 것이다." 줄리 벡Julie Beck은 『애틀랜틱』에 이렇게 적었다. 능력치를 최대로 끌어 쓰게 되면 "타격을 입는 것"은 법이나 혈연이 아니라 서로 끊임없이 시간과 관심, 애정, 존재를 주고받아야 하는 친구 관계다.[18] 가족 이외의 관계를 쌓는 데는 시간과 감정적 에너지가 필요한데, 그것이 부족한 사람이 너무 많다.

"공동체는 훌륭하다." 하버드 신학대학교의 연구자 캐스퍼 터 카일Casper ter Kuile은 말한다. "하지만 공동체는 끔찍하기도 하다." 카일의 연구는 젊은이 사이에서 영성에 관한 관심 증가에 집중한다. 신도들이 환영하지 않거나 차별하기 때문에, 어딘가에 뿌리를 내리기에는 너무 자주 거주지를 옮기기 때문에, 일요일 아침에는 잠을 더 자서 주중의 피로를 풀어야 하기 때문에 등 다양한 이유에서 제도화한 종교 공동체는 버리면서도 종교적 믿음을 유지하는 사람이 늘어나고 있다.[19] 2020년 갤럽 설문 조사에 따르면 미국인 중 47퍼센트만이 교회나 유대교회당, 모스크의 일원이었다. 80년간의 설문 조사 중 종교 조직에 속한 것이 미국 내에서 소수에 해당하는 결과는 처음이었다.[20] 그것은 교회 너머에서도 관찰되는 양상이다. 1950년대에는 미국인 3분의 1가량이 조합원 간 사교의 허브 역할을 하는 노동조합에 속했다. 2021년 근로자의 10퍼센트만이 조합에 속해 있다. 이는 조합뿐 아니라 어떤 직장이나 동료와도 엮이지 않는 독립 도급업자 혹은 '무소속 근로자'와 같은 수치다. 지난 20년 동안 자선 기부는 크게 증가

했지만 실제로 공동체에서 자원봉사를 하는 사람 비율은 급
감했다. 사람들이 여전히 공동체에 의무감은 느끼지만 그들
과 함께할 용의가 있거나 형편이 되지 않고, 이웃과 너무 동떨
어져 도울 방법도 모른다는 뜻이다. 타인과 함께 빵을 나누는
것은 인생에서 가장 간단하고 오래된 즐거움인데, 몇몇 조사
에 따르면 미국인은 절반 이상의 식사를 혼자서 한다.[21] 악순
환이다. 공동체를 이룰 시간과 감정적 에너지가 없는 한 가지
이유는 공동체도 없고, 휴식을 줄 수 있는 외부 지원 체제도
없기 때문이다.

　　　　　공동체는 힘들다. 그것을 이루는 것도, 유지하
는 것도 힘들다. 공동체는 보살필 법적·유전적 이유가 없는
타인, 어쩌면 알지도 좋아하지도 않는 타인을 보살피는 의무
를 부과한다. 부모에게서 부담을 덜어주고 자녀 양육과 그 기
쁨을 공유하는 공동체를 (재)창조하려면 어떤 사람들은 낳지
않은 자녀를 돌봐야 한다. 자녀가 없는 사람들이 실제로, 시
간 집약적으로, 물질적인 면에서, 자녀를 가진 친구와 공동체
내의 자녀를 위해 적극적으로 관심을 가지고 몸소 나서야 한
다. 부모는 멋진 모습이든지 아니든지 이웃에 관심을 가져야
하고, 자녀를 갖는 데서 오는 책임과 기쁨을 함께 나누는 데
실제 역할을 맡겨야 한다. 자녀 있는 사람들이 자녀 없는 친
구들에게 "넌 모를 거야"라고 말하는 대신, "내가 최선을 다

해서 설명해줄게"라고 말해야 한다. 그리고 자녀가 있든 없든 우리 모두 온갖 종류의 가족을 돕는 인프라와 정책, 체제를 후원하고 투자해야 한다. 힘든 시기에 사람들이 늘 해왔던 일이다. 공동체를 이루고 서로를 돌보는 것, 그것을 원하기만 하면 된다.

2020년 1월 말, 나는 미국 역사 속의 자녀 없는 여성에 관해서, 그들이 내린 결정의 "명암과 다양성"에 관해서, 그들이 이룬 일에 관해서 책을 출간하기로 실 출판사와 계약했다. 6주도 지나지 않아, 나는 인터넷에서 화장지를 찾느라, 온라인 수업하는 법을 배우느라, 내 작은 집에서 영상으로 생일 파티에 참석하느라 지쳐갔다. 그해 봄 내내, 특히 학생들이 온갖 종류의 위기를 헤쳐나가도록 도와주면서 두려움과 외로움이 마음속에서 떠나지 않았다. 하지만 내가 겪은 코로나19 대유행이 아무리 힘들어도, 내가 아는 부모들이 겪은 것에 비하면 아무것도 아니었다. 좋은 시절에 받던 미약한 지원조차 사라지자 하루하루를 넘기기도 벅찼다.

내게 지난 2년은 우리가 아무리 아니라고 해도 어머니와 가족, 아동에게 얼마나 무관심한지 가르쳐주는 기간이었다. 우리는 결국 기괴한 정치적 교착 상태에 봉착했다. 미국 대법원이 로 대 웨이드 판결을 뒤집을—아기와 어린이를 위해서라며—기회를 제공한 재판이 시작된 곳은 이미 태어난 아기와 어린이를 보살피는 일도 형편없음을 증명한 미시시피주였다. 비영리기관 세이브더칠드런 발표에 따르면 미시시피주의 미성년자 네 명 중 한 명 가까이 기아를 경험한다.[22] 테이트 리브스Tate Reeves 주지사는 로 대 웨이드 판결이 뒤집히면 어머니와 자녀를 보살피는 데 헌신하겠다고 트위터에 썼다.[23] 사람들을 돕기 전에 임신중지 법이 바뀌기를 기다려야 하는 이유가 무엇이냐고, 한 논평자가 물었다.

　　　　　이 책을 집필하는 동안, 나는 어머니와 부모들에게 마음이 누그러졌다. 원래는 자녀 없는 여성이 좀 더 인정받기를 원했으므로, 그런 여성의 가치와 성취에 관한 글을 쓰고 싶었다. 나는 자녀 없는 사람들, 특히 여성이 직장에서 당하는 일에 짜증 나고 화가 나는 사람이었다. 행사가 끝나고 부모들이 보육 시설에 아이를 데리러, 저녁을 준비하러 가고 나면 나는 남아서 뒷정리해야 하고, 누군가가 출산휴가를 받으면 빈자리를 채워야 해서 내 일이 더 힘들어지는 게 못마땅했다. 자녀가 없다고 해서 내가 바쁘지 않다거나, 지치지 않았다거나, 중요한 일이 없다는 뜻이 아니라고 여러 차례 비참한 심정으로 생각했다. 하지만 연구하고 글을 쓰는 동안, 주위 부모들이 애쓰는 모습을 보는 동안 이런 사고방식이 단순히 인색하고 불친절한 것만은 아님을 깨달았다. 그것은 위험한 생각이다. 그러한 생각에서 더 크고 중대한 다른 생각으로 쉽게 넘어가기 때문이다. 왜 내가 낸 세금을 공립학교에, 위험 상태의 청소년을 위한 프로그램에, 저소득층 가족을 위한 주택에, 조기 교육 계획에 쓰는가? 애를 낳기로 선택한 건 내가 아닌데—너희지.

과거의 여성, 이 책에 등장하는 여성들은 내 시간과 네 시간, 내 아이가 아닌 네 아이, 내 선택과 네 선택의 대치 구도로 보는 이와 같은 사고방식만 가능한 것이 아님을 알려줬다. 현재 부모들의 고통을 지켜보며 그럴 리 없다는 확신이 들었다. 서로에게서 멀찌감치 물러나는 태도는 우리 모두를 고립시켰고 어머니와 자녀 없는 여성 사이를 갈라놓았다. 이러한 분리는 우리가 서로와 완전히 별개로 살아야만 타당해지는 것이다. 하지만 현실은 그렇지 않다. 우리는 다음 세대를 부모만이 짊어져야 하는 일이 아니라 우리 모두가 함께할 과제로 여겨야 한다. 우리 모두에게 닥친 환경, 정치, 문화의 위기를 헤쳐나가려면 말이다. 실라 헤티가 어머니와 어머니가 아닌 여성 사이의 "내전"이라고 부른 전쟁에서 한쪽 편을 드는 책을 쓸 뻔했다고 생각하면 흠칫하게 된다. 참호가 있다면—참호는 분명 존재한다—우리는 그 안에 함께 있다. 우리는 서로를 지켜야 한다.

이 책은 한 가지 질문과 함께 시작했다. 미국 여성은 어째서 자녀를 갖지 않는가? 대답은 간단하지 않다.

우리가 살펴봤듯이 이 현상에는 많은 역사가 개입되어 있다. 그리고 선택이든, 운명이든, 그 중간쯤 되는 이유든 현재의 무자녀는 정확한 이유를 짚어낸다 해도, 애초에 그것을 해결하는 것이 필요하거나 도움이 된다고 동의한다 해도 해결할 수 있는 일이 아니다. 오늘날 여성이 자녀를 갖지 않는 이유로 내놓는 이야기는 새로운 것이 아니며, 구실이 되지 않는다. 그것은 주위 세상이 처한 상황을 명징한 시선으로 판단한 결과다. 우리는 더 많이 일하고, 더 많이 움직이며, 과거 어느 때보다 공동체의 수도, 결속력도 적다. 현재 자녀 양육에 드는 비용은 증가했다. 오늘날 어머니들은 가정 밖에서 일할 가능성이 훨씬 높은데도 불구하고 육아에 50년 전보다 두 배 가까운 시간을 쓴다.[24] 30년, 70년, 100년 전보다 오늘날 임신하기가 더 어려운 것도 사실이다. 그저 출산 연령이(현대 생활의 부담도 한 가지 이유다) 높아져서만이 아니라 여성뿐만 아니라 남성의 난임률을 높이는 환경 요인 때문이기도 하다.[25] 전 세계적으로, 역사적으로, 여성에게 교육과 직업의 기회가 열리자 출산율은 떨어졌다. 미래가 현재와 비슷한 모습을 유지하려면 지구는 실제로 거주하는 인간을 줄여야 한다. 석유를 태우고, 쓰레기를 만들고, 지구 반대편에서 키운 고기를 먹는 인간이 줄어야 한다. 살면서 어떤 길을 갈지 선택의 자유가 늘어났다. 그리고 선택할 길이 많아질수록 우리가 남기는 발자국도 늘어난다.

냉소적인 마음이 들 때면 "미국 여성은 어째서 자녀를 갖지 않는가?"라고 할 것이 아니라 대체 "어째서 자녀를 가져야 하는가"라고 질문해야 한다고 생각한다. 좀 더 희망이 느껴질 때면 더욱 생산적인 질문을 떠올린다. 우리는 어떻게 해야 할까? 자원이 고갈된 지구와 시간과 돈이 고갈된 존재가 요구하듯이, 새로운 생명을 적게 만들면서 아이들이 선사하는 기쁨과 희망, 에너지를 유지할 수 있을까? 자녀를 갖고 갖지 않는 것의 차이가 그렇게 냉혹하지 않은 미래, 한 아이에게 둘 이상의 어른이 개입하는 미래, 모성이 직장과 삶에 짓눌리지 않는 미래, 어머니가 아니라고 해서 다음 세대를 양육하는 것과 무관하지 않은 미래를 상상할 수 있을까? "만약 새로운 아이를 만드는 것이 진정 공동체에 기쁨이 되고, 매일 실질적인 책임이 된다면 어떨까?"라고 이론가 도나 해러웨이Donna Haraway는 질문한다. 그러기 위해서는 "내 몸으로 낳은 아이"라는 생각을 뛰어넘는 사고가 요구된다고 그는 설명한다.[26]

❀

나는 시카고의 레이크프런트 길에서 자주 조

킹한다. 시카고의 북쪽 에지워터 해변에서 남쪽으로 71번가 해변까지 이어지는, 미시간 호수 가장자리의 30킬로미터 거리 정도의 자전거 및 산책로다. 한 가지 경로는 1893년 콜롬비아 만국박람회 부지로 쓰기 위해서 프레더릭 로 옴스테드 Frederick Law Olmsted가 설계한 잭슨공원을 통과하는 것인데, 겨울이면 독일 셰퍼드 크기의 코요테가 눈에서 뒹굴 정도로 자연 그대로인 초원을 가로지르고 터널을 지나 프로몬터리 포인트에서 호반에 닿는다. 그 포인트는 미시간 호수로 뻗은 인공 반도로서, 1920~1930년대 만든 매립지는 현재 바비큐 장소가 딸린 인기 있는 피크닉 장소가 됐으며, 이 지역에서 수영하기 가장 좋은 곳이다. 포인트의 서쪽 끝에 서면 북쪽으로는 시카고 시내의 고층 건물이 보이고, 남쪽으로는 인디애나주 게리의 거대한 공장과 연기가 희미하게 보인다.

보통은 그곳에 늘어선 벤치에 앉아 운동화 끈을 다시 묶거나 뻣뻣한 오른쪽 골반을 스트레칭하거나 실존적 피로를 느끼며 호수가 하늘과 닿는 수평선을 응시할 것이다. 한 벤치에는 2019년 10월 15세의 나이로 사망한 "사랑하는 나의 아들 대니"에게 헌정하는 작은 명판이 붙어 있다. 그곳에 멈출 때마다 숨이 막힌다. 그 아름답고 성스러운 곳에 깃든 고요한 슬픔에 한 대 맞는 듯하다. 하지만 나는 대니의 벤치 바로 남쪽에 있는 낸시 올리비Nancy Olivi의 벤치를 더 자주 찾는다. "낸시 올리비는 1만 명의 아이를 키웠다. 그는 교사였다." 그곳 명판 내용이다. 올리비는 시카고 남서쪽 끝에서 태어나 자랐고, 37년 이상 시카고 공립학교 교사로 일했다. 2017년 70세를 일기로 사망했을 때 『시카고 트리뷴Chicago Tribune』에 실린 그의 부고에는 아들이나 딸에 대한 언급은 없었지만, "자신을 쏟아부어 키운 수천 명의 자녀"를 남겼다고 적혀 있었다.[27]

2015년 도나 해러웨이는 낳지 않은 자녀들에게 자신을 쏟아부을 방법을 토론하기 위해 과학의사회학연구회 패널 조직을 도왔다. 과학의사회학연구회는 과학과 기술의 역사와 현재를 연구하는 역사학자, 사회학자, 경제학자, 인류학자의 전문 조직이다. 학술대회는 독특한 종류의 주말 여행이다. 이상한 신분증 목걸이를 찬 수백, 수천 명의 학자가 무작위로 도시를 정해—이때는 덴버였다—호텔을 점령하고 자기 분야의 전문가들을 만나 어울리고, 서적 편집자, 출판사와 인맥을 맺고, 이제는 전국에 흩어진 대학원 시절 친구를 만나 바에서 늦도록 술을 마신다. 이 행사의 주된 목적이라고 여긴 적은 없지만, 패널에 나가서 학자들과 정해진 주제에 관한 연구를 공유하고 의견을 구하기도 한다. 특이하게도 해러웨이가 조직한 패널에는 200명이나 되는 사람들이 맥주를 내려놓고 커피 모임을 중단하고 모였다. 그 패널이 열린 연회장은 춥고, 소리가 울리고, 보통 썰렁한 곳인데 비어 있는 좌석이 하나도 없었다.

학술대회 안내 책자에는 이 패널을 이렇게 안내했다. "우리가 반식민지적이고, 반제국주의적이며, 반인종차별적인 과학 및 기술 연구에 기반한 여성운동 정치에 따라서, 아이가 드물지만 소중한 현재 지구의 인구를 채울 수 있을까?" 학계의 언어를 번역하자면 우리가 다시 가족을 생각할 수 있을까? 우리가 세상에 데려온 아이들을 진정 소중히 여겨 그들을 돌보고 그들의 미래와 삶에 공동체와 사회 차원에서 투자한다면, 그들의 수를 줄이고, 그들의 삶을 개선하고, 지구에 가하는 부담을 줄일 수 있을까? 인종차별과 "인구통제"라는 말과 동의어일 뿐이라는 회유에 넘어가지 않을 수 있을까? 우리가 부모가 자녀에게서 얻는 기쁨과 의미를 줄이지 않고, 부담과 그 기쁨을 나눈 사람의 수를 확산시키면서 그렇게 할 수 있을까?

연회장을 가득 채운 사람들의 체온에도 불구하고, 그런 질문은 모두를 으스스하게 만들었다. 미국 보수주의자들, 전통적 가족을 이상이자 권리로 수호하는 이들은 인구를 "저 밖의" 문제로 보는 경향이 있다. "미국 출산율이 감소한다!"고 그들은 말한다. 손가락으로 가리킨다면 인도, 중남부 아프리카, 남반구, 출산율이 아직 비교적 높은 곳을 가리키라. 진보파 중에는 인구를 줄인다는 말만 들어도 "역사는 반복된다"는 경종을 울리는 이가 있다. 정신질환자, 빈민, 죄수, 유대인, 흑인, 원주민의 불임화 시술. 개발도상국이 불임화 시술을 실시하는 경우에만 허락되는 미국 및 국제 원조. 일부 출산은 장려하고 나머지는 제한하는 우생학 정책. 여성의 신체와 임신 및 출산 자치권을 박탈하는 정부. "강의 후 오랫동안 함께한 페미니스트와 동료들이 내게 고함을 질렀고, 나는 더 이상 페미니스트라고 말할 수 없다는 말을 들었다." 해러웨이가 말했다. "아무리 구조적 불평등과 현재 계속되는 인종차별적 인구 통제 프로그램의 분석을 더했다 해도, 전 세계 인구가 가하는 부담을 공공연히 주장하는 것은 (……) 분노할 일이기 때문이다." 하지만 그 목표가 아이를 덜 낳는 것이 아니라 가족으로 여기는 공동체와 친구를 늘리고, 우리가 친족이라 부르는 사람을 늘리는 것이라면? 우리에게는 "아이 말고 친족을 만들자"라는 범퍼 스티커가 필요하다고 해러웨이는 제안했다.[28]

우리가 어머니와 어머니가 아닌 여성 사이에 현실이라고 알고 있는 구분은 오래전 목적을 가지고 만든 것이다. 사회적으로 용인되는 여성의 선택지를 모성과 가정에 제한하고 다른 일을 하려는 것은 일탈로 규정하기 위함이었다. 어머니라는 선택지와 정체성은 이런 틀에 제한되어 자녀 없는 여성의 경우와 다를 바 없다. 우리를 갈라놓고자 하는 사회에서 우리가 할 수 있는 가장 급진적인 행동은 서로를 위하고 서로를 우리 가정과 삶과 가족에 초대하는 것이다. 더 나은 사회를 만들고자 한다면, "서로 다른 장소에서, 서로 다른 사람들에게, 서로 다른 방식으로, 거듭 함께하는 해방을 위한 상호 협력의 제안을 해야 한다"고 샘 애들러벨Sam Adler-Bell은 최근 『뉴욕New York』 잡지에 기고했다.[29] "아이 말고 친족을 만들자" 범퍼 스티커에서 주목해야 할 것은 "아이 말고"만이 아니다. "아이 말고" 운동이 최근 역사와 먼 과거에서 밟아온 길을 생각하면 그럴 수밖에 없을 것이다. 하지만 미국 여성은 어쨌든 아이를 덜 낳고 있으므로 "친족을 만들자"는—즉, 우리 가족과 마음과 헌신을 우리가 낳지 않은 아이들, 우리 아이를 낳지 않은 사람들, 우리 미래를 대표하는 젊은이들에게 열자는—제안에 우리는 에너지를 집중해야 한다.

"낸시 올리비는 1만 명의 아이를 키웠다." 또 한 명판에는 이렇게 적혀 있다. "그가 그리울 것이다."

이 책을 쓰는 동안 대면 및 온라인 심리 치료를 제공해준 타깃슈퍼마켓에 큰 빚을 졌습니다. 타깃의 자동문을 통과하기만 해도 온몸이 진정되는 느낌을 받습니다. 그곳에 있는 사이 종말이 온다고 해도, 필요한 것은 다 있을 거라는 생각이 듭니다. 최근 이런 생각을 더 자주 하게 됩니다. 엘리와 제이크—그리고 잠시였지만 너무 소중한 데이지—역시 꼭 필요한 응원을 해줬습니다. 이 책의 대부분은 소파에서 (의자에는 셋이 앉을 수 없으니 불가능했습니다) 허벅지 옆에 잠든 퍼그를 하나씩 붙이고 썼습니다.

소중한 친구 뱃시바 디무스는 대체 책을 어떻

게 쓰는지 여러 차례 참을성 있게 알려줬고, 거의 매일 점심을 먹으라고 일깨워줬으며 내가 쓰러져가는 순간 가장 큰 영감이 되는 질문을 적어 메시지를 보냈습니다. "그럼 오늘은 뭘 살까?" 이 책을 쓰는 동안 여러 장의 신용카드가 피해를 입었습니다. 지난 15년 동안, 그와 알렉스 래비노프는 선택적 가족을 갖는 것이 어떤 의미인지 제게 알려줬습니다. 언제까지나 감사할 겁니다.

확신이 없는 상태로 이 작업을 시작한 첫날부터 돈 퍼는 큰 도움이 됐습니다. 그는 매 순간마다 격려해주고, 유머와 친절, 지혜를 선사했으며, 내가 무슨 작업을 하는지 아는 척하게 만드는 데 중대한 도움을 줬습니다. 에마 베리, 클레어 포터, 매들린 리, 라라 헤이머트, 리즈 대너 그리고 베이직/실 출판사의 모든 분에게 제게 기회를 주신 것에, 그들의 상냥함과 열의와 내가 팬데믹과 경제 혼란, 개인적인 슬픔과 기쁨, 몇 년간의 재택근무를 거치는 동안 이 책에 보내주신 헌신에 감사드립니다. 다른 이의 책을 편집하는 것은 관대함이 필요한 일이며, 이 책을 우연히 맡게 된 것이라고 해도 에마보다 더 좋은 편집자를 바랄 수 없었을 겁니다. 에마 덕분에 저 혼자서 만든 것보다 더 나은 책을 쓸 수 있었습니다. 스테퍼니 팔라초, 리베카 올트먼, 캐슬린 빌루는 원고가 머릿속에서 나와 세상으로 가는 동안 제 손을 잡아준 가장 현명하고 친절한 "원고 산파"였습니다.

이 책에서 시를 인용하도록 허락해준 탁월한 시인 케이트 베어와 조이 설리번에게도 큰 감사를 드립니다. 그들의 시는 여성으로서—어머니로서, 어머니가 아닌 여성으로서, 어머니가 되고 싶은 여성으로서, 가끔은 어머니가 아니기를 바라는 여성으로서—세상에서 존재하는 복잡하고 모순된 상황을 어떤 글보다 실감 나게 포착합니다. 설리번의 꼭 필요한 가르침—"기쁨은 속임수가 아니다"—을 다음번 타투에 써야 할 것 같습니다. 그들의 글을 제 글과 함께 실을 수 있어서 영광입니다. 뜻밖의 재미와 운명, 좋은 사람들에 대한 믿음을 새롭게 알게 해준 조애나 매킨지에게도 감사드립니다.

시카고 대학교 역사학과에서 가르치게 된 것을 실감할 때마다 놀라게 됩니다. 이곳에는 친절하면서도 지적으로 압도적인 동료로 가득합니다. 아마도 이 책은 그들의 지원이 없었다면 존재하지 않을 겁니다. 시카고 대학교 역사학과 학생들, 그들의 지력과 호기심, 열정과 주어진 것보다 나은 세상을 만들고자 하는 헌신에 그리고 늙어 보이지 않으려면 어떤 청바지를 입어야 하는지 등 정말 중요한 문제를 알려준 것에 큰 고마움을 전합니다. 모두 좋은 학생들이고, 그들과 많은 시간을 보낼 수 있는 것은 행운입니다.

제가 너무 이른 아침, 보통 조깅하느라 자동차

소리와 바람 소리가 시끄러운 와중에 전화를 걸어 안부도 묻지 않고 불평하거나 하소연만 하고 끊는데도 어머니는 늘 전화를 받아주었습니다. 어머니는 제 어머니이자 친구입니다. 그 점에 있어서 저는 굉장히 운이 좋습니다.

일일이 말할 수 없이 많은 친구와 가족이 집필 과정 내내 응원하고 사랑해줬습니다. 그들은 격려하는 메시지와 스타벅스 기프트카드를 보내고, 제가 전화를 받지 않아도 계속 전화하고, 저녁을 챙겨주고, 감자튀김을 함께 먹고, 주중에도 언제든지 저와 함께 와인을 마셔줬습니다. 스테퍼니 데이비스는 매일 아침 '잘 잤니!'라고 메시지를 보내서 제가 결코 혼자가 아니라는 사실을 날마다 상기시켜줬습니다. 앨리스 고프와 아리아나 스트랠이 2021년 11월의 화요일에 만들어준 진토닉은 어쩌면 모든 것을 구해줬을지 모릅니다. 모든 위대한 여성 뒤에는 밤낮없이 그의 메시지에 답해주는 훌륭한 여성이 많이 존재한다는 것은 모두가 아는 사실입니다. 그런 모든 존재에게 감사드립니다.

늘 그렇듯이 이 책의 집필도 남편 밥에게 큰 도움을 받았습니다. 제가 3년 이상 원고가 형편없다고 할 때마다 그는 "당신 원고는 형편없지 않아"라고 충실하게 대답해줬습니다. 그가 함께해주고 도와줘서 모든 것이 가능할 수 있었습니다. 생일 축하해! 운이 좋은 건 바로 나야.

작가의 말

1 Sheila Heti, *Motherhood*(New York: Henry Holt, 2018), 157—158.

2 Adele E. Clarke, "Introduction," in *Making Kin Not Population*, eds. Adele E. Clarke and Donna Haraway(Chicago: Prickly Paradigm Press, 2018), 30—31.

프롤로그 | 우리는 아이를 갖지 않는다

1 Sheila Heti, *Motherhood*(New York: Henry Holt, 2018), 90.

2 특히 HBO의 2018년 미니시리즈 〈몸을 긋는 소녀Sharp Objects〉의 '체리Cherry' 에피소드가 떠오르지만, 그 밖에도 예는 수없이 많다.

3 *House of Cards*, season 4, episode 12, "Chapter 51," directed by Jakob Verbruggen, Netflix, March 4, 2016.

4 Meredith Hale, "5 Things People Without Kids Just Don't Understand," *Scary Mommy*, September 29, 2015, www.scarymommy.com/5-things-people-without-kids-just-dont-understand/; Natalie Stechyson, "I Didn't Lose Friends After Having Kids. I Just Moved On," *HuffPost*, September 16, 2019, www.*huffpost*.com/archive/ca/entry/

losing-friends-after-kids_ca_5d76abbee4b0752102312651; "Can Mothers and Childless Women Ever Truly Be Friends? Two Writers Explain Why They Believe These Relationships Rarely Work Out," *Daily Mail*, October 11, 2017, www.dailymail.co.uk/femail/article-4971826/Can-mothers-childless-women-truly-friends.html.

5   J. Christopher Herold, *The Age of Napoleon*(New York: Mariner Books, 2002), 434.

6   Linda K. Kerber, *Women of the Republic: Intellect and Ideology in Revolutionary America*(Chapel Hill: University of North Carolina Press, 1980), 11.

7   Myra Bradwell v. State of Illinois, 83 U. S. 130(1873), 141.

8   현재 이 영상은 삭제됐다. Dayna Evans, "Ivanka Trump Says a Woman's Most Important Job Is Being a Mother," *The Cut*, October 3, 2016, www.thecut.com/2016/10/ivanka-trump-says-a-womans-most-important-job-is-motherhood.html 인용.

9   White House, "Remarks by the First Lady at Tuskegee University Commencement Address," news release, May 9, 2015, https://obamawhitehouse.archives.gov/the-press-office/2015/05/09/remarks-first-lady-tuskegge-university-commencement-address.

10   Amy Chozik, "Hilary Clinton and the Return of the (Unbaked) Cookies," *New York Times*, November 5, 2016, www.nytimes.com/2016/11/06/us/politics/hillary-clinton-cookies.html.

11   Anastasia Berg, "Now Is as Good a Time as Ever to Start a Family," *New York Times*, April 30, 2020, www.nytimes.com/2020/04/30/opinion/coronavirus-pregnancy.html; Tom Whyman, "Why, Despite Everything, You Should Have Kids (If You Want Them)," *New York Times*, April 13, 2021, www.nytimes.com/2021/04/13/opinion/baby-bust-covid-philosophy-natalism.html.

12   Ross Douthat, "More Babies, Please," December 1, 2012, www.nytimes.com/2012/12/02/opinion/sunday/douthat-the-birthrate-and-americas-future.html.

13   Senator Mike Lee, "Remarks on the Green New Deal," March 26, 2019, www.lee.senate.gov/2019/3/remarks-on-the-green-new-deal.

14   Caroline Vakil, "JD Vance Takes Aim at Cultural Wars, Childless Politicians," *The Hill*, July 23, 2021, https://thehill.com/homenews/senate/564646-jd-vance-takes-aim-at-culture-wars-and.

15   Keith Wagstaff, "Is Francis the Most Liberal Pope Ever?," *The Week*, January 9, 2015, https://the-week.com/articles/461664/francis-most-liberal-pope-ever; Stephanie Kirchgaessner, "Pope Francis: Not Having Children is Selfish," *The Guardian*, February 11, 2015, www.theguardian.com/world/2015/feb/11/pope-francis-the-choice-to-not-have-children-is-selfish.

16 "Pope Francis Says Choosing Pets Over Kids Is Selfish," BBC News, January 5, 2022, www.bbc.com/news/world-europe-59884801.

17 Amy Blackstone, *Childfree By Choice: The Movement Redefining Family and Creating a New Age of Independence*(New York: Dutton, 2019), 25—26.

18 Adrienne Rich, *Of Woman Born: Motherhood as Experience and Institution*(1986; repr., New York: W. W. Norton, 1995), 11. (에이드리언 리치, 『더이상 어머니는 없다』, 김인성 옮김, 평민사, 2018)

19 Frank F. Furstenburg, Sheela Kennedy, Vonnie C. McCloyd, Ruben G. Rumbaut, and Richard A. Setterstein Jr., "Growing Up Is Harder To Do," *Contexts* 3, no. 3(August 2004): 35 인용.

20 Stanlie M. James, "Mothering: A Possible Black Feminist Link to Social Transformation," in *Theorizing Black Feminism: The Visionary Pragmatism of Black Women*, eds. Stanile M. James and Abena P. A. Busia(New York: Routledge, 1993), 34—54 참조.

21 bell hooks, "Revolutionary Parenting," in *Feminist Theory: From Margin to Center*(New York: Routledge, 2016), 133—147.

22 Lawrence Stone, *The Family, Sex and Marriage in England, 1500—1800*(New York: Harper & Row, 1977), 7—9.

23 Elaine Tyler May, *Barren in the Promised Land: Childless Americans and the Pursuits of Happiness*(New York: Basic Books, 1996), 12.

24 Brady E. Hamilton, Joyce A. Martin, and Michelle J. K. Osterman, "Births: Provisional Data for 2021," National Center for Health Statistics, Vital Statistics Rapid Release report no. 20, May 2022, www.cdc.gov/nchs/data/vsrr/vsrr020.pdf.

25 Jo Jones and Paul Placek, *Adoption: By the Numbers*(Alexandra, VA: National Council for Adoption, 2017), ii; Katherine Wiles, "International Adoptions Dropped by Nearly Half During 2020. But COVID-19 Only Helped to Accelerate a Years-Long Decline," *MarketWatch*, November 10, 2021, www.marketwatch.com/story/international-adoptions-dropped-by-nearly-half-during-2020-but-covid-19-only-helped-to-accelerate-a-years-long-decline-11636596504.

26 퓨 리서치센터Pew Research Center 자료에 따르면, 2018년 현재 밀레니얼 세대 여성 55퍼센트가 최소한 한 명의 자녀 출산을 경험했다. Amanda Barroso, Kim Parker, and Jesse Bennett, "As Millennials Near 40, They're Approaching Family Life Differently Than Previous Generations," Pew Research Center, May 27, 2020, www.pewresearch.org/social-trends/2020/05/27/as-millennials-near-40-theyreapproaching-family-life-differently-than-previous-generations.

27   Anna Brown, "Growing Share of Childless Adults in U. S. Don't Expect to Ever Have Children," Pew Research Center, November 19, 2021, www.pewresearch.org/fact-tank/2021/11/19/growing-share-of-childless-adults-in-u-s-dont-expect-to-ever-have-children.

28   월드 뱅크 자료. "Fertility Rate, Total (Births per Woman)—East Asia and Pacific," https://data.worldbank.org/indicator/SP.DYN.TFRT.IN?locations=Z4.

29   "Fertility Statistics," Eurostat Statistics Explained, March 2021, https://ec.europa.eu/eurostat/statistics-explained/index.php?titile=Fertility_statitstics#live_births_per_woman_in_the_EU_in_2019; East-West Center, "The Influence of Family Policies on Fertility in France"(policy brief no. 7, United Nations Expert Group Meeting on Policy Responses to Low Fertility, November 2–3, 2015).

30   Hamilton, Martin, and Osterman, "Births: Provisional Data for 2021."

31   Sabrina Tavernise, Claire Cain Miller, Quoctrung Bui, and Robert Gebeloff, "Why American Women Everywhere Are Delaying Motherhood," *New York Times*, June 16, 2021, www.nytimes.com/2021/06/16/us/declining-birthrate-motherhood.html.

32   퓨 리서치센터는 밀레니얼 세대를 1981~1996년에 태어난 사람들로 정의한다. Michael Dimock, "Defining Generations: Where Millennials End and Generation Z Begins," Pew Research Center, January 17, 2019, www.pewresearch.org/fact-tank/2019/01/17/where-millennials-end-and-generations-z-begins.

33   Anna Louie Sussman, "The Sexual-Health Supply Chain Is Broken," *The Atlantic*, June 8, 2020, www.theatlantic.com/international/archive/2020/06/coronavirus-pandemic-sex-health-condoms-reproductive-health/612298.

34   Laura D. Lindberg, Alicia VandeVusse, Jennifer Mueller, and Marielle Kirstein, "Early Impacts of the COVID-19 Pandemic: Findings from the 2020 Guttmacher Survey of Reproductive Health Experiences," Guttmacher Institute, June 2020, www.guttmacher.org/report/early-impacts-covid-19-pandemic-findings-2020-guttmacher-survey-reproductive-health#.

35   Dr. Meera Shah, chief medical officer of Planned Parenthood Hudson Peconi, in AP, "Abortion Demand Rising Amid Pandemic," CBS News, April 14, 2020, www.cbsnews.com/news/abortion-demand-rising-amid-pandemic 인용.

36   Lindberg et al., "Early Impacts of the COVID-19 Pandemic."

37   Natalie Gontcharova, "Yes, the 'COVID Baby Bust' Is Real—Unless You're Rich," *Refinery29*, March 3, 2021, www.refinery29.com/en-us/2021/03/10320247/covid-pregnancy-baby-bust 인용.

38 Jennifer Nelson, *Women of Color and the Reproductive Rights Movement*(New York: New York University Press, 2003), 3.

39 1905년 3월 13일, 전국어머니협회 연설. Theodore Roosevelt, "On American Motherhood," Melody Rose, *Abortion: A Documentary and Reference Guide*(Westport, CT: Greenwood Press, 2008), 24.

40 Donna Haraway, "Making Kin the the Chthulucene: Reproducing Multispecies Justice," in *Making Kin Not Population*, 68.

41 Linda Gordon, *Women's Body, Women's Right: Birth Control in America*(New York: Grossman, 1976), 332.

42 Dorothy E. Roberts, *Killing the Black Body: Race, Reproduction, and the Meaning of Liberty*(New York: Vintage Books, 1999), 90; Clarke and Haraway, *Making Kin Not Population*, 55.

43 Jane Lawrence, "The Indian Health Service and the Sterilization of Native American Women," *American Indian Quarterly* 24, no. 3(Summer 2000): 400.

44 Maya Manian, "Immigration Detention and Coerced Sterilization: History Tragically Repeats Itself," ACLU New & Commentary, September 29, 2020, www.aclu.org/news/immigrants-rights/immigration-detention-and-coerced-sterilization-history-tragically-repeats-itself.

45 Mary Harris and Laurie Bertram Roberts, "What Happens to the Pro-Choice Movement Now," October 26, 2020, in *What Next, podcast*, https://slate.com/transcripts/cUdVY0F0WGcvWEo5alFkUVR0KzhRbUdDL2E1eEdRQk85RDB2ZXhUS1VDZzo=.

46 Gladys Martinez, Kimberly Daniels, Anjani Chandra, "Fertility of Men and Women Aged 15—44 Years in the United States: National Survey of Family Growth, 2006—2010," *National Health Statistics Reports*, no. 51(April 12, 2012): 4.

47 Tomas Frejka, "Childlessness in the United States," in *Childlessness in Europe: Contexts, Causes, and Consequences*, eds. Michael Kreyenfeld and Dirk Konietzka(Cham, Switzerland: Springer, 2017), 169.

48 Kristen J. Wilson, *Not Trying: Infertility, Childlessness, and Ambivalence*(Nashville, TN: Vanderbilt University Press, 2014), 25.

49 Lauren Bauer, Sara Estep, and Winnie Yee, "Time Waited for No Mom in 2020," Brookings, July 22, 2021, www.brookings.edu/blog/up-front/2021/07/22/time-waited-for-no-mom-in-2020. 2020 American Time Use Survey, published by the US Bureau of Labor Statistics, July 22, 2021 자료.

50 "내가 이래서 아이를 낳지 않은 것이다. 팬데믹으로 집에 갇혀 지내게 될까 봐 아이

를 낳지 않은 것은 아니지만, 그와 비슷한 생각이 들었다." Hooleeya M-N(@hooleeya),
Twitter, March 6, 2020, https://twitter.com/hooleeya/status/1239714705947660291.

51 Natalie Zemon Davis, "'Women's History' in Transition: The European Case," *Feminist Studies* 3, no. 3/4(Spring—Summer 1976): 90.

52 Emma Brockes, "Sheila Heti: 'There's a Sadness in Not Wanting the Things That Give Others Their Life's Meaning,'" *The Guardian*, May 25, 2018, www.theguardian.com/books/2018/may/25/sheila-heti-motherhood-interview 인용.

53 "The Ghost Ship That Didn't Carry Us," Dear Sugar, *The Rumpus*, April 21, 2011, https://therumpus.net/2011/04.

54 Jenny Brown, *Birth Strike: The Hidden Fight over Women's Work*(Oakland, CA: PM Press, 2019) 참조.

55 Tavernise et al., "Why American Women Everywhere Are Delaying Motherhood."

56 Michel-Rolph Trouillot, *Silencing the Past: Power and the Production of History*(Boston: Beacon Press, 1995), 24.

01 우리는 언제나 선택해왔기 때문에

1 George Washington Dixon, *Trial of Madame Restell, Alias Ann Lohman, for Abortion and Causing the Death of Mrs. Purdy*(New York, 1841), 3; Clifford Browder, *The Wickedest Woman in New York: Madame Restell, The Abortionist*(Hamden, CT: Archon Books, 1988), p. 42.

2 Marvin Olasky, "Advertising Abortion in the 1830s and 1840s: Madame Restell Builds a Business," *Journalism History* 13, no. 2(Summer 1986): 49—50.

3 A. Cheree Carlson, *The Crimes of Womanhood: Defining Femininity in a Court of Law*(Urbana: University of Illinois Press, 2009), 112—113, 120.

4 Leslie J. Reagan, *When Abortion Was a Crime: Women, Medicine, and Law in the United States, 1867—1973*(Berkeley: University of California Press, 1997), 8—9.

5 Madame Restell, *The Wonderful Trial of Caroline Lohman, Alias Restell, with Speeches of Counsel, Charge of Court, and Verdict of Jury*(New York: Burgess Stringer & Co., 1847), 17.

6 Rickie Solinger, *Pregnancy and Power: A Short History of Reproductive Politics in America*(New York: New York University Press, 2005), 55.

7   Reagan, *When Abortion Was a Crime*, 8—14.

8   James Mohr, *Abortion in America: The Origins and Evolution of National Policy*(New York: Oxford University Press, 1978), 50.

9   Janet Farrell Brodie, *Contraception and Abortion in Nineteenth-Century America*(Ithaca, NY: Cornell University Press, 1994), 227.

10   William D. Haggard, "Abortion: Accidental, Essential, Criminal," address before the Nashville Academy of Medicine, August 4, 1898에서 논의되었다. Carroll Smith-Rosenberg, *Disorderly Conduct: Visions of Gender in Victorian America*(New York: Oxford University Press, 1986), 221 참조.

11   Daniel K. Williams, *Defenders of the Unborn: The Pro-Life Movement Before Roe v. Wade*(New York: Oxford University Press, 2016), 13.

12   Dale Cockrell, *Demons of Disorder: Early Blackface Minstrels and Their World*(New York: Cambridge University Press, 1997), 96—98; Dixon, *Trial of Madame Restell*, 5.

13   Multiple classified advertisements, *New York Herald*, December 10, 1841.

14   Dixon, *Trial of Madame Restell*, 3.

15   Carlson, *Crimes of Womanhood*, 118—120.

16   Sarah Gristwood, *Elizabeth and Leicester: The Truth About the Virgin Queen and the Man She Loved*(New York: Viking Penguin, 2007), 125.

17   Kate Clifford Larson, *Bound for the Promised Land: Harriet Tubman, Portrait of an American Hero*(New York: Random House, 2004), 260.

18   Josef Ehmer, "The Significance of Looking Back: Fertility Before the 'Fertility Decline,'" *Historical Social Research / Historische Sozialforschung* 36, no. 2(2011): 24.

19   John M. Riddle, *Eve's Herbs: A History of Contraception and Abortion in the West*(Cambridge, MA: Harvard University Press, 1997), 54; Aine Collier, *The Humble Little Condom: A History*(Buffalo, NY: Prometheus Books 2010), 29; Timothy Taylor, *The Prehistory of Sex: Four Million Years of Human Sexual Culture*(New York: Bantam Books, 1996), 86—87; David Michael Feldman, *Birth Control in Jewish Law: Marital Relations, Contraception, and Abortion as Set Forth in the Classic Texts of Jewish Law*(Northvale, NJ: J. Aronson, 1998), 169—170.

20   Soranus of Ephesius, *Soranus' Gynecology*, trans. Owsel Temkin(Baltimore: Johns Hopkins University Press: 1991), 60—66.

21   Ludwig Edelstein, *The Hippocratic Oath: Text, Translation, and Interpretation*(Baltimore: Johns Hopkins Press, 1943), 6; Hippocrates of Cos, "Nature of the Child," in *Hippocrates*, trans. Paul Potter, vol. 10(Cambridge, MA: Havard University Press, 2014), 36—37.

22   Taylor, *The Prehistory of Sex*, 88—91.

23   Ehmer, "The Significance of Looking Back," 27.

24   Gen. 38:9(NRSV); Gigi Santow, "Coitus Interruptus and the Control of Natural Fertility," *Population Studies* 49, no. 1(March 1995): 35—37.

25   Simon Szreter and Eilidh Garrett, "Reproduction, Compositional Demography, and Economic Growth: Family Planning in England Long Before the Fertility Decline," *Population and Development Review* 26, no. 1(March 2000): 57.

26   Ann Taylor Allen, *Feminism and Motherhood in Western Europe, 1890—1970: The Maternal Dilemma*(New York: Palgrave Macmillan, 2005), 11.

27   Judith Walzer Leavitt, *Brought to Bed: Childbearing in America, 1750—1950*(New York: Oxford University Press, 1986), 19.

28   Margaret Marsh and Wanda Ronner, *The Empty Cradle: Infertility in America from Colonial Times to the Present*(Baltimore: Johns Hopkins University Press, 1996), 92.

29   Peggy Cooper Davis, "Neglected Stories and the Lawfulness of Roe v. Wade," *Harvard Civil Rights–Civil Liberties Law Review* 28, no. 299(1993): 375.

30   Carol Anderson, *White Rage: The Unspoken Truth About Our Racial Divide*(New York: Bloomsbury, 2017) 참조.

31   Solinger, *Pregnancy and Power*, 63—65.

32   Alice Kessler-Harris, *Out to Work: A History of Wage-Earning Women in America*(New York: Oxford University Press, 2003), 98.

33   Lillie Devereux Blake, testimony of September 18, 1883, in US Education and Labor Committee, *Report of the Committee of the Senate Upon the Relations Between Capital and Labor*(Washington, DC: Government Printing Office, 1885), 597, http://hdl.handle.net/2027/pst.000006655358.

34   Mary Alden Hopkins, "Birth Control and Public Morals: An Interview with Anthony Comstock," *Harper's Weekly*, May 22, 1915(archived by Pluralism and Unity Project, Michigan State University), www.expo98.msu.ed/people/comstcok.htm.

35   Amy Werbel, *Lust on Trial: Censorship and the Rise of American Obscenity in the Age of Anthony Comstock*(New York: Columbia University Press, 2018), 15.

36   Werbel, *Lust on Trial*, 267.

37   Amendment to the Comstock Act, ch. 186, 5 1, 19 stat. 90(1876), 42. 3 Q. B. 360(1868).

38   "Debate In Senate," February 20, 1873, Cong. Globe, 42nd Cong., 2nd Sess., 1525(1873).

39   "Amended and Passed House," March 1, 1873, Cong. Globe, 42nd Congress, 2nd Sess., 2005(1873).

40   Hopkins, "Birth Control and Public Morals."

41   Werbel, *Lust on Trial*, 90.

42   Brodie, *Contraception and Abortion*, 281.

43   Hopkins, "Birth Control and Public Morals."

44   Browder, *The Wickedest Woman in New York*, 185; Werbel, *Lust on Trial*, 306.

45   Statement by Joseph Earle Moore(Joint Army and Navy Committee, Conference of Morale Officers, Washington, DC, February 25—28, 1941); "Classified List of Social Hygiene Pamphlets—February 1944," Publications A—D, Records of the Office of Community War Services, Record Group 215, National Archives Building, College Park, cited in MD, Madeleine L. Gaiser, "The Other 'VD': The Educational World War II"(thesis, Gettysburg College, 2016), https://cupola.gettysburg.edu/student_scholarship/475.

46   Werbel, *Lust on Trial*, 127—128.

47   Jonathan Eig, *The Birth of the Pill: How Four Crusaders Reinvented Sex and Launched a Revolution*(New York: W. W. Norton, 2014), 257, 265, 313.

48   Eisenstadt v. Baird, 405 U. S. 438(1972), 453.

49   Centers for Disease Control and Prevention, "Achievements in Public Health, 1900—1999: Healthier Mothers and Babies," *Morbidity and Mortality Weekly Report* 48, no. 38(October 1, 1999): 849—858.

50   Caroline S. Carlin, Angela R. Fertig, and Bryan E. Dowd, "Affordable Care Act's Mandate Eliminating Contraceptive Cost Sharing Influenced Choices of Women with Employer Coverage," *Health Affairs* 35, no. 9(September 2016); Sue Ricketts, Greta Klingler, and Renee Schwalberg, "Game Change in Colorado: Widespread Use of Long-Acting Reversible Contraceptives and Rapid Decline in Births Among Young, Low-Income Women," *Perspectives on Sexual and Reproductive Health* 46, no. 3(September 2014): 125—132.

51   "About Teen Pregnancy," Reproductive Health: Teen Pregnancy, Centers for Disease Control and Prevention, last modified November 15, 2021, www.cdc.gov/teenpregnancy/about/index.htm.

52   홉스 대 잭슨 재판 이후 몇 주간 시술을 미룬 사례가 널리 보고됐다. Frances Stead Sellers and Fenit Nirappil, "Confusion Post-Roe Spurs Delays, Denials for Some Lifesaving Pregnancy Care," *Washington Post*, July 16, 2022, www.washingtonpost.com/health/2022/07/16/abortion-miscarriage-ectopic-pregnancy-care.

53   S. Philip Morgan, "Late Nineteenth—and Early Twentieth—Century Childlessness,"

American Journal of Sociology 97, no. 3(November 1991): 779.

54   Rachel Benson Gold, "Lessons from Before Roe: Will Past Be Prologue?," *Guttmacher Policy Review* 6, no. 1(March 2003): 8.

02   우리는 늘 혼자일 것이기에

1   Barbara Ransby, *Ella Baker and the Black Freedom Movement: A Radical Democratic Vision*(Chapel Hill: University of North Carolina Press, 2003), 37—40.

2   Ella Baker, interview with Sue Thrasher, April 19, 1977, interview G-0008, Southern Oral History Program Collection #4007, Southern Historical Collection, Wilson Library, University of North Carolina at Chapel Hill, https://docsouth.unc.edu/sohp/G-0008/excerpts/excerpt_8569.html.

3   Ransby, *Ella Baker*, 29.

4   Charles Payne, "Ella Baker and Models of Social Change," *Signs* 14, no. 4(Summer 1989): 886.

5   Ellen Cantarow and Susan O'Malley, *Moving the Mountain: Women Working for Social Change*(Old Westbury, NY: Feminist Press, 1980), 58.

6   Payne, "Ella Baker and Models of Social Change," 886.

7   Patricia Hill Collins, *Black Feminist Thought: Knowledge, Consciousness, and the Politics of Empowerment*(New York: Routledge, 2000), 194; Cantarow and O'Malley, *Moving the Mountain*, 59.

8   Collins, Black *Feminist Thought*, 53.

9   W. Dale Nelson, "Quayle Says He'd Support Daughter on Any Abortion Decision," Associated Press, July 23, 1992, https://apnews.com/article/c3a19b8dd82a54656b42ef6a651d2c3.

10   Ann Hartman, "Murphy Brown, Dan Quayle, and the American Family," *Social Work* 37, no. 5(September 1992): 387—388.

11   James Danforth Quayle III, "Murphy Brown Speech," May 19, 1992(archived by Voices of Democracy: The U.S. Oratory Project, University of Maryland), https://voicesofdemocracy.umd.edu/quayle-murphy-brown-speech-text; Andrew Rosenthal, "Quayle Attacks a 'Cultural Elite,' Saying It Mocks Nation's Values," *New York Times*, June 10, 1992, A1, www.nytimes.com/1992/06/10/us/1992-campaign-quayle-attacks-

cultural-elite-saying-it-mocks-nation-s-values.html.

12   Helena M. Wall, *Fierce Communion: Family and Community in Colonial America*(Cambridge, MA: Harvard University Press, 1990), 8.

13   Collins, *Black Feminist Thought*, 55; James H. Sweet, *Domingos Alvarez, African Healing, and the Intellectual History of the Atlantic World*(Chapel Hill: University of North Carolina Press, 2013), 33 참조.

14   Kim Anderson, "Affirmations of Indigenous Feminist," in *Indigenous Women and Feminism: Politics, Activism, Culture*, eds. Cheryl Suzack, Shari M. Huhndorf, Jeanne Perreault, and Jean Barman(Vancouver: University of British Columbia Press, 2010), 83.

15   Sacha C. Engelhardt, Patrick Bergeron, Alain Gagnon, Lisa Dillon, and Fanie Pelletier, "Using Geographic Distance as a Potential Proxy for Help in the Assessment of the Grandmother Hypothesis," *Current Biology* 29(2019): 652—653; Jonathan Lambert, "Living Near Your Grandmother Has Evolutionary Benefits," NPR, February 7, 2019, www.npr.org/sections/goatsandsoda/2019/02/07/692088371/living-near-your-grandmother-has-evolutionary-benefits.

16   Biography of Le Play in *Fifty Key Sociologists: The Formative Theorists*, ed. John Scott (New York: Routledge, 2007), 70.

17   Oxford English Dictionary라는 용어가 최초로 사용된 것은 Malinowski의 1924년 저서 *Psyche*라고 한다. *Oxford English Dictionary* online, s. v. "nuclear family," accessed June 29, 2021.

18   William M. Fowler, *The Baron of Beacon Hill: A Biography of John Hancock*(Boston: Houghton Mifflin, 1980), 10—11, 13—14.

19   Marsh and Ronner, *The Empty Cradle*, 18.

20   1764년 10만 파운드는 현재 1900만 달러를 훨씬 넘는다. Eric W. Nye, "Pounds Sterling to Dollars: Historical Conversion of Currency," accessed November 18, 2020, www.uwyo.edu/nummiage/currency.htm.

21   Fowler, *The Baron of Beacon Hill*, 49

22   Tamara K. Hareven, "The History of the Family and the Complexity of Social Change," *American Historical Review* 96, no. 1(February 1991): 104.

23   Wall, *Fierce Communion*, 14.

24   Lawrence Stone, *The Family, Sex and Marriage in England*, 1500—1800(New York: Harper & Row, 1977), 6.

25   Carroll Smith-Rosenberg, "The Female World of Love and Ritual: Relations Between Women in Nineteenth-Century America," *Signs* 1, no. 1(October 1975): 1—29.

26   Marsh and Ronner, *The Empty Cradle*, 17.

27   Mary Ann Mason, *From Father's Property to Children's Rights: The History of Child Custody in the United States*(New York: Columbia University Press, 1994), 39.

28   Wall, *Fierce Communion*, 97—98.

29   Robert Wells, *Revolutions in Americans' Lives: A Demographic Perspective on the History of Americans, Their Families, and Their Society*(Westport, CT: Greenwood Press, 1982), 50—51.

30   Stone, *The Family*, 4; Wall, *Fierce Communion*, 127; Marsh and Ronner, *The Empty Cradle*, 10—11, 17—19.

31   Ransby, *Ella Baker*, 64—65.

32   Payne, "Ella Baker and Models of Social Change," 887.

33   Aprele Elliott, "Ella Baker: Free Agent in the Civil Rights Movement," *Journal of Black Studies* 26, no. 5(May 1996): 595.

34   Juan Williams, *Eyes on the Prize: America's Civil Rights Years, 1954—1965*(New York: Penguin, 2013), 180 인용.

35   Raymond Arsenault, *Freedom Riders: 1961 and the Struggle for Justice*(New York: Oxford University Press, 2006), 153—157.

36   Payne, "Ella Baker and Models of Social Change," 888.

37   Baker, interview with Sue Thrasher, April 19, 1977; Payne, "Ella Baker and Models of Social Change," 888, Ransby, *Ella Baker*, 120 참조.

38   Ransby, *Ella Baker*, 34, 145.

39   Ransby, *Ella Baker*, 145.

40   Baker, interview with Sue Thrasher, April 19, 1977.

41   Ransby, *Ella Baker*, 254—255.

42   Gretchen Livingston, "For Most Highly Educated Women, Motherhood Doesn't Start Until the 30s," Pew Research Center, January 15, 2015, www.pewresearch.org/fact-tank/2015/01/15/for-most-highly-educated-women-motherhood-doesnt-start-until-the-30s.

43   Niara Sudarkasa, "Reflections on Motherhood in Nuclear and Extended Families in Africa and the United States," in *Extended Families in Africa and the African Diaspora*, eds. Osei-Mensah Aborampah and Niara Sudarkasa(Trenton, NJ: Africa World Press, 2011), 46, 51.

44   Carol B. Stack, *All Our Kin: Strategies for Survival in a Black Community*(New York: Basic Books, 1974), xiii.

45   Stack, *All Our Kin*, 60—62, 66.

46   Stack, *All Our Kin*, 74—75, 85.

47   Patricia Hill Collins, "The Meaning of Motherhood in Black Culture and Black Mother-Daughter Relationships," *Sage* 4, no. 2(Fall 1987): 4; Collins, *Black Feminist Thoughts*, 195.

48   Andrea G. Hunter, "Counting on Grandmothers: Black Mothers' and Fathers' Reliance on Grandmothers for Parenting Support," *Journal of Family Issues* 18, no. 3(May 1997): 265; Collins, *Black Feminist Thought*, 192—198.

49   George C. Williams, "Pleiotrophy, Natural Selection, and the Evolution of Senescene," *Evolution* 11, no. 4(December 1957): 407—408.

50   John Hajnal, "European Marriage Patterns in Perspective," in *Population in History: Essays in Historical Demography*, eds. D. V. Glass and D. E. C Eversley(New Brunswick, NJ: Transaction Publishers, 1965), 101.

51   Jan Luiten van Zanden, Tine De Moor, and Sarah Carmichael, *Capital Women: The European Marriage Pattern, Female Empowerment, and Economical Development in Western Europe, 1300—1800*(New York: Oxford University Press, 2019), 5, 21—25, 38—40.

52   Josef Ehmer, "The Significance of Looking Back: Fertility Before the 'Fertility Decline,'" *Historical Social Research/Historische Sozialforschung* 36, no. 2(2011): 24.

53   Marsh and Ronner, *The Empty Cradle*, 19.

54   From a contribution titled "Home" in *Ladies Magazine*, May 1830. Kirk Jeffrey, "The Family as Utopian Retreat from the City," *Soundings* 55, no. 1(Spring 1972): 28 인용.

55   Stone, *The Family*, 7.

56   Heman Humphrey, *Domestic Education*(Amherst, MA, 1840), 16, Jodi Vandenberg-Daves, *Modern Motherhood: An American History*(New Brunswick, NJ: Rutgers University Press, 2014), 23 인용.

57   Lewis Henry Morgan, *Systems of Consanguinity and Affinity of the Human Family*(Washington, DC: Smithsonian, 1871), xxii.

58   Kim TallBear, "Making Love and Relations Beyond Settler Sex and Family," in *Making Kin Not Population*, eds. Adele E. Clarke and Donna Haraway(Chicago: Prickly Paradigm Press, 2018), 148.

59   Anderson, "Affirmations of an Indigenous Feminist," 83.

60   TallBear, "Making Love," 146—148.

61   Leith Mullings and Alaka Wali, *Stress and Resilience: The Social Context of Reproduction in Central Harlem*(New York: Kluwer Academic/Plenum Publishers, 2001), 1—3.

62   Mullings and Wali, Stress and Resilience, 3—6; Collins, *Black Feminist Thought*, 196; Ruha Benjamin, "Black Afterlives Matter," in Making Kin Not Population, 61.

63   Leith Mullings, *On Our Own Terms: Race, Class, and Gender in the Lives of African American Women*(New York: Routledge, 1997), 93.

64   Mullings and Wali, *Stress and Resilience*, 29.

65   Collins, *Black Feminist Thought*, 196, 198.

66   Ellen Cantarow and O'Malley, *Moving the Mountain*, 61.

67   Edward Randolph Carter, *The Black Side: A Partial History of the Business, Religious and Educational Side of the Negro in Atlanta, GA.*(Atlanta, 1894), 35—36.

68   Collins, *Black Feminist Thought*, 195.

69   "CSPH: A Rich History," Carrie Steel-Pitts Home, www.csph.org/history.

70   W. E. B. Du Bois, ed., *Some Efforts of American Negroes for Their Own Social Betterment*(Cambridge, MA: Harvard University Press, 1898), 60—61.

71   Rick Badie, "Ollivette Eugenia Smith Allison, 86: 'Great Mother' at the Carrie Steele-Pitts Home," *Atlanta Journal-Constitution*, June 8, 2010, www..ajc.com/news/local/oilivette-eugenia-smith-allison-great-mother-the-carrie-steele-pitts-home/hUXT003kHFF1syqx9QqccI.

72   "CSPH: A Rich History."

73   Andrew Karch, *Early Start: Preschool Politics in the United States*(Ann Arbor: Univeristy of Michigan Press, 2013), 66—69, 81.

74   Karch, *Early Start*, 82—83; "Veto of the Economic Opportunity Amendments of 1971," S. Doc. 92—48, 92nd Cong., 1st Sess.(1971), 3(archived by the American Presidency Project, University of California, Santa Barbara).

75   Stanlie M. James, "Mothering: A Possible Black Feminist Link to Social Transformation," in *Theorizing Black Feminism: The Visionary Pragmatism of Black Women*, eds. Stanlie M. James and Abena P. A. Busia(New York: Routledge, 1993), 44 인용.

03 우리는 모든 걸 가질 수 없기에

1   Helen Gurley Brown, *Sex and the Single Girl*(New York: Bernard Geis, 1962), 257.

2   Jennifer Scanlon, *Bad Girls Go Everywhere: The Life of Helen Gurley Brown*(New York: Oxford University Press, 2009), 15—22.

3 Scanlon, *Bad Girls Go Everywhere*, 119, 178.

4 "'Cosmo' Editor Helen Gurley Brown Dies at 90," NPR, August 13, 2012, www.npr.org/transcripts/158712834.

5 Dwight Garner's review, "Biography of Helen Gurely Brown, the Original Carrie Bradshaw," *New York Times*, April 21, 2009, www.nytimes.com/2009/04/22/books/22garn.html.

6 Scanlon, *Bad Girls Go Everywhere*, 106.

7 Jennifer Szalai, "The Compicated History of 'Having It All'," *New York Times Magazine*, January 2, 2015.

8 Wendy Wasserstein, act 2, scene 3, in *Isn't It Romantic*(New York: Nelson Doubleday, 1984), 66.

9 William Safire, "The Way We Live Now: 3-18-01: On Language; Having It All," *New York Times*, March 18, 2001, www.nytimes.com/2001/03/18/magazine/the-way-we-live-now-3-18-01-on-language-having-it-all.html.

10 Scanlon, *Bad Girls Go Everywhere*, 184—185.

11 Helen Gurley Brown, *Having It All: Love, Success, Sex, Money*(New York: Simon & Schuster, 1982), 90—91.

12 Szalai, "The Complicated History of 'Having It All.'"

13 Anne-Marie Slaughter, "Why Women Still Cant' Have It All," The Atlantic, July/August 2012.

14 Laurel Wamsley, "Michelle Obama's Take on 'Lean In'? 'That &#%! Doesn't Work'," NPR, December 3, 2018, www.npr.org/2018/12/03/672898216/michelle-obamas-take-on-lean-in-that-doesnt-work.

15 Carrie L. Lukas, *The Politically Incorrect Guide to Women, Sex, and Feminism*(Washington, DC: Regnery, 2006), 141.

16 Danielle Paquette, "Mike Pence Has Mocked Working Moms: 'Sure, You Can Have It All.'" *Washington Post*, July 19, 2016, www.washingtonpost.com/news/wonk/wp/2016/07/19/mike-pence-has-mocked-working-moms-sure-you-can-have-it-all.

17 Sheryl Sandberg, *Lean In: Women, Work, and the Will to Lead*(New York: Knopf Doubleday, 2013) 참조.

18 "Kim Kardashian's Business Advice: 'Get Your F**king Ass Up and Work'," *Variety*, video, 5:54, March 9, 2022, www.youtube.com/watch?v=XX2izzshRmI&t=353s.

19 Rebecca Onion, "The 'Women Can Have It All' Narrative Around Amy Coney Barrett Is a Trap," *Slate*, October 1, 2020, https://slate.com/news-and-politics/2020/10/amy-

20   Lisa Belkin, "Judging Women," *New York Times*, May 10, 2010, www.nytimes.
     com/2010/05/23/magazine/23FOB-wwln-t.html.

21   Margaret Marsh and Wanda Ronner, *The Empty Cradle: Intertility in America from
     Colonial Times to the Present*(Baltimore: Johns Hopkins University Press, 1996), 32.

22   Jan de Vries, *The Industrious Revolution: Consumer Behavior and the Household Economy,
     1650 to the Present*(New York: Cambridge University Press, 2008), esp. chapter 5; Lenore
     Davidoff and Catherine Hall, *Family Fortunes: Men and Women of the English Middle
     Class, 1780—1850*(New York: Routledge, 1987), 182

23   De Vries, The Industrious Revolution, 237.

24   Stephanie Coontz, *The Way We Never Were: American Families and the Nostalgia
     Trap*(New York: Basic Books, 2016), 31.

25   Bureau of Labor Statistics, "Employment Characteristics of Families—2020," Bureau of
     Labor Statistics, news release, April 21, 2021, www.bls.gov/news.release/pdf/famee.pdf.

26   "The Harried Life of the Working Mother," Pew Research Center, October 1, 2009,
     www.pewresearch.org/social-trends/2009/10/01/the-harried-life-of-the-working-
     mother.

27   Dan A. Black, Natalia Kolesnikova, Seth G. Sanders, and Lowell J. Taylor, "Are Children
     'Normal'?" *Review of Economic Statistics* 95, no. 1(March 2013): 21—33.

28   Deirdre Bair, *Simone de Beauvoir: A Biography*(New York: Touchstone, 1990), 60.

29   Bair, *Simone de Beauvoir*, 155—158.

30   Louis Menad, "Stand by Your Man," *New Yorker*, September 18, 2005, www.newyorker.
     com/magazine/2005/09/26/stand-by-your-man.

31   Judith Butler, "Sex and Gender in Simone de Beauvoir's Second Sex," *Yale French Studies*
     no. 72(1986): 35—49.

32   Simone de Beauvoir, *The Second Sex*, trans. Constance Borde and Sheila Malovany-
     Chevallier(New York: Vintage, 2011), 283.

33   Beauvoir, *The Second Sex*, 556, 565, 524—536.

34   Beauvoir, *The Second Sex*, 181.

35   Alice S. Rossi, *The Feminist Papers: From Adams to De Beauvoir*(Boston: Northeastern
     University Press, 1988), 673—674.

36   Simone de Beauvoir, *The Prime of Life*, trans. Peter Green(Cleveland, OH: Meridian,
     1966), 66—67, quoted in Ann Taylor Allen, *Feminism and Motherhood in Western Europe,
     1890—1970: The Maternal Dilemma*(New York: Palgrave Macmillan, 2005), 232.

37   "A Conversation with Simone de Beauvoir," in Betty Friedan, *"It Changed My Life":* *Writings on the Women's Movement*(Cambridge, MA: Harvard University Press, 1998), 399.

38   Carolyn Morell, *Unwomanly Conduct: The Challenges of Intentional Childlessness*(New York: Routledge, 1994), 63.

39   Robin J. Ely, Pamela Stone, and Colleen Ammerman, "Rethink What You 'Know' About High-Achieving Women," *Harvard Business Review*, December 2014, https://hbr. org/2014/12/rethink-what-you-know-about-high-achieving-women.

40   Alice Clark, *Working Life of Women in the Seventeenth Century*(New York: A. M. Kelly, 1968); Ivy Pinchbeck, *Women Workers and the Industrial Revolution, 1750—1850*(London: George Routledge & Sons, 1930); Lawrence Stone, *The Family, Sex and Marriage in England, 1500—1800*(New York: Harper & Row, 1977); Martha Howell, *Women, Production, and Patriarchy in Late Medieval Cities*(Chicago: University of Chicago Press, 1987).

41   이 "황금기"의 한 장면은(어느 정도 풍자적으로) Friedrich Engels, *The Condition of the Working Class in England*(New York, 1887), 16—17에 등장한다.

42   E. P. Thompson, *The Making of the English Working Class*(New York: Pantheon Books, 1964), 416.

43   De Vries, *The Industrious Revolution*, 11.

44   Louise Tilly and Joan Scott, *Women, Work, and Family*(New York: Routledge, 1989) 참조.

45   Davidoff and Hall, *Family Fortunes*, 312—313.

46   Sarah Stickney Ellis, *The Women of England: Their Social Duties, and Domestic Habits*(1839), 463, Davidoff and Hall, *Family Fortunes*, 315 인용.

47   Jeanne Boydston, *Home and Work: Housework, Wages, and the Ideology of Labor in the Early Republic*(New York: Oxford University Press, 1990), 144—145.

48   Elizabeth Cady Stanton to Susan B. Anthony, Seneca Falls, December 1, 1853, www. rochester.edu/sba/suffrage-history/susan-b-anthony-and-elizabeth-cady-stanton-their-words.

49   "Elizabeth Cady Stanton Dies at Her Home," *New York Times*, October 27, 1902.

50   Dolores Hayden, *The Grand Domestic Revolution: A History of Feminist Design for American Homes, Neighborhoods, and Cities*(Cambridge, MA: MIT Press, 1982), 3.

51   Megan McDonald Way, *Family Economics and Public Policy, 1800s—Present*(New York: Palgrave Macmillan, 2018), 152.

52   "The Brandeis Brief," submitted to the Supreme Court of the United States, October

1907, in regard to *Muller v. Oregon*, 208 U. S. 412(archived by Louis D. Brandeis School of Law Library), https://louisville.edu/law/library/speical-collection/the-louis-d.-brandeis-collection/the-brandeis-brief-in-its-entirety.

53 *Mulliver v. Oregon*, 208 U.S. 412(1908).

54 Section 213 of the Economy Act of 1932 is discussed in detail in Lois Scharf, *To Work and to Wed: Female Employment, Feminism, and the Great Depression*(Westport, CT: Greenwood Press, 1980), 45—53; John Thomas McGuire, "'The Most Unjust Piece of Legislation': Section 213 of the Economy Act of 1932 and Feminism During the New Deal," *Journal of Policy History* 20, no. 4(November 4, 2008): 516—541.

55 *Journal of Proceedings of the Sixty-Second Session of the Wisconsin State Legislature*, vol. 3(Madison, WI: Democrat Printing Company, 1935), 2403, https://books.google.com/books?id=mZJsAAAAMAAJ&lpg=PA2403&dq=married%20women%20work&pg=PA2403#v=onpage&q=married%20women%20work&f=false.

56 Elaine Tyler May, *Barren in the Promised Land: Childless Americans and the Pursuit of Happiness*(New York: Basic Books, 1995), 81; Dorothy Sue Cobble, *The Other Women's Movement: Workplace Justice and Social Rights in Modern America*(Princeton, NJ: Princeton University Press, 2004), 215.

57 Patricia A. McBroom, *The Third Sex: The New Professional Woman*(New York: W. Morrow, 1986), 23, 236—238.

58 US Bureau of Labor Statistics, "Women in the Labor Force, 1970—2009," *Economics Daily*(blog), January 5, 2011, www.bls.gov/opub/ted/2011/ted_20110105.htm?view_full.

59 US Bureau of Labor Statistics, "Employment Characteristics of Families Summary," news release, April 20, 2022, www.bls.gov/new.release/famee.nr0.htm.

60 Gretchen Livingston, "Is U. S. Fertility at an All-Time Low? Two of Three Measures Point to Yes," Pew Research Center, May 22, 2019, www.pewreserch.org/fact-tank/2019/05/22/u-s-fertility-rate-explained; Claire Cain Miller and Liz Alderman, "Why U. S. Women Are Leaving Jobs Behind," *New York Times*, December 12, 2014, www.nytimes.com/2014/12/14/upshot/us-employment-women-not-working.html.

61 May, *Barren in the Promised Land*, 12; Tomas Sobotka, Vegard Skirbekk, and Dimiter Philipov, "Economic Recession and Fertility in the Developed World," *Population and Development Review* 32, no. 2(June 2011): 270.

62 Robert Boyd, "Racial Differences in Childlessness: A Centennial Review," *Sociological Perspectives* 32, no. 2(Summer, 1989): 185(Figure 2).

63 Boyd, "Radical Differences in Childlessness," 188—189.

64   Alexis Yamokoski and Lisa A. Keister, "The Wealth of Single Women: Marital Status and Parenthood in the Asset Accumulation of Young Baby Boomers in the United States," *Feminist Economics* 12, no. 1–2(January/April 2006): 167–194.

65   Morell, *Unwomanly Conduct*, 19.

66   S. Philip Morgan, "Late Nineteenth-and Early Twentieth-Century Childlessness," *American Journal of Sociology* 97, no. 3(November 1991): 803; Ronald B. Rindfuss, S. Philip Morgan, and Gray Swicegood, *First Births in America: Changes in the Timing of Parenthood*(Berkeley: University of California Press, 1988), 87.

67   Bill Chappell, "U. S. Births Fell to a 32-Year Low in 2018; CDC Says Birthrate Is in Record Slump," NPR, May 15, 2019, www.npr.org/2019/05/15/723518379/u-s-births-fell-to-a-32-year-low-in-2018-cdc-says-birthrate-is-at-record-level.

68   Child Care Aware of America, *The U. S. and the High Cost of Child Care: An Examination of a Broken System*, 2019, 39, www.childcareaware.org/our-issues/research/the-us-and-the-high-price-of-child-care-2019.

69   Claudia Goldin, Sari Pekkala Kerr, Claudia Olivetti, and Erling Barth, "The Expanding Gender Earnings Gap: Evidence from the LEHD-2000 Census," *American Economic Review* 107, no. 5(2017): 110.

70   Sabrina Tavernise, Claire Cain Miller, Quoctrung Bui, and Robert Gebeloff, "Why American Women Everywhere Are Delaying Motherhood," *New York Times*, June 16, 2021, www.nytimes.com/2021/06/16/us/declining-birthrate-motherhood-html.

71   Anne Chemin, "France's Baby Boom Secret: Get Women into Work and Ditch Rigid Family Norms," *The Guardian*, March 21, 2015, www.theguardian.com/world/2015/mar/21/france-population-europe-fertility-rate; Jenny Brown, Birthstrike: The Hidden Fight Over Women's Work(Oakland, CA: PM Press, 2019), 17, 26.

72   Steffen Krohnert(rendered phonetically as Stephen Gruenert), interviewed by Rachel Martin, "Germany Frets About Women in Shrinking Work Force," *Morning Edition*, National Public Radio, May 24, 2006, www.npr.org/templates/story/story.php?storyId=5427278.

04 지구 때문에

1   Stephanie Mills, "Mills College Valedictory Address," in *American Earth: Environmental*

Writing Since Thoreau, ed. Bill McKibben(New York: Library of America, 2008), 470. Cited in Thomas Robertson, *The Malthusian Moment: Global Population Growh and the Birth of American Environmentalism*(New Brunswick, NJ: Rutgers University Press, 2012), 1, 162.

2   Edward Valauskas, "FM Interviews: Stephanie Mills," *First Monday* 7, no. 6(June 2002): https://doi.org/10.5210/fm.v7i6.965.

3   City of Phoenix, "Phoenix Growth," www.phoenix.gov/budgetsite/ Documents/2013Sum%20Community%20Profile%20and%20Trends.pdf.

4   "Phoenix Rainfall Index," National Weather Service, accessed July 2, 2021, www.weather. gov/psr/PRI.

5   "Population by County, 1860—2000," Bay Area Census, accessed July 2, 2021, www. bayareacensus.ca.gov/historical/copop18602000.htm.

6   1991년 오클랜드 산지 화재 역사에 관하여서는 Gregory Simon, *Flame and Fortune in the American West: Urban Development, Environmental Change, and the Great Oakland Hills Fire*(Berkeley: University of California Press, 2017) 참조.

7   Paul Ehrilch, *The Population Bomb*(New York: Ballantine Books, 1968), 1.

8   Derek Hoff, *The State and the Stork: The Population Debate and Policy Making in US History*(Chicago: University of Chicago Press, 2012), 178—179.

9   Robertson, *The Mathusian Moment*, 162.

10 Robertson, *The Mathusian Moment*, 153, 165.

11 Nick Watts et al., "The 2019 Report of the Lancet Countdown on Health Climate Change: Ensuring that the Health of a Child Born Today Is Not Defined by a Changing Climate," *The Lancet* 394, no. 10211(November 16, 2019): 1836—1878.

12 William Petersen, *Malthus: The Founder of Modern Democracy*(Cambridge, MA: Harvard University Press, 1979), 21.

13 Robert Mayhew, *Malthus: The Life and Legacies of an Untimely Prophet*(Cambridge, MA: Belknap, 2014), 58.

14 Mayhew, *Malthus: The Life and Legacies*, 60—62.

15 Elinor Accampo, *Blessed Motherhood, Bitter Fruit: Nelly Roussel and the Politics of Female Pain in the Third Republic France*(Baltimore: Johns Hopkins University Press, 2006), 4.

16 Thomas Malthus, *An Essay on the Principle of Population*, vol. 1(1809), 2—4, 16.

17 Mayhew, *Malthus: The Life and Legacies*, 85.

18 Percy Bysshe Selley, "A Philosophical View of Reform," in *The Complete Works of Percy Bysshe Shelley*, vol. 7(London: Gordian, 1829), 51.

19   Friedrich Engels, "Outlines of a Critique of Political Economy," in *Economic and Philosophic Manuscripts of 1844*, by Karl Marx, trans. Martin Milligan(New York: International Publishers, 1964), 219, 199.

20   J. Dupâquier, A. Fauve-Chamoux, and E. Grebenik, eds., *Malthus: Past and Present*(Orlando, FL: Academic Press, 1983), 258.

21   F. D'arcy, "The Malthusian League and Resistance to Birth Control Propaganda in Late Victorian Britain," *Population Studies* 31, no. 3(November 1977): 433.

22   Charles Knowlton, *The Fruits of Philosophy: An Essay on the Population Question, continental edition*(Rotterdam: Van Der Hoven and Buys, 1877; digitized 2013 by the National Library of the Netherlands), 14.

23   Juan Martinez-Allier, *The Environmentalism of the Poor: A Study of Ecological Conflicts and Valuation*(Cheltenham, UK: Edward Elgar Publishing, 2009), 47—48.

24   Martinez-Allier, *The Environmentalism of the Poor*, 51—53.

25   Annie Besant, *Annie Besant: An Autobiography*(1893), 81.

26   F. H. Amphlett-Micklewright, "The Rise and Decline of English Neo-Malthusianism," *Population Studies* 15(July 1961): 39—40.

27   Amphlett-Micklewright, "The Rise and Decline of English Neo-Malthusianism," 39—40.

28   "Annie Besant Cremated," *New York Times*, September 22, 1933, www.nytimes. com/1933/09/02/archives/annie-besant-cremated-theosophist-leaders-body-put-on-pyre-on-river.html.

29   *Mabel Emily Besant-Scott (née Besant)*, unknown photographer, circa 1878, albumen carte-de-visite, 3½×2⅜ in. (90mm×61mm), National Portrait Gallery, London, www. npg.org.uk/collections/search/portrait/mw189854.

30   Donald J. Bogue, "Population Growth in the United States," in *The Population Dilemma*, ed. Philip M. Hauser(Englewood Cliffs, NJ: Prentice-Hall, 1963), 92.

31   Hoff, *The State and the Stork*, 178.

32   Paul Sabin, *The Bet: Paul Ehrlich, Julian Simon, and Our Gamble over the Earth's Future*(New Haven, CT: Yale University Press, 2013), 21.

33   Robertson, *The Malthusian Moment*, 135.

34   Robertson, *The Malthusian Moment*, 135—136.

35   Sabin, *The Bet*, 12.

36   Paul R. Ehrlich and Anne H. Ehrlich, "The Population Bomb Revisited," *Electronic Journal of Sustainable Development* 1, no. 3(2009): 63.

37   Ehrlich, *The Population Bomb*, 3.

38   Hoff, *The State and the Stork*, 179—180; Susan Staggenborg, *The Pro-Choice Movement: Organization and Activism in the Abortion Conflict*(New York: Oxford University Press, 1991), 164.

39   Dennsion Hodgson and Susan Cotts Watkins, "Feminists and Neo-Malthusians: Past and Present Alliances," *Population and Development Review* 23, no. 3(September 1997): 475—478.

40   Robert G. Weisbord, *Genocide?: Birth Control and the Black American*(Westport, CT: Greenwood, 1975), 129.

41   Hoff, *The State and the Stork*, 180.

42   Staggenborg, *The Pro-Choice Movement*, 163.

43   Robertson, *The Malthusian Moment*, 173.

44   Hoff, *The State and the Stork*, 180.

45   Robert Rienow, *Moment in the Sun: A Report on the Deteriorating Quality of the American Environment*(New York: Dial Press, 1967), 3.

46   Sabin, *The Bet*, 18—20.

47   Robertson, *The Malthusian Moment*, 160.

48   Robertson, *The Malthusian Moment*, 10, 159.

49   Sabin, *The Bet*, 39

50   "O and All the Little Babies in the Alamdea Gardens, Yes," in *Ecotactics: The Sierra Club Handbook for Environment Activists*, ed. John G. Mitchell(New York: Pocket Books, 1970), 81.

51   Ehrlich, *The Population Bomb*, 140—141.

52   Paul Ehrlich, "Are There Too Many of US?" *McCall's*, July 1970, 104, Robertson, *The Malthusian Moment*, 158 인용.

53   Sabin, *The Bet*, 39.

54   "Fertility Rate, Total (Births per Woman)—United States," World Bank, https://data.worldbank.org/indicator/SP.DYN.TFRT.IN?locations=US.

55   Prajakta Gupte, "India: 'The Emergency'and the Politics of Mass Sterilization," *Education About Asia* 22, no. 3(Winter 2017): 40, 43.

56   Robertson, *The Malthusian Moment*, 188, 193—194.

57   Hodgson and Watkins, "Feminists and Neo-Malthusians," 484; Robertson, *The Malthusian Moment*, 11, 190—191.

58   Walter E. Howard, "The Population Crisis Is Here Now," *BioScience*, September 1969,

reprinted in Wes Jackson, *Man and the Environment*, 2nd ed.(Dubuque, IA: William C. Brown, 1973), 189, 191; Robertson, *The Malthusian Moment*, 191.

59   Linda Gordon, *Women's Body, Women's Right: Birth Control in America*(New York: Grossman, 1976), 393, 398, 401 참조.

60   "Garrett Hardin," Southern Poverty Law Center, www.splcenter.org/fighting-hate/extremist-files/individual/garrett-hardin 참조.

61   Dan Wakefield, "Highlights of a NON-Event," *New York*, September 9, 1974, 34.

62   Naomi Oreskes and Erik M. Conway, *Merchants of Doubt: How a Handful of Scientists Obscured the Truth on Issues from Tobacco Smoke to Global Warming*(New York: Bloomsbury, 2010), 170.

63   Philip Shabecoff, "Global Warming Has Begun, Expert Tells Senate," *New York Times*, June 24, 1988, 1.

64   Bathsheba Demuth, "Against the Tide: The Trump Administration and Climate Change," in *The Presidency of Donald J. Trump: A First Historical Assessment*, ed. Julian E. Zelizer(Princeton, NJ: Princeton University Press, 2022), 183.

65   퓰리처상 최종 후보에 오른 David Hasemyer and John H. Cushman Jr., "Exxon Sowed Doubt About Climate Science for Decades by Stressing Uncertainty," *Inside Climate News*, October 22, 2015 참조.

66   Talia Buford, "Thousands Rally to Protest Keystone," *Politico*, February 17, 2013, www.politico.com/story/2013/02/thousands-rally-in-washington-to-protest-keystone-pipeline-087745#ixzz2LDwj7Myp 인용.

67   Caroline Hickman, Elizabeth Marks, Panu Pihkala, Susan Clayton, R. Eric Lewandowski, Elouse E. Mayall, Britt Wray, Catriona Mellor, and Lise van Susteren, "Young People's Voices on Climate Anxiety, Government Betrayal and Moral Injury: A Global Phenomenon," *The Lancet*(preprint, September 7, 2021): 6, Figure 3, https://ssrn.com/abstract=3918944.

68   Meehan Crist, "Is It Ok to Have a Child?," *London Review of Books* 42, no. 5(March 5, 2020): www.lrb.co.uk/the-paper/v42/n05/meehan-crist/is-it-ok-to-have-a-child.

69   Sarah Blaffer Hrdy, *Mother Nature: A History of Mothers, Infants, and Natural Selection*(New York: Pantheon Books, 1999), 314.

70   Charles Mann, *1491: New Revelations of the Americas Before Columbus*(New York: Vintage, 2006), 125.

71   Mary Annaïse Heglar, "Climate Change Isn't the First Existential Threat," Zora, February 18, 2019, https://zora.medium.com/sorry-yall-but-climate-change-ain-t-the-first-

existential-threat-b3c999267aa0.

72   Morris Silver, "Births, Marriages, and Business Cycles in the United States," *Journal of Political Economy* 73, no. 3(1965): 237—255 참조.

73   Ann Taylor Allen, *Feminism and Motherhood in Western Europe, 1890—1970: The Maternal Dilemma*(New York: Palgrave Macmillan, 2005), 9; Hrdy, *Mother Nature*, 316.

74   Alan Yuhas, "Don't Expect a Quarantine Baby Boom," *New York Times*, April 8, 2020, www.nytimes.com/2020/04/08/us/coronavirus-baby-boom.html 인용.

75   *Fox & Friends*, February 26, 2019, archived by Media Matters for America, www.mediamatters.org/embed/222969.

76   Tom Whyman, "Why, Despite Everything, You Should Have Kids (If You Want Them)," *New York times*, April 13, 2021, www.nytimes.com/2021/04/13/opinion/baby-bust-covid-philosophy-natalism.html; Anastasia Berg, "Now Is as Good a Time as Any to Start a Family," *New York Times,* April 30, 2020, www.nytimes.com/2020/04/30/opinion/coronavirus-pregnancy.html 참조.

05 우리는 할 수 없으므르

1   Emma Rosenblum, "Later, Baby," *Bloomberg Businessweek*, April 21, 2014, 44—49.

2   Ariana Eunjung Cha, "The Struggle to Conceive with Frozen Eggs," *Washington Post*, January 27, 2018, www.washingtonpost.com/news/national/wp/2018/01/27/feature/she-championed-the-idea-that-freezing-your-eggs-would-free-your-career-but-things-didnt-quite-work-out.

3   "IVF Is Big Business," *Pediatrics* 93, no. 3(March 1994): 403.

4   Lucy van de Veil, "The Speculative Turn in IVF: Egg Freezing and the Financialization of Fertility," *Critical Studies of Contemporary Biosciences* 39, no. 3(2020): 306—326.

5   Cha, "The Struggle to Conceive with Frozen Eggs."

6   Ada C. Dieke, Yujia Zhang, Dmitry M. Kissin, Wanda D. Barfield, and Sheree L. Boulet, "Disparities in Assisted Reproductive Technology Utilization by Race and Ethnicity, United States, 2014: A Commentary," *Journal of Women's Health* 26, no. 6(June 2017): 605—608; James F. Smith, Michael L. Eisenberg, David Glidden, Susan G. Millstein, Marcelle Cedars, Thomas J. Walsh, Jonathan Showstack, Lauri A. Pasch, Nancy Adler, and Patricia P. Katz, "Socioeconomic Disparities in the Use and Success of Fertility

Treatments: Analysis of Data from a Prospective Cohort in the United States," *Fertility and Sterility* 96, no. 1(July 2011): 97, Table 1; Kristin J. Wilson, *Not Trying: Infertility, Childlessness, and Ambivalence*(Nashville, TN: Vanderbilt University Press, 2014), 6—7.

7   Margarete J. Sandelowski, "Failures of Volition: Female Agency and Infertility in Historical Perspective," *Signs* 15, no. 3(1990): 475—499, Margaret Marsh and Wanda Ronner, *The Empty Cradle: Infertility in America from Colonial Times to the Present*(Baltimore: Johns Hopkins University Press, 1996), 246 인용.

8   Gen. 30:1(NRSV).

9   Gen. 16:1(NRSV).

10   1 Sam. 1:1—8, 1:14—16(NRSV).

11   1 Sam. 1:20—28(NRSV).

12   Marsh and Ronner, *The Empty Cradle*, 12.

13   Elaine Tyler May, *Barren in the Promised Land: Childless Americans and the Pursuit of Happiness*(New York: Basic Books, 1995), 42—43. Diary of Sally Hitchcock Bliss, entry from February 15, 1829, American Antiquarian Society, Worcester, MA 인용.

14   "What Is Infertility?," Infertility FAQs, Centers for Disease Control and Prevention, accessed September 15, 2020, www.cdc.gov/reproductivehealth/inferfility/index.htm.

15   Christine Overall, *Ethics and Human Reproduction: A Feminist Analysis*(Winchester, MA: Allen and Unwin, 1987), 141 인용.

16   Marsh and Ronner, *The Empty Cradle*, 12—15, 42; Michael J. Call, *Infertility and the Novels of Sophie Cottin*(Newark: University of Delaware Press, 2002), 56.

17   H. Celcon, "The First Century of Mechanical Electrotherapy," *Physiotherapy* 87, no. 4(April 2001): 209.

18   Marsh and Ronner, *The Empty Cradle*, 21.

19   Lydia Syson, *Doctor of Love: James Graham and His Celestial Bed*(Surrey, UK: Alma Books, 2008), 418—419, 181, 9—11, 203.

20   Harvey Graham, *Eternal Eve: The History of Gynecology and Obstetrics*(Garden City, NJ: Doubleday, 1951), 371—374.

21   Syson, *Doctor of Love*, 9.

22   Rickie Solinger, *Pregnancy and Power: A Short History of Reproductive Politics in America*(New York: NYU Press, 2007), 59.

23   Frederick Hollick, *The Marriage Guide: Or, Natural History of Generation*(New York: T. W. Strong, 1860), 301.

24   May, *Barren in the Promised Land*, 43. Alexander Hamilton, *A Treatise on the Management*

of Female Complaints(New York: Samuel Campbell, 1792), 109—109 인용.

25   이 에피소드 내용과 인용 출처는 A. D. Hard, "Artificial Impregnation," Medical World
      27(April 1909): 163—164, https://catalog.hathitrust.org/Record/000060888.

26   Elizabeth Yuko, "The First Artificial Insemination Was an Ethical Nightmare," *The
      Atlantic*, January 8, 2016, www.theatlantic.com/health/archive/2016/01/first-artificial-
      insemination-423198.

27   C. L. Egbert, "Regarding Artificial Impregnation," *Medical World* 27(June 1909): 253,
      https://catalog.hathitrust.org/Record/000060888.

28   Earnest Bartow, "Impregnation and Religion," *Medical World* 27(July 1909): 305, https://
      catalog.hathitrust.org/Record/000060888.

29   Hard, "Artificial Impregnation."

30   Marsh and Ronner, *The Empty Cradle*, 29.

31   Thomas W. Carter, "The Morbid Effects of Tight Lacing," *Southern Medical and Surgical
      Journal* 2, no. 7(July 1846): 405 참조.

32   James Cassedy, *Medicine and American Growth, 1800—1860*(Madison: University of
      Wisconsin Press, 1986), 173.

33   George J. Engelmann, "The Increasing Sterility of American Women," *Journal of the
      American Medical Association* 27(October 5, 1901): 893.

34   George Engelmann, "The American Girl of Today," *Transactions* 25(1900): 4—21, Marsh
      and Ronner, The Empty Cradle, 86 인용.

35   May, *Barren in the Promised Land*, 73. "Our Duty to Posterity," *The Independent*, January
      4, 1909, 269—271 인용.

36   Edward A. Ross and Roy E. Barber, "Slow Suicide Among Our Native Stock," *Century
      Magazine*, February 1924, 507—508.

37   Theodore Roosevelt, "On American Motherhood," address before the National Congress
      of Mothers, March 13, 1905, in Melody Rose, *Abortion: A Documentary and Reference
      Guide*(Westport, CT: Greenwood Press, 2008), 27.

38   Ross and Barber, "Slow Suicide Among Our Native Stock," 504.

39   Series A 6-8, "Annual Population Estimates for the United States: 1790 to 1970," in
      Historical Statistics of the United States: Colonial Times to 1970(Washington, DC: US
      Department of Commerce, 1975), www.census.gov/history/pdf/histstatscolonial-1970.
      pdf.

40   Ross and Barber, "Slow Suicide Among Our Native Stock," 504.

41   Karen Norrgard, "Human Testing, the Eugenics Movement, and IRBs," *Nature Education*

1, no. 1(2008): 170.

42   T. G. Thomas, *A Practical Treatise on the Disease of Women*(Philadelphia: Lea Brothers, 1891), 35, Margarete Sandelowski, "Failures of Volition: Female Agency and Infertility in Historical Perspective," *Signs* 15, no. 3(1990): 486 인용.

43   Paul A. Lombardo, ed., *A Century of Eugenics in America: From the Indiana Experiment to the Human Genome Era*(Bloomington: Indiana University Press, 2011), 1—7; Jason S. Lantzer, "The Indiana Way of Eugenics: Sterilization Laws, 1907—1974," 참조.

44   George B. H. Swayze, "Reluctant Pregnancy," *Medical Times*, November 1909, 321, May, *Barren in the Promised Land,* 72 인용.

45   C. G. Child, *Sterility and Conception*(New York: Appleton, 1931), 12—13.

46   Swayze, "Reluctant Pregnancy," May, *Barren in the Promised Land*, 72 인용.

47   Charlotte Kroløkke, "ART in the Sun: Assembling Fertiltiy Tourism in the Caribbean," in *Critical Kinship Studies*, eds. Charlotte Kroløkke, Lene Myong, Stine Willum Adrian, and Tine Tjørnhøj-Thomsen(Lanham, MD: Rowman & Littlefield, 2016), 149—152.

48   Simon P. Newman, *A New World of Labor: The Development of Plantation Slavery in the British Atlantic*(Philadelphia: University of Pennsylvania Press, 2013), 54—68, 75.

49   Kroløkke, "ART in the Sun," 153, 162.

50   "State Laws Related to Insurance Coverage for Infertility Treatment," National Conference of State Legislatures, March 12, 2021, www.ncsl.org/research/health/insurance-coverage-for-infertility-laws.aspx.

51   J. Farley Ordovensky Staniec and Natalie J. Webb, "Utilization of Infertility Services: How Much Does Money Matter?" *Health Services Research* 42, no. 3(June 2007): 976.

52   Smith et al., "Socioeconomic Disparities in the Use and Success of Fertility Treatments," 97, Table 1.

53   Dieke et al., "Disparities in Associated Reproductive Technology Utilization," 605—608.

54   B. Lunenfeld and A. van Steirteghem, "Infertility in the Third Millennium: Implications for the Individual, Family and Society: Condensed Meeting Report from the Bertarelli Foundation's Second Global Conference," *Human Reproduction Update* 10, no. 4(2004): 321.

55   Marcia C. Inforn and Pasquale Patrizio, "Infertility Around the Globe: New Thinking on Gender, Reproductive Technologies and Global Movements in the 21th Century," *Human Reproduction Update* 21, no. 4(March 2015): 414.

56   Measure DHS+, *Infecundity, and Childlessness in Developing Countries,* DHS Comparative Reports no. 9(Calverton, MD: ORC Marco, 2004), 1, www.who.int/publications/m/item/

infecundity-infertility-and-childlessness-in-developing-countries--dhs-comparative-reports-no.-9.

57   Kristin L. Rooney and Alice D. Domar, "The Relationship Between Stress and Infertility," *Dialogues in Clinical Neuroscience* 20, no. 1(March 2018): 41.

58   Gayle Leatherby, "Other Than Mother and Mothers as Others," *Women's Studies International Forum* 22, no. 3(May 1999): 360.

59   *Oxford English Dictionary online*, s. v. "adoption."

60   Helena M. Wall, *Fierce Communion: Family and Community in Colonial America*(Cambridge, MA: Harvard University Press, 1990), 99.

61   "Planning for Adoption: Knowing the Costs and Resources," Child Welfare Information Gateway, November 2016, www.childwelfare.gov/pubs/s-cost.

62   Elizabeth Bartholet, *Family Bonds: Adoption and the Politics of Parenting*(New York: Houghton Mifflin, 1993), 30—31.

63   Chuck Johnson and Megan Lestino, *Adoption by the Numbers: A Comprehensive Report of U. S. Adoption Statistics*(Alexandria, VA: National Council for Adoption, 2017), ii.

64   Nicholas K. Park and Patricia Wonch Hill, "Is Adoption an Option? The Role of Importance of Motherhood and Fertility Help-Seeking in Considering Adoption," *Journal of Family Issues* 34, no. 5(2014): 602.

65   Allen Fisher, "Still 'Not Quite as Good as Having Your Own?' Toward a Sociology of Adoption," *Annual Review of Sociology* 29(2003): 351—354.

66   Victor Cohn, "U. S. Scientists Urge More Study Before Test-Tube Babies," *Washington Post*, July 27, 1978.

67   "SUPERBABE: Meet Louise, the World's First Test Tube Arrival," *London Evening News*, July 27, 1978.

68   "1st Test Tube Baby is Born—It's a Girl; Condition 'Excellent,'" *New York Daily News*, July 26, 1978.

69   Ciara Nugent, "What It Was Like to Grow Up as the World's First 'Test-Tube Baby,'" *Time*, July 25, 2018, httpsL//time/com/5344145/louise-brown-test-tube-baby.

70   Robin Marantz Henig, *Pandora's Baby: How the First Test Tube Babies Sparked the Reproductive Revolution*(New York: Houghton Mifflin, 2004), 130, 134, 136, 205.

71   "Abortion Viewed in Moral Terms: Fewer See Stem Cell Research and IVF as Moral Issues," Pew Research Center, August 15, 2013, www.pewforum.org/2013/08/15/abortion-viewed-in-moral-terms/#morality-of-using-in-vitro-fertilization.

72   Jennifer Wright, "Why Anti-Choice People Are Okay with IVF," *Harper's Bazaar*, June

14, 2019, www.harpersbazaar.com/culture/politics/a27888471/why-anti-choice-people-against-abortion-are-okay-with-ivf 인용.

73   Emma Scornavacchi, "The Glaring Exception in the Coming Battle Over Reproductive Rights," *New Republic*, August 8, 2018, https://newrepublic.com/article/150545/glaring-exception-coming-battle-reproductive-rights.

74   Katherine Kortsmit, Michele G. Mandel, Jennifer A. Reeves, Elizabeth Clark, H. Pamela Pagano, Antoinette Nguyen, Emily E. Petersen, and Maura K. Whiteman, "Abortion Surveillance—United States, 2019," *MMWR Surveillance Summaries* 70, no. SS-9(2021): 1—29, http://dx.doi.org/10.155585/mmwr.ss709a1.

75   Scornavacchi, "The Glaring Exception in the Coming Battle Over Reproductive Rights."

76   Alicia Armstrong and Torie C. Plowden, "Ethnicity and Assisted Reproductive Technologies," *Clinical Practice* 9, no. 6(November 1, 2012): 651—658.

77   May, *Barren in the Promised Land*, 72.

78   James William Kennedy and Archibald Donald Campbell, *Vaginal Hysterectomy*(Philadelphia: F. A. Davis, 1944), 133.

79   Gen. 30:23(NRSV).

80   Centers for Disease Control and Prevention, *2019 Assisted Reproductive Technology Fertility Clinic Success Rates Report*(Washington, DC: U.S. Department of Health and Human Services, 2021), 26, www.cdc.gov/art/reports/2019/pdf/2019-Report-ART-Fertility-Clinic-National-Summary-h.pdf.

81   Carolyn Morell, *Unwomanly Conduct: The Challenges of Intentional Childlessness*(New York: Routledge, 1994), 56에서 가져와 확장시킨 논점.

06   우리는 다른 삶을 원하기 때문에

1   Zoë Noble and Marcia Drut-Davis, "No Regrets, with 78-Year-Old Childfree Trailblazer Marcia Drut-Davis," March 9, 2021, in *We Are Childfree*, podcast, https://wearechildfree.com/podcast/05-marcia-drut-davis.

2   Marcia Drut-Davis, *Confessions of a Childfree Woman: A Life Spent Swimming Against the Mainstream*(self-pub., 2013), 51.

3   Nobel and Drut-Davis, "No Regrets."

4   Drut-Davis, *Confessions of a Childfree Woman*, 57.

5   Shawn G. Kennedy, "Pregnancy and the Single Girl," *New York Times*, December 12, 1976, www.nytimes.com/1976/12/12/archives/long-island-weekly-pregnancy-and-the-single-girl-the-growing.html 참조.

6   Drut-Davis, *Confessions of a Childfree Woman*, 63, Nobel and Drut-Davis, "No Regrets."

7   Nobel and Drut-Davis, "No Regrets."

8   Drut-Davis, *Confessions of a Childfree Woman*, 65.

9   Elaine Tyler May, *Barren in the Promised Land: Childless Americans and the Pursuit of Happiness*(New York: Basic Books, 1995), 18.

10   Ann Talyor Allen, *Feminism and Motherhood in Western Europe, 1890—1970: The Maternal Dilemma*(New York: Palgrave Macmillan, 2005), 220, 232. "Boss of Won Belly," Atria, https://insitute-genderequality.org/frames-on-gender/countires/netherlands/boss-of-own-belly 사진 참조.

11   C. H. Talbot, ed., *The Life of Christina of Markyate: A Twelfth Century Recluse*(New York: Oxford University Press, 2019).

12   내가 대학 시절 읽은 책 중에서 가장 마음에 들었던 Norman Russell, trans., *The Lives of the Desert Fathers*(Kalamazzo, MI: Cistercian Publications, 1981) 참조.

13   Sabina Flanagan, *Hildegard of Bingen: A Visionary Life*(London: Routledge, 1998) 참조.

14   *Lesser Feasts and Fasts*(New York: Church Publishing Incorporated, 2019), 438.

15   Dan Wakefield, "Highlights of a NON-Event," *New York*, September 9, 1974, 33—35 참조.

16   Jenna Healey, "Rejecting Reproduction: The National Organization for Non-Parents and Childfree Activism in 1970s America," *Journal of Women's History* 28, no. 1(Spring 2016): 140—142.

17   Pimlico Junior High Alumni, Facebook group, www.facebook.com/groups/48093191715/permalink/10140284397521716.

18   May, *Barren in the Promised Land*, 189.

19   Ellen Peck, *The Baby Trap*(New York: Pinnacle Books, 1972), 67.

20   Peck, *The Baby Trap*, 10—11.

21   Peck, *The Baby Trap*, 16.

22   Peck, *The Baby Trap*, 22—23.

23   Ellen Peck, "Obituary: Motherhood," *New York Times*, May 13, 1972, www.nytimes.com/1972/05/13/archives/orbituary-motherhood.htlm.

24   Betty Friedan, *The Feminine Mystique*(New York: W. W. Norton, 2016, orig. 1962), 100.

25   Healy, "Rejecting Reproduction," 143.

26 M. Rivka Polatnick, "Diversity in Women's Liberation Ideology: How a Black and a White Group of the 1960s Viewed Motherhood," *Signs* 21, no. 3(Spring 1996): 688.

27 Sandy Banisky, "Heavy Causes Fill Ellen Peck's Day," *Baltimore Sun*, August 12, 1975.

28 Banisky, "Heavy Causes Fill Ellen Peck's Day."

29 Healy, "Rejecting Reproduction," 인용.

30 Summary of Non-Parents'Day from Wakefield, "Highlights of a NON-Event," 33—35.

31 Healy,"Rejecting Reproduction," 134—135.

32 Narrative from Wakefield, "Highlights of a NON-Event," 35.

33 Healy, "Rejecting Reproduction," 133.

34 Drut-Davis, *Confessions of a Childfree Woman*, 46.

35 Ellen Mara Nason and Margaret M. Poloma, *Voluntarily Childless Couples: The Emergence of a Variant Lifestyle*(Beverley Hills, CA: Sage Publications, 1976); R. Cooper, B. Cumber, and R. Hartner, "Decision-Making Patterns and Post-Decision Adjustment of Childfree Husbands and Wives," *Alternative Lifestyles* 1, no. 1(1978): 71—94.

36 1976년에 실시한 NON 회원 설문 조사에 따른 것으로 Healy, "Rejecting Reproduction," 132 인용.

37 Healy, "Rejecting Reproduction," 135.

38 Rufus Bishop, Seth Y. Wells, and Giles B. Avery, *Testimonies of the Life, Character, Revelations, and Doctrines of Mother Ann Lee, and the Elders with Her: Through Whom the World of Eternal Life Was Opened in This Day of Christ's Second Appearing*(Albany, NY: Weed, Parsons & Co., Printers, 1888), 13.

39 D'Ann Campbell, "Women's Life in Utopia: The Shaker Experiment in Sexual Equality Reappraised—1810 to 1860," *New England Quarterly* 51, no. 1(March 1978): 28.

40 Robert Peters, "Ann Lee," in *The Reader's Companion to American History*, eds. Eric Foner and John A. Garraty(Boston: Houghton Mifflin, 1991), 646.

41 Peters, "Ann Lee," 646—647.

42 Campbell, "Women's Life in Utopia," 24—25.

43 John D'Emilio and Estelle B. Freeman, *Intimate Matters: A History of Sexuality in America*(Chicago: University of Chicago Press, 1998), 117.

44 Campbell, "Women's Life in Utopia," 28.

45 William Sims Bainbridge, "Shaker Demographics 1840—1900: A Example of the Use of U. S. Census Enumeration Schedules," *Journal for the Scientific Study of Religion* 21, no. 4(December 1982): 355.

46 Lilian Faderman, Ariel Levy, "Lesbian Nation," *New Yorker*, February 22, 2009, www.

newyorker.com/magazine/2009/03/02/lesbian-nation.

47   Rebecca Traister, *All the Single Ladies: Unmarried Women and the Rise of an Independent Nation* (New York: Simon & Schuster, 2016), 21.

48   Susan Brownmiller, *In Our Times: Memoir of a Revolution* (New York: Dial Press, 1999), 82.

49   *The Furies: Lesbian/Feminist Monthly* 1 (January 1972): 1 (archived by Rainbow History Project, Washington, DC, www.rainbowhistory.org/Furies001.pdf).

50   Ruth Rosen, *The World Split Open: How the Modern Women's Movement Changed America* (New York: Viking, 2000), 167–173.

51   Lisa Luetkemeyer and Kimela West, "Paternity Law: Sperm Donors, Surrogate Mothers and Child Custody," *Missouri Journal of Medicine* 112, no. 3 (May–June 2015): 162.

52   Levy, "Lesbian Nation."

53   Nick von Hoffman, "Better a Goat! I'm Not Kidding," *Boston Globe*, May 14, 1972, 57, 65.

54   "Down with Kids," *TIME*, July 3, 1972, 35, https://time.com/vault/issue/1972-07-03/page/37.

55   Healy, "Rejecting Reproduction," 144–145.

56   Kathleen Hendrix, "Nonparents Seeking a New Image," *Los Angeles Times*, May 26, 1976.

57   Healy, "Rejecting Reproduction," 145.

58   W. Barry Garett, "High Court Holds Abortion to be 'a Right of Privacy,'" *Baptist Press*, January 31, 1973.

59   Robert O'Brien, "Abortion Court Decision Interpreted by Attorney," *Baptist Press*, January 29, 1973.

60   Galdys Martinez, Kimberly Daniels, and Anjani Chandra, "Fertility of Men and Women Aged 15–44 Years in the United States: National Survey of Family Growth, 2006–2010," *National Health Statistics Reports*, no. 51 (April 12, 2012): 4.

61   "About," NotMo, www.thenotmom.com/aboutus.

62   "Testimonials," NotMom, www.thenotmom.com/testimonials.

63   Jennifer Aniston, "For the Record," *Huffpost*, July 12, 2016, www.huffpost.com/entry/for-the-record_b_57855586e4b03fc3ee4e626f.

64   "Simone de Beauvoir, Author and Intellectual, Dies in Paris at 78," *New York Times*, April 15, 1986, www.nytimes.com/1986/04/15/obituaries/simone-de-beauvoir-author-and-intellectual-dies-in-paris-at-78.html; Associated Press, "Feminist Author Simone de Beauvoir Dies," *Los Angeles Times*, April 15, 1986, www.latimes.com/archives/la-xpm-

1986-04-14-mn-3925-story.html; Claude Jannoud, "L'Œuvre: Une vulgarisation plus qu'une creation," *Le Monde*, April 15, 1986 참조.

65   Kate Kirkpatrick, *Becoming Beauvoir: A Life*(New York: Bloomsbury Academic, 2019), 393.

66   *Le Monde*, April 16, 1986, 19.

67   Yolanda Astarita Patterson, "Simone de Beauvoir and the Demystification of Motherhood," *Yale French Studies* 72(1986): 90.

에필로그 | 우리가 왜라고 질문해도 된다면

1   Ann Landers, "If You Had It to Do Over Again, Would You Have Children?" *Good Housekeeping*, June 1976, 100—101, 215—216, 223—224; Margaret Marsh and Wanda Ronner, *The Empty Cradle: Infertility in America from Colonial Times to the Present*(Baltimore: Johns Hopkins University Press, 1996), 214 참조.

2   "91% Would Have Children (Take That, Ann Landers)," *Newsday*, June 13, 1976(archived at https://econfaculty.gmu.edu/bcaplan/newsday.jpg).

3   Frank Newport and Joy Wilke, "Desire for Children Still Norm in U. S.," Gallup, September 25, 2013, https://news.gallup.com/poll/164618/desire-children-norm.aspx.

4   Thomas Hansen, "Parenthood and Happiness: A Review of Folk Theories Versus Empirical Evidence," *Social Indicators Research* 108(2012): 30—31.

5   Jennifer Glass, Robin W. Simon, and Matthew A. Anderson, "Parenthood and Happiness: Effects of Work-Family Reconciliation Policies in 22 OECD Countries," *American Journal of Sociology* 122, no. 3(November 2016): 3—4, 17.

6   K. M. Nomaguchi and M. A. Milkie, "Costs and Rewards of Children: The Effects of Becoming a Parent on Adults'Lives," *Journal of Marriage and Family* 65, no. 2(2003): 356—374.

7   Jennifer Senior, *All Joy and No Fun: The Paradox of Modern Parenting*(New York: Ecco, 2014); Roy F. Baumeister, Kathleen D. Vohs, Jennifer L. Aaker, and Emily N. Garbinsky, "Some Key Differences Between a Happy Life and a Meaningful Life," *Journal of Positive Psychology* 8, no. 6(2013): 505—516 참조.

8   Glass, Simon, and Anderson, "Parenthood and Happiness," 17, 19, 22.

9   IMPAQ International and Institute for Women's Policy Research, "Qualifying for Unpaid

Leave: FMLA Eligibility Among Working Mothers," January 2017, www.dol.gov/sites/
dolgov/files/OASP/legacy/files/IMPAQ-Working-Mothers.pdf.

10   Bureau of Labor Statistics, "What Data Does the BLS Publish on Family Leave?,"
     National Compensation Survey, Chart 3, www.bls.gov/ncs/ebs/factsheet/family-leave-
     benefits-fact-sheet.pdf.

11   Claire Cain Miller, "The World 'Has Found a Way to Do This': The U. S. Lags on Paid
     Leave," *New York Times*, October 25, 2021, www.nytimes.com/2021/10/25/upshot/paid-
     leave-democrats.html.

12   Ada Calhoun, *Why We Can't Sleep: Women's New Midlife Crisis*(New York: Grove Press,
     2020) 참조.

13   세계보건기구에 따르면 미국의 산모 사망률은 라트비아, 우크라이나, 몰도바와 같으
     며 서유럽 국가 전체와 사우디아라비아, 이란, 러시아보다 높다. "Maternal Mortality
     Ratio(Modeled Estimate, per 100,000 Live Births)," World Bank, https://data.worldbank.
     org/indicator/SH.STA.MMRT?most_recent_value_desc=false.

14   "The Impact of Active Shooter Drills in Schools," Everytown Policy and Research,
     September 3, 2020, https://everytownresearch.org/report/the-impact-of-active-shooter-
     drills-in-schools.

15   Mary Katherine Tramontana, "Female and Childfree, in Pictures," *New York Times*, May
     3, 2021, www.nytimes.com/2021/05/03/style/childree-women.html 인용.

16   Anne Helen Petersen, "The Idealogical Battlefield of the 'Mamasphere,'" *Culture
     Study*(newsletter), October 20, 2021, https://anne.helen.substack.com/p/the-idealogical-
     battlefield-of-the에 인용.

17   Jamie Ballard, "Millennials Are the Loneliest Generation," YouGov America, July 30,
     2019, https://today.yougov.com/topics/lifestyle/articles-reports/2019/07/30/loneliness-
     friendship-new-friends-poll-survey.

18   Julie Beck, "How Friendships Change in Adulthood," *The Atlantic*, October 22, 2015,
     www.theatlantic.com/health/archive/2015/10/how-friendships-change-over-time-in-
     adulthood/411466.

19   Anne Helen Peterson, "The Great Unbundling," Culture Study(newsletter), February 10,
     2021, https://annehelen.substack.com/p/the-great-unbundling.

20   Jeffrey M. Jones, "U. S. Church Membership Falls Below Majority for First Time,"
     Gallup, March 29, 2021, https://news.gallup.com/poll/341963/church-membership-
     falls-below-majority-first-time.aspx.

21   Aleandra Hudson, "Bowling Alone at Twenty," *National Affairs*, no. 45(Fall 2020): www.

nationalaffairs/com/publications/detail/bowling-alone-at-twenty; Robert Putnam, "Preface," in Bowling Alone: The Collapse and Revival of American Community, 20th anniversary ed.(New York: Simon & Schuster, 2000) 참조.

22 Save the Children, "Childhood in the Time of COVID," www.savethechildren.org/us/about-us/resource-library/us-childhood-report#.

23 Tate Reeves(@taterevees), "We need to prove that being pro-life is about more than being anti-abortion. We need to commit more to the mission of supporting mothers and children. We need to continuously improve our foster care system. We need to make it even easier to adop a child. This is the mission now," Twitter, May 4, 2022 https://twitter.com/tatereeves/status/1521992445751222272.

24 Giulia M. Dotti Sani and Judith Treas, "Educational Gradients in Parents' Child-Care Time Across Countries, 1965—2012," Journal of Marriage and the Family 78, no. 4(August 2016): 1090.

25 Hagai Levine, Niels Jørgensen, Anderson Martino-Andrade, Jaime Mendiola, Dan Weksler-Derri, Irina Mindlis, Rachel Pinotti, Shanna H. Swan, "Temporal Trends in Sperm Count: A Systematic Review and Meta-regression Analysis," *Human Reproduction Update* no. 23, 6(November—December 2017): 646—659; Stacey Colino and Shanna H. Swan, *Count Down: How Our Modern World Is Threatening Sperm Counts, Altering Male and Female Reproductive Development, and Imperilling the Human Race*(New York: Scribner, 2021) 참조.

26 Donna Haraway, "Making Kin in the Chthulucene: Reproducing Multispecies Justice," in Adele E. Clarke and Donna Haraway, eds., *Making Kin not Population*(Chicago: Prickly Paradigm Press, 2019), 79.

27 "Nancy Olivi, 1947—2017," Chicago Tribune, February 27, 2017.

28 Donna Haraway, "Making Kin in the Chthulucene," 68, 87.

29 Sam Adler-Bell, "Unlearning the Language of Wokeness," *New York Magazine*, June 10, 2022, https://nymag.com/intelligencer/2022/06/unlearning-the-language-of-wokeness.html.

옮긴이 | 이나경

이화여자대학교 물리학과를 졸업하고 서울대학교 영문학과에서 르네상스 로맨스를 연구해 박사학위를 받았다. 현재 번역가로 일하고 있다. 옮긴 책으로는 『세상의 모든 딸들』 『긴즈버그의 차별 정의』 『초대받지 못한 자』 『별을 선사해준 사람』 『부기맨을 찾아서』 『화석을 사냥하는 여자들』 등이 있다.

역사에 늘 존재했던 자녀 없는 삶

엄마 아닌 여자들

초판 1쇄 발행 2024년 6월 5일

지은이 페기 오도널 헤핑턴
옮긴이 이나경
펴낸이 안병현 김상훈
본부장 이승은 **총괄** 박동옥
책임편집 김정은 **디자인** 김지연
마케팅 신대섭 배태욱 김수연 김하은 **제작** 조화연

펴낸곳 주식회사 교보문고
등록 제406-2008-000090호(2008년 12월 5일)
주소 경기도 파주시 문발로 249
전화 대표전화 1544-1900 **주문** 02)3156-3665 **팩스** 0502)987-5725

ISBN 979-11-7061-142-4 (03900)
• 책값은 표지에 있습니다.

• 이 책의 내용에 대한 재사용은 저작권자와 교보문고의 서면 동의를 받아야만 가능합니다.
• 잘못된 책은 구입하신 곳에서 바꾸어 드립니다
• '북다'는 기존 질서에 얽매임 없이 다양하게 변주된 책을 만드는 종합 출판 브랜드입니다.